公路工程试验检测技术

主　编　姚立阳
副主编　高文英
参　编　符　浩　张永存　郭　鹏

中国建材工业出版社

图书在版编目（CIP）数据

公路工程试验检测技术/姚立阳主编．--北京：中国建材工业出版社，2019.8

ISBN 978-7-5160-2498-0

Ⅰ.①公… Ⅱ.①姚… Ⅲ.①道路工程-试验-高等学校-教材 Ⅳ.①U41

中国版本图书馆 CIP 数据核字（2019）第 011443 号

内 容 简 介

本书以我国公路工程现行技术规范、标准、试验规程为主要依据，详细介绍了路基路面工程以及桥梁工程试验检测的基本理论和方法。内容包括：概论、试验检测数据的处理、土工试验检测技术、无机结合料稳定材料试验检测技术、沥青和沥青混合料试验检测技术、水泥和水泥混凝土试验检测技术、路基路面现场试验检测技术和桥梁工程试验检测技术等。

本书既可作为交通土建类道路桥梁与渡河工程、交通工程、工程监理、港口工程、工程检测等专业及相关领域学生的教材，也可作为有关工程技术人员培训和学习参考用书。

公路工程试验检测技术
Gonglu Gongcheng Shiyan Jiance Jishu
姚立阳　主编

出版发行：中国建材工业出版社
地　　址：北京市海淀区三里河路 1 号
邮　　编：100044
经　　销：全国各地新华书店
印　　刷：北京雁林吉兆印刷有限公司
开　　本：787mm×1092mm　1/16
印　　张：15
字　　数：360 千字
版　　次：2019 年 8 月第 1 版
印　　次：2019 年 8 月第 1 次
定　　价：**45.00 元**

本社网址：www.jccbs.com，微信公众号：zgjcgycbs

前　言

近年来，随着我国公路建设的快速发展，对工程质量控制与检测的要求也越来越高。有关技术标准、规范也进行了多次修改。由于多方面的原因，现有教材未能及时进行相应的修订与补充，相对滞后于生产实践。为了使试验检测更规范、合理，根据公路工程试验检测的实际要求，进行新教材的编写迫在眉睫。

改革开放40多年来，我国公路建设取得了举世瞩目的成就。截至2018年年末，全国公路总里程484.65万公里，公路密度50.48公里/百平方公里。公路养护里程475.78万公里，占公路总里程的98.2%。全国四级及以上等级公路里程446.59万公里，占公路总里程的92.1%。二级及以上等级公路里程64.78万公里，占公路总里程的13.4%。高速公路里程14.26万公里，高速公路车道里程63.33万公里，继续位居世界第一。国道里程36.30万公里，省道里程37.22万公里。农村公路里程403.97万公里，其中县道里程54.97万公里，乡道里程117.38万公里，村道里程231.62万公里。全国公路桥梁85.15万座、5568.59万米，其中特大桥梁5053座、902.69万米，大桥98869座、2637.04万米。全国公路隧道17738处、1723.61万米，其中特长隧道1058处、470.66万米，长隧道4315处、742.18万米。我国公路事业发展坚持以提高公路质量、等级与加大公路密度并重的原则，积极新建公路，打通“断头路”，加速国道主干线高速公路网建设与旧路的技术改造。

在公路工程的建设与养护管理过程中，其工程质量必须通过试验技术来检测，因此，制定严格的质量监控体系和一套完整的试验检测方法已成为一种必然。在公路建设持续发展的同时，公路工程领域的科学技术也有了进一步的提高，使相关技术规范和试验检测方法随之得以完善和修订。为了更好地培养公路工程建设与管理养护技术人才，切实监控好公路工程建设与管理养护质量，在“路基路面工程”教材的基础上，根据新标准、新规范以及新试验规程编写了本书。本书在编写时引用的控制标准均是交通运输部的现行质量验收标准，而有关试验与检测方法也是在现行相关规范的基础上进行编写或部分直接引用的。

全书由姚立阳主编并统稿，具体编写分工如下：姚立阳编写第1章和第2章，高文英编写第4章和第7章，符浩编写第3章和第5章，张永存编写第6章，郭鹏编写第8章。

随着公路建设的飞速发展和科学技术的不断进步，以及新材料、新设备、新技术的不断涌现，新的快速试验方法也将不断出现。由于掌握的资料不够全面及作者编写水平有限，书中的不足在所难免，敬请同行专家和使用本书的单位及个人提出宝贵意见，我们将加以改正。

编　者

2019年7月

目　　录

第1章　概　论

学习目标

试验检测是工程建设质量控制和评定的基础，在工程质量保证体系中起着重要的作用。工程试验检测机构的职能是对工程项目或产品进行检测，根据检测的结果判断工程质量或产品质量状态。本章着重介绍试验检测的目的和意义、工作细则和工作制度、人员配置以及检测机构资质要求。

1.1　试验检测的目的和意义

道路工程大部分属于隐蔽工程，为了保证工程质量，只能用科学的技术、先进的仪器设备和经验丰富的人员对工程质量进行科学的评定。公路建设关系到国家经济的快速发展和人民群众生命财产安全，应用科学、真实的数据指导工程建设和管理工作，真正做到“用数据说话，用科学的数据为工程建设质量保驾护航”。

道路工程试验检测工作是道路工程施工技术管理的重要组成部分，同时也是道路工程施工质量控制和竣工验收评定工作中不可缺少的一个主要环节。通过试验检测，能充分地利用当地原材料，迅速推广应用新材料、新技术和新工艺，用定量的方法科学地评定各种材料和构件的质量，合理地控制并科学地评定工程质量。因此，工程试验检测工作对于提高工程质量、加快工程进度、降低工程造价、推动公路工程施工技术进步，将起到极为重要的作用。公路工程试验检测技术是工程设计参数、施工质量控制、施工验收评定、养护管理决策以及各种技术规范和规程修订的主要依据。

为了使公路满足使用要求，必须在精心设计的基础上，严格按照设计文件和现行施工技术规范的要求认真组织施工并在施工中做好质量检测工作。作为施工技术人员和工程试验检测人员或质量控制管理人员，在整个施工期间，应在熟悉并领会设计文件、熟悉现行施工技术规范和试验检测规程的前提下，严格做好使用材料质量、施工控制参数、现场施工过程质量和分部分项工程验收这四个关键环节的把关工作。只有重视施工检测和施工现场质量控制管理工作，才能控制施工质量。因此，要想切实提高公路工程施工质量、缩短施工工期、降低工程投资，在建立健全工程质量控制检查制度的同时，必须配备一定数量的试验检测设备和相应的专职试验检测技术人员。

为了使试验检测能够正确地反映材料或工程的实际性质，要求试验检测人员必须掌握试验检测的基本理论和基本技能，认真完成所从事的检测工作。

1.2　试验检测规程和工作制度

试验检测结果的准确性与可靠性直接影响工程质量。为了确保检测机构提供的数据准确可靠，要求检测人员在试验检测过程中必须严格遵照有关试验检测规程，并力求消除试验检测人为误差，提高试验检测精度。

1.2.1 试验检测标准和规程

从事试验检测工作的依据是有关技术标准、试验检测规程、工作规范等技术文件。它们是检测工作的依据，必须齐全。

1. 道路工程检测的内容和分类

道路工程检测按工程项目可分为路基路面检测和桥隧检测。检测内容包括：

(1) 原材料的物理、化学和力学性能的检测。

(2) 混合料的物理、化学和力学性能及使用性质的检测。

(3) 结构成型后或竣工后的检测，主要是对工程质量的评定。

(4) 旧路工程结构检测，其主要目的是评价其使用品质及使用寿命。

2. 试验检测方法和分类

道路工程试验检测方法主要有：

(1) 按结构材料的性质可分为物理检测、化学检测和强度检测。

(2) 按试验场地可分为实验室试验和野外试验。实验室试验分为野外采样试验和室内标准试验，野外试验分为试验路试验和实地直接试验。

(3) 按测试手段可分为外观检测和测试仪器检测。

(4) 按检测对结构产生的后果来说，可分为破损检验和无破损检验。

由于试验条件的不同，试验数据往往有较大的差别。以材料试验为例，试件的形状尺寸、外界条件、试验加载方式、速度和养生状态等因素都对试验数据有较大的影响，而且试验机的种类、试验场地的环境条件对试验检测结果也会带来一定的影响。如果这些影响能够消除，就可从试验检测数据中找到材料性能的差异。但是在通常情况下无法消除这些因素，所以对于能控制的因素，常借助一定的条件将这些影响因素限制在最小范围之内。具体方法就是按现行标准进行试验检测，即将可控制的因素固定在分散性为最小的条件中，在这个基础上，以共同的条件对材料进行比较，以便获得比较真实可靠的试验检测结果。

3. 试验检测规程与标准

现行部颁主要公路工程试验检测规程有：

(1)《公路土工试验规程》(JTG E40—2007)。

(2)《公路工程沥青及沥青混合料试验规程》(JTG E20—2011)。

(3)《公路工程水泥及水泥混凝土试验规程》(JTG E30—2005)。

(4)《公路工程岩石试验规程》(JTG E41—2005)。

(5)《公路工程无机结合料稳定材料试验规程》(JTG E51—2009)。

(6)《公路工程集料试验规程》(JTG E42—2005)。

(7)《公路路基路面现场测试规程》(JTG E60—2008)。

(8)《公路工程土工合成材料试验规程》(JTG E50—2006)。

另外，与试验检测有关的标准还有：《公路工程技术标准》(JTG B01—2014)、《公路工程质量检验评定标准　第一册　土建工程》(JTG F80/1—2017) 和相关公路工程施工及设计规范等。

1.2.2 试验检测原始记录

原始记录是试验检测结果的如实记载，不允许随意更改，不允许删减。

原始记录应印成一定格式记录表，其格式根据检测要求不同可以有所不同。原始记录表主要包括：产品名称、型号、规格；产品编号、生产单位；抽样地点；检测项目、检测编号、检测地点；温度、湿度；主要检测仪器名称、型号、编号；检测原始记录数据、数据处理结果；检测人、复核人；试验日期等。

记录表中应包括所要求记录的信息及其他必要信息，以便在必要时能够判断检测工作在哪个环节可能出现差错。同时，根据原始记录提供的信息，能在一定准确度内重复所做的检测工作。

工程试验检测原始记录一般不得用铅笔填写，内容应填写完整，应有试验检测人员和计算校核人员的签名，校核者必须在本领域有5年以上工作经验。原始记录如果确需更改，作废数据应画两条水平线，将正确数据填在上方，并盖更改人印章。原始记录应集中保管，保管期一般不得少于两年。

1.2.3 试验检测结果的处理

1. 试验检测数据整理

试验检测结果的整理是试验检测工作中的一个重要内容。由于试验检测中得到的数值都是近似值，为了获得准确的试验检测结果，同时也为了节省运算时间，必须按误差理论的规定和数值修约规则舍取所需要的数据。

2. 试验检测结果判断

在工程质量检验评定中，施工质量的不合格率是大家所关心的问题。由于所抽子样的数据都是随机变量，它们总是存在一定波动。看到数据有一些变化，或某检测数据低于技术规定要求，就认为施工质量或产品有问题，这样的判断方法是不慎重的，也是缺乏科学根据的，很容易给施工带来损失。因此，应正确对待试验检测结果的整理和判断。

1.2.4 公路工程试验检测规章制度

工作制度是否健全、制度能否坚持贯彻执行，反映了一个单位的管理水平。为了保证检测质量，检测机构应对影响检测结果的各种因素（包括人的因素和物的因素）进行控制，确保各种影响因素的影响达到最小。另外，作为检测机构，还要建立以下几项基本的工作制度。

1. 岗位责任制

岗位责任制是检测机构的一项重要制度。它应明确组织机构框图中列出的各部门的职责范围和权限。各部门的职责范围应对“质量检测机构计量认证评审内容及考核办法”中规定的管理功能、技术功能全部覆盖，做到事事有人管。明确各部门的质量职责，明确各类人员的职责，尤其对检测中心负责人、技术负责人、质量负责人和各部门负责人、各项目负责人、计量检定负责人、检测报告签发人等，应明确其职责范围、权限以及质量责任。

（1）各部门的岗位职责。

① 检测办公室。试验检测办公室负责安排检测计划，对外签订检测合同；文件的收发及保管；检测报告的发送及登记；样品的收发保管及检后处理；检测仪器设备及标准件的购

置；检测收费、财务管理；试验检测报告打印和资料复印；人事管理及安全、卫生、日常管理工作；制订各类人员的培训计划，组织人员考核。

② 检测资料室。检测资料室负责收集保管国内外用于试验检测的产品标准、检测规范、检测细则、检测方法和计量检定规程、暂行校验方法以及专用设备鉴定资料；负责保管检测报告、原始记录；保管产品技术资料、设计文件、图纸；保存抽样记录、样品发放及处理记录；保存全部文件及产品质量检测的政策、法令、法规。

③ 仪器设备室。仪器设备室负责计量标准器具的计量检定及日常维护保养；标准件的定期比对、保管、发放以及报废；负责全部试验检测仪器设备的维修及保养等工作；检查各室的在用检测仪器或超过检定周期的仪器；新购置检测仪器设备的验收工作；保管试验检测仪器设备的维修、使用、报废记录；保管检测仪器设备的计量检定证书，保存试验检测仪器设备说明书；建立并保管检测仪器设备台账；大型精密设备的日常维修；制订试验检测仪器设备检定周期表并付诸实施。

（2）各类人员的岗位职责。

① 试验检测中心主任。贯彻执行上级有关的政策、方针、法规、条例和制度；协助确定本单位的方针和目标，协助制订本单位的发展规划和工作计划；对中心的检测工作计划完成情况及检测工作的质量负责；建立健全质量管理体系和质量保证体系，切实保证能公正地、科学地、准确地进行各类检测工作；协调各部门的工作，使之纳入全面质量管理的轨道；批准经费使用计划、奖金发放计划；批准检测报告；主持事故分析会和质量分析会；督促、检测各部门岗位责任制的执行情况；考核各类人员的工作质量；主管中心的人事工作及人员培训考核、晋级工作；检查质量管理手册的执行情况，主持质量管理手册的制订、批准、补充和修改。

② 试验检测技术负责人。在试验检测中心主任领导下，全面负责试验检测中心的技术工作；掌握本领域检测技术的发展方向，制订检测技术的发展计划；批准试验检测大纲、检测实施细则、检测操作规程、非标准设备和检测仪器的暂行校验方法；主持综合性非标准检测系统的鉴定工作；深入各试验检测室，随时了解并解决检测过程中存在的技术问题；组织各类人员的培训，负责各类人员的考核；签发检测报告。

③ 试验检测质量负责人。全面负责检测工作质量，定期向中心主任和技术负责人报告检测工作质量情况；负责质量事故的处理；负责检测质量争议的处理并向中心主任和技术负责人报告处理结果；检查各类人员的检测质量；负责《质量管理手册》的贯彻执行。

④ 试验检测人员。对各自负责的试验检测工作的质量负责；严格按照检测规范、检测实施细则进行各项检测工作，确保检测数据的准确可靠；上报检测仪器设备的检定、维修计划，有权拒绝使用不合格检测仪器或超过检定周期的仪器；不断更新专业知识，掌握本专业检测技术、检测仪器的发展趋势和现状；按时填写质量报表，填写检测原始记录及检测证书；有权拒绝行政或其他方面的干预；有权越级向上级领导反映各级领导违反检测规程或对检测数据弄虚作假的现象；遵守实验室管理制度；按时填写仪器设备操作使用记录；严格遵守检测人员纪律。

⑤ 计量检定人员。正确使用计量标准器具、标准物质，并对它们按规定进行计量检定以保证其具备良好的技术状态；执行计量技术法规及计量器具规程或暂行校验方法，切实执行互检、互审制度；确保检定数据、检定结论正确，原始记录和检定证书应用钢笔填写，字

迹工整、内容完整、签名齐全；经常学习计量法规、规程，学习误差理论，更新知识，不断提高理论技术水平；检查各试验检测室在用检测仪器的周期计量制度的执行情况，有权制止使用不合格仪器和超检定周期的检测仪器，并将有关情况向上级报告；遵守各项工作制度。

⑥ 资料保管人员。严格遵守保密制度，不得随意复制散发检测报告，不得泄露原始数据，不得做损害用户的事；资料室规定的各类资料在入库时均应办理登记，登记应分类进行，入库手续齐全，送交人、整理人、接收人均应签名；对各类资料的分类应科学合理、便于查找，努力为检测人员做好技术服务工作；密切注意国内外有关检测工作的发展，随时收集最新的技术标准、检测规程、规范、细则、方法；对过期资料的销毁应严格履行报批手续，并造册登记入档；丢失检测资料应视作质量事故处理，填写事故报告，并视情节轻重给予必要的处分；做好防火、防盗、防蛀工作，以防资料损坏。

⑦ 样品保管人员。负责样品入库时外观检查、封样标记完整性检查并清点数量，核实无误后，登记入库，入库登记本应有样品保管人员签字；样品应列架分类管理，未检、已检应有明显的标记，不同单位送交的样品应有区分标志；样品桶、样品箱、样品袋应清洁完好，不得用留有他物或未经清洗的用具存放样品；样品保管人员应将各类样品立账、设卡，做到账、物、卡三者相符；保存样品室的环境条件符合该样品的储存要求，不使样品变质、损坏，不使其降低或丧失性能；样品的领取应办理手续，领取者和发放者都应检查样品是否完好并签字；样品的检后处理及备用样品的处理都应按有关规定办理手续，经办人及主管人员应签字；做好样品保管室的防火、防盗工作；样品的丢失按责任事故处理。

2. 计量标准器具、标准物质、检测仪器的管理制度

（1）计量标准器具的管理制度。计量标准器具的计量检定工作、维护保养工作，由仪器设备室专人负责。计量标准器具的保存环境应满足其说明书的要求，应使其经常保持最佳状态。计量标准器具的使用操作人员必须经考核合格并取得操作证书。每次使用计量标准器具后均应做使用记录。

（2）标准物质的管理制度。标准物质是质检机构进行标定计量的工作基准，它也是一种标准器件。标准物质的购置由各使用单位提出申请，经中心主任批准后交办公室购买，不得购买无许可证的标准物质。标准物质的发放应履行登记手续。

（3）检测仪器的管理制度。专管共用的检测仪器设备的保管人由试验检测中心确定，使用人在使用仪器设备前应征得保管人同意并填写使用记录。使用前后，由使用人和保管人共同检查仪器设备的技术状态，经确认后，办理交接手续。仪器设备的保管人应参加新购进仪器验收安装、调试工作，填写并保管仪器设备档案和使用记录，负责仪器设备降级使用及报废申请等事宜。使用贵重、精密、大型仪器设备者，均应经培训考核合格，取得操作许可证。精密、贵重、大型仪器设备的安放位置不得随意变动，如确实需要变动，事先应征得仪器设备室的同意，重新安装后，应对其安装位置、安装环境、安装方式进行检查，并重新进行检定或校准。保管人负责所保管设备的清洁卫生，长期不用的电子仪器，每隔 3 个月应通电一次，每次通电时间不得少于半小时。

检测仪器设备不得挪作他用，不得从事与检测无关的其他工作。

仪器设备室除对所有仪器设备按周期进行计量检定外，还应对它们进行不定期的抽查，以确保其功能正常、性能完好、精度满足检测工作的要求。

全部仪器设备的使用环境均应满足说明书的要求。

3. 仪器设备购置、验收、维修、降级和报废制度

计量标准器具的购置由仪器设备室提出申请，试验检测中心主任批准后交办公室办理。测试仪器设备、标准物质的购置计划由各检测室提出，仪器设备室审核，经中心主任批准后交办公室办理。

计量标准器具、标准物质、仪器设备到货后，由仪器设备室组织验收。验收合格的仪器设备，由仪器设备室填写设备卡片；不合格的产品由办公室联系返修或退货。

测试仪器设备的维修由仪器设备室归口管理。在计量检定中发现仪器设备损坏或性能下降时，由仪器设备室直接进行维修，维修情况应填入设备档案。修理后的仪器设备均由仪器设备室按检定结果分别贴上合格（绿）、准用（黄）或停用（红）三种标志。材料试验机、振动台等试验设备的清洗和换油工作由各专业检测室的设备保管人负责，并在设备档案内详细记录。

当检测仪器设备的技术性能降低或功能丧失、损坏时，应办理降级使用或报废手续。凡降级使用的仪器设备均应由各专业检测室提出申请，由仪器设备室确定其实际检定精度，提出使用范围的建议，经中心主任批准后实施。降级使用情况应载入设备档案。凡报废的仪器设备均应由各专业检测室填写“仪器设备报废申请单”，经仪器设备室确认后，由中心主任批准，并填入设备档案。已报废的仪器设备，不应存放在实验室内，其档案由资料室统一保管。

4. 检测事故分析报告制度

检测过程中发生下列情况按事故处理：

（1）样品丢失，零部件丢失，样品损坏。

（2）样品生产单位提供的技术资料丢失或失密，检测报告丢失，原始记录丢失或失密。

（3）由于检测人员、检测仪器设备、检测条件不符合检测工作的要求，试验方法有误，数据差错，而造成检测结论错误。

（4）在检测过程中发生人身伤亡。

（5）在检测过程中发生仪器设备损坏。

凡违反上述各项规定所造成的事故均为责任事故，可按经济损失的大小、人身伤亡情况分成小事故、大事故和重大事故。重大或大事故发生后，应立即采取有效措施，防止事态扩大，抢救伤亡人员，并保护现场，通知有关人员处理事故。事故发生后三天内，由发生事故部门填写事故报告单，报告办公室。事故发生后五天内，由中心负责人主持，召开事故分析会，对事故的直接责任者做出处理，对事故做善后处理并制定相应的办法，以防类似事故发生。重大或大事故发生后一周内，中心应向上级主管部门补交事故处理专题报告。

5. 技术资料文件的管理及保密制度

（1）技术资料文件的管理由资料室负责。

（2）长期保存的技术资料有：国家、地区、部门有关产品质量检测工作的政策、文件、法规和规定；产品技术标准、相关标准、参考标准、检测规程、规范、大纲、细则、操作规程的方法；计量检定规程、暂行校验方法；仪器设备说明书，计量合格证，仪器、仪表、设备的验收、维修、使用、降级和报废记录；仪器设备明细表和台账；产品检验委托书、设计文件及其他技术资料。

（3）定期保存的技术资料有：各类原始记录；各类检测报告；用户反馈意见及处理结果；样品入库、发放及处理登记本。其保管期不少于 2 年。

（4）长期保存的技术资料由资料室负责收集、整理、保存，其他各项技术资料由主管部门整理，填写技术资料目录，并对卷内资料进行编号，由资料室装订成册。技术资料入库时应办理交接手续，统一编号并填写资料索引卡片。

（5）检测人员需借阅技术资料时，应办理借阅手续。与检测无关的人员不得查阅检测报告和原始记录。检测报告和原始记录不允许复制。

（6）资料室工作人员要严格为用户保守技术机密，否则以违反纪律论处。

（7）超过保管期的技术资料应分门别类造册登记，经中心主任批准后销毁。

6. 检测样品的管理制度

（1）样品的保管制度。样品保管室由办公室指定专人负责。样品到达后，由办公室所指定的负责人会同有关专业室共同开封检查，确认样品完好后，编号入样品保管室保存，并办理入库登记手续。样品上应有明显的标志，确保不同单位的同类品不致混淆，确保未检样品与已检样品不致混杂。样品的环境条件应符合该样品必需的保管要求，不致使样品变质、损坏、丧失或降低其功能。保管室应做到账、物、卡三者相符。检测时由专业室填写样品领取单，到样品保管室领取样品，并会同样品保管员办理手续。

（2）样品的检后处理。检测工作结束，检测结果经核实后，应将样品送样品保管室保管，需保留样品的立即通知送检单位前来领取。检后产品的保管期一般为申诉有效期后的一个月。过期无人领取，则做无主物品处理。破坏性检测后的样品，确认试验方法、检测仪器、检测环境、检测结果无误后，才准撤离试验现场。不管是以哪种方式处理，均应办理处理手续，处理人应签字。

7. 实验室管理制度

（1）实验室是进行检测、检定工作的场所，必须保持清洁、整齐、安静。

（2）实验室内禁止随地吐痰、吸烟、吃东西，禁止将与检测工作无关的物品带入实验室；工作人员不得在恒温恒湿室内喝水。

（3）要换鞋、换衣的实验室，任何人进入都要按规定更换工作服、鞋。恒温室内禁止用湿布拖地，禁止开启门窗。

（4）实验室应建立卫生值日制度，每天有人打扫卫生，每周彻底清扫一次，空调通风管每季度彻底清扫一次。下班后与节假日，必须切断电源、水源、气源，关好门窗，以保证实验室的安全。

（5）仪器设备的零部件要妥善保管，连接线、常用工具应排列整齐，说明书、操作手册和原始记录表等应专柜保管。

（6）带电作业应由两人以上操作，地面应采取绝缘措施。电烙铁应放在烙铁架上，电源线应排列整齐，不得横跨过道。

（7）实验室内应设置消防设施，消防设施应经常检查，任何人不得私自挪动位置，不得挪作他用。

8. 危险品、化学药品管理制度

（1）实验室应遵守《化学危险品安全管理条例》的规定，加强对易燃、易爆、放射、剧毒等危险化学品管理。危险化学品使用人员应经过安全培训，熟知危险化学品特性及安全防范、救治措施，严格按照技术规范要求开展试验。

（2）各种危险化学品应存放在危险品库或专用品橱柜内，实行双人双锁管理。对危险化学品的领用、消耗，应随时登记，建立档案备查。

（3）对无用的有毒、有害化学药品，应上交环保部门，由环保部门进行处置，不得私自处理。

（4）对化学药品按特性分类报告，做到防光、防晒、防冻、防高温、防氧化，经常检查。对氧化剂、自燃品、遇水燃烧品、易燃液体、易燃固体、毒害品、腐蚀品要严格管理，谨慎使用。要绝对避免因混放而诱发爆炸、燃烧等事故的发生。严禁室内明火，禁止在化学药品仓库内存放食品或吸烟。

（5）对易燃、易爆、有毒、有腐蚀性的危险品，设专人保管，其他人不得随意动用。易燃、易爆、剧毒药品的存放应贴好标签，标明名称、浓度、存量、进货日期、有效期或配置日期。无标签药品，必须鉴定合格后才能使用，否则以报废处理。有毒废物（液）的处理要符合环保要求，不得随意倾倒。

（6）购买易燃、易爆、剧毒化学药品要根据有关规定，按量到指定部门购买，并注意运输安全。

（7）危险品的存储应有专门房间、专人管理、严禁烟火，未经许可任何人不得入内，储藏室应配备有灭火用具、急救箱和防护器材。

（8）实验室应建立危险品领用台账，认真办理领用手续。特别要记录清楚每次领用人、领用量和领用日期。确保进货量、领用量、留存量三者始终一致。

1.3 试验检测人员配置及检测机构资质要求

检测机构的人员配置应合理。人员的配置包括行政管理人员、试验检测技术人员和其他工作人员。其中，试验检测技术人员应由不同学科和不同职称的技术人员组成。另外，检测部门人员、仪器设备机构均应有相应的资质等级证书。

1.3.1 检测机构等级及试验检测人员配置

1. 检测机构等级

检测机构等级是依据检测机构的试验检测水平、主要试验检测仪器设备以及检测人员的配备情况、试验检测环境等基本条件对检测机构进行的能力划分。

检测机构分为公路工程专业和水运工程专业。其中，公路工程专业分为综合类和专项类。公路工程综合类设甲、乙、丙 3 个等级；专项类分为交通工程和桥梁隧道工程。水运工程专业分为材料类和结构（地基）类。水运工程材料类设甲、乙、丙 3 个等级；结构（地基）类设甲、乙两个等级。

质监总站负责公路工程综合类甲级、公路工程专项类和水运工程材料类甲级及结构类甲级的等级评定工作。省站负责公路工程综合类乙、丙级和水运工程材料类乙、丙级，水运工程结构类乙级的等级评定工作。

检测机构可以同时申请不同专业、不同类别的等级。检测机构被评为丙级、乙级后须满 1 年且具有相应的试验检测业绩方可申报上一等级的评定。

检测机构应当严格按照现行有效的国家和行业标准、规范和规程独立开展检测工作，不受任何干扰和影响，保证试验检测数据客观、公正、准确；检测机构应当建立严密、完善、运行有效的质量保证体系，应当按照有关规定对仪器设备进行正常维护，定期检定与校准；

检测机构应当建立样品管理制度，提倡盲样管理；检测机构应当重视科技进步，及时更新试验检测仪器设备，不断提高业务水平；检测机构应当建立健全档案制度，保证档案齐备，原始记录和试验检测报告内容必须清晰、完整、规范。

试验检测机构仪器设备（包括标准物质）均应经相应质量技术监督部门的计量认证、审查验收并取得合格证。

试验检测机构应具有相应交通行政主管部门批准的公路工程试验检测机构的相应等级资质证书，并在规定范围内进行试验检测工作。

检测机构在同一公路工程项目标段中不得同时接受业主、监理、施工等多方的试验检测委托。

检测机构依据合同承担公路工程试验检测业务，不得转包、违规分包。

2. 试验检测人员

公路工程试验检测人员分为试验检测工程师和试验检测员。

检测机构的技术负责人应当由试验检测工程师担任。

试验检测报告应当由试验检测工程师审核、签发。

试验检测人员应当按各自岗位分工，认真履行岗位职责，严守职业道德和工作程序，保证试验检测数据科学、客观、公正，并对试验检测结果承担法律责任。

（1）检测操作人员应熟悉检测业务，了解被测对象和所用检测仪器设备的性能。检测人员必须经过考核合格取得上岗操作证后，才能上岗操作。

（2）检测人员应掌握所从事检测项目的有关技术标准，了解本领域国内外测试技术、检测仪器的现状及发展方向，具备制定试验检测大纲、采用国内外最新技术进行检测工作的能力。

（3）检测人员应了解误差理论、数理统计方面的知识，能独立进行试验数据处理工作。

（4）检测人员应对检测工作、数据处理工作持严肃的态度，以数据为依据，不受行政或其他方影响的干扰。

公路工程试验检测人员配备及试验检测环境见表 1-1 和表 1-2。

表 1-1　公路工程试验检测人员配备

项目	综合甲级	综合乙级	综合丙级	交通工程专项	桥梁隧道工程专项
持试验检测人员证书总人数	≥32 人	≥16 人	≥7 人	≥22 人	≥25 人
持试验检测工程师证书人数	≥12 人	≥6 人	≥3 人	≥10 人	≥12 人
持证工程师专业配置	材料、公路专业分别≥3 人，桥梁、隧道、交安专业分别≥2 人	材料专业≥3 人，公路专业≥2 人，桥梁专业≥1 人	材料、公路、桥梁专业分别≥1 人	机电工程专业≥6 人，安全设施专业≥4 人	材料专业≥2 人、桥梁、隧道专业分别≥5 人
相关专业高级职称人数	≥6 人	≥1 人	—	≥4 人	≥6 人
技术负责人	**① 相关专业高级职称； ② 持试验检测工程师证书；** ③ 8 年以上试验检测工作经历	**① 相关专业中级职称； ② 持试验检测工程师证书；** ③ 5 年以上试验检测工作经历	**① 相关专业中级职称； ② 持试验检测工程师证书；** ③ 5 年以上试验检测工作经历	**① 相关专业高级职称； ② 持试验检测工程师证书；** ③ 8 年以上试验检测工作经历	**① 相关专业高级职称； ② 持试验检测工程师证书；** ③ 8 年以上试验检测工作经历

注：表中黑体字为强制性要求，一项不满足视为不通过。

表 1-2　公路工程试验检测环境

项目	综合甲级	综合乙级	综合丙级	交通工程专项	桥梁隧道工程专项
试验检测用房使用面积（不含办公面积）（m^2）	≥1000	≥600	≥300	≥600	≥800
	检测试验环境应满足所开展的检测项目要求，且布局合理、干净整洁				

1.3.2　工地实验室

为了促进公路工程整体质量水平的提高，保证公路工程试验检测工作的质量，应加强对为公路工程施工需要而建立的工地实验室的管理。

1. 基本要求

（1）工地实验室是工程质量控制和评判工作的重要基础数据来源，是工程建设质量保证体系的重要组成部分。

（2）工地实验室必须严格执行国家有关法律、法规、技术标准和交通运输主管部门的有关规范、规程，遵循科学、客观、严谨、公正的原则，独立开展试验检测活动，为工程建设提供真实、准确的试验检测数据和报告。

（3）工地实验室应根据工程项目内容和规模进行设置，既要满足工程质量控制需要，又要满足合理布局、安全环保、环境整洁等要求。

2. 机构设置

（1）施工、监理单位和检测机构应根据工程质量安全管理需要或合同约定，在工程现场设立工地实验室；设立工地实验室的母体检测机构应取得“公路水运工程试验检测机构等级证书”。

（2）工地实验室应按合同段单独设立，工程规模过大时应设立分实验室。同一合同段内施工、监理单位的工地实验室不得由同一家母体检测机构授权设立。

（3）母体检测机构应在其等级证书核定的业务范围内对工地实验室进行授权，上年度信用评价等级在 C 级及以下的检测机构不宜作为授权设立工地实验室的母体检测机构。

（4）工地实验室应在母体检测机构授权的范围内为工程建设项目提供试验检测数据，不得对外承揽试验检测业务。

3. 工地实验室的管理

（1）人员管理。

① 工地实验室应加强试验检测人员考勤管理，确保日常工作有效开展。

② 工地实验室应保持试验检测人员相对稳定，因特殊情况确需变动的，应由母体检测机构报经建设单位同意并向项目质监机构备案。

③ 工地实验室应将试验检测人员的姓名、岗位、照片等信息予以公开。试验检测人员进行作业时应统一着装并挂牌上岗。

④ 工地实验室应重视试验检测人员劳动保护工作。试验检测人员在进行有毒、有腐蚀性、有强噪声等试验操作时，必须按要求佩戴相应的防护用具。

⑤ 工地实验室应制定全员学习培训计划，定期或不定期地组织学习有关政策、质量体系文件、标准规范规程以及试验检测操作技能、职业素养等知识，不断提高试验检测人员综合能力和业务水平。

⑥ 工地实验室应按照规定及时对试验检测人员进行年度信用评价。

（2）设备管理。

① 工地实验室应制定仪器设备管理制度，一般应包括采购、验收、检定/校准、使用维护、故障处理、核实降级与质量处理、仪器设备档案管理等制度。

② 仪器设备经检定/校准或功能检验合格后方可投入使用。

③ 仪器设备在检定/校准周期内如存在修理、搬运、移动等情况，应重新进行检定/校准。对于性能不稳定、使用频率高和进行现场检测的仪器设备，以及在恶劣环境下使用的仪器设备应进行期间核查。

④ 仪器设备应实施标识管理，标识分为管理状态标识和使用状态标识。管理状态标识包括设备名称、编号、生产厂商、型号、操作人员和保管人员等信息；使用状态标识分为“合格”“准用”“停用”三种，分别用“绿”“黄”“红”三色标签进行标识。

⑤ 在使用仪器设备过程中，相关人员应注意人身和设备安全，使用完毕应切断电源，保持仪器设备的清洁。使用仪器设备时应按要求填写使用记录。

⑥ 仪器设备应定期进行维护和保养，并按要求填写维护保养记录。

⑦ 化学试剂（危险品）的存放地点应按有关规定设置，并严格管理。

⑧ 办公设备和交通工具应加强日常管理和维护，确保使用状态良好。

（3）环境管理。

① 工地实验室应保持室内外环境干净，日常清扫及检查工作应落实到人。

② 工地实验室产生的废水、废气、废渣应安全排放。试验废水应经沉淀后方能排放，化学废液应进行中和处理后方能排放。试验固体废弃物应集中存放，定期清理到指定位置，不得随意摆放、丢弃。

③ 工地实验室的消防设施应有专人管理，并定期对灭火器材进行检查，始终保持有效。

（4）档案管理。

① 工地实验室应对相关资料分类建档，便于管理和查询。档案资料应及时填写、整理和归档。

② 人员档案应一人一档，内容包括个人简历、身份证件、毕业证、职称证、资格证、劳动合同、任职文件、培训和考核记录等。

③ 设备档案应按一台一档建立，对于同类型的多个小型仪器设备可集中建立一套档案，但每个仪器均应进行唯一性编号。设备档案包括设备履历表、合格证、产品说明书、历次检定/校准证书或记录、维修保养和使用记录等内容。

④ 试验检测台账分为管理和技术台账。管理台账一般包括人员、设备、标准规范等台账；技术台账一般包括原材料进场台账、样品台账、试验/检测台账、不合格材料台账、外委试验台账等。台账应格式统一、简洁适用、信息齐全，台账的填写和统计应及时、规范。

⑤ 试验检测数据报告的格式和要素、记录表和报告的编制应符合《公路试验检测数据报告编制导则》（JT/T 828—2012）的要求。试验记录一律用蓝色、黑色钢笔或签字笔书写，字迹应清晰、工整，试验报告结论表述应规范、准确。

⑥ 工地实验室应根据工程内容配齐试验检测工作所需的标准、规范和规程，并进行控制管理；及时进行查新更新，确保在用标准规范有效。

⑦ 工地实验室应注意收集隐蔽工程、关键部位的工程质量检验图片及影像资料，及时

整理归档。

⑧ 工地实验室应按相关要求做好文件的收发、登记和流转工作。

（5）样品管理。

① 工地实验室应制定样品管理制度，对样品的取样、运输、标识、存储、留样及处置等全过程实施严格的控制和管理。

② 样品的取样方法、数量应符合规范、规程要求，满足试验过程需要。取样应具有代表性，并有相应记录。

③ 样品应进行唯一性标识，确保在流转过程中不发生混淆且具有可追溯性。样品标识信息应完整、规范。样品在流转过程中应标明流转状态。

④ 试验结束后，如无异议，工地实验室应按有关规定对试验样品进行处置，处置过程应符合安全和环保要求。如需留样，样品的留存方法、数量和期限等应符合有关规定，留存样品应有留样记录。

（6）外委管理。

① 工地实验室应加强外委试验管理，超出母体检测机构授权范围的试验检测项目和参数应进行外委，外委试验应向项目建设单位报备。

② 接受外委试验的检测机构应取得“公路水运工程试验检测机构等级证书”，通过计量认证且上年度信用等级为 B 级及以上。工地实验室应将接受外委试验的检测机构的有关证书复印件存档备查。

③ 外委试验取样、送样过程应进行见证。工程建设项目同一合同段中的施工、监理单位和检测机构不得将外委试验委托给同一家检测机构。

1.4 公路工程质量检验评定方法

1.4.1 概述

为了加强公路工程质量管理，统一公路工程质量检验标准和评定标准，保证工程质量，交通运输部制定了《公路工程质量检验评定标准　第一册　土建工程》（JTG F80/1—2017）。该标准适用于公路工程施工单位、工程监理单位、建设单位、质量检测机构和质量监督部门对公路工程质量的管理、监控和检验评定，同时适用于各等级公路的新建和改扩建工程的施工质量检验评定。

根据设计任务、施工管理和质量检验评定的需要，应在施工准备阶段将建设项目划分为单位工程、分部工程和分项工程。施工单位、工程监理单位和建设单位应按相同的工程项目划分进行工程质量的监控和管理。

1. 单位工程

在建设项目中，根据签订的合同，具有独立施工条件的工程可划分为单位工程。每个合同段范围内的路基工程、路面工程、交通安全设施分别作为一个单位工程；特大桥、大桥、中桥、隧道以每座作为一个单位工程（特大桥、大桥、特长隧道、长隧道分为多个合同段施工时，以每个合同段作为一个单位工程）；互通式立体交叉的路基、路面、交通安全设施按合同段纳入相应单位工程，桥梁工程按特大桥、大桥、中桥分别作为一个单位工程。

2. 分部工程

在单位工程中，应按结构部位、路段长度及施工特点或施工任务划分为若干个分部工程。每个合同段的路基土石方、排水、小桥、涵洞、防护支挡、挡土墙等分别作为一个分部工程；桥梁上部、下部各作为一个分部工程；隧道衬砌、总体各作为一个分部工程。

3. 分项工程

在分部工程中，应按不同的施工方法、材料、工序及路段长度等划分为若干个分项工程。路基、路面单位工程中分部工程及分项工程的划分见表 1-3。

表 1-3　路基、路面单位工程中分部工程及分项工程的划分

单位工程	分部工程	分项工程
路基工程（每 10km 或每标段）	路基土石方工程（1～3km 路段）①	土方路基、石方路基、软土地基、土工合成材料处治层等
	排水工程（1～3km 路段）①	管节预制、混凝土排水管施工、检查（雨水）井砌筑、边沟、浆砌水沟、盲沟、跌水、急流槽、水簸箕、排水泵站沉井、沉淀池等
	小桥及符合小桥标准的通道、人行天桥、渡槽（每座）	钢筋加工及安装，砌体，混凝土扩大基础，钻孔灌注桩，混凝土墩、台，墩、台身安装，台背填土，就地浇筑梁、板，就地浇筑拱圈，混凝土桥面板桥面防水层，支座垫石和挡块，支座安装，伸缩装置安装，栏杆安装，混凝土护栏，桥头搭板，砌体坡面护坡，混凝土构件表面防护，桥梁总体等
	涵洞、通道（1～3km 路段）①	钢筋加工及安装，涵台，管节预制，管座及涵管安装，波形钢管涵安装，盖板预制，盖板安装，箱涵浇筑，拱涵浇（砌）筑，倒虹吸竖井、集水井砌筑，一字墙和八字墙，涵洞填土，顶进施工涵洞，砌体坡面防护，涵洞总体等
	防护支挡工程（1～3km 路段）①	砌体挡土墙、墙背填土、边坡锚固防护、土钉支护、砌体坡面防护、石笼防护、导流工程等
	大型挡土墙、组合式挡土墙（每处）	钢筋加工及安装，砌体挡土墙，悬臂式挡土墙，扶壁式挡土墙，锚杆、锚定板和加筋土挡土墙，墙背填土等
路面工程（每 10km 或每标段）	路面工程（1～3km 路段）①	垫层、底基层、基层、面层、路缘石、路肩等

① 按路段长度划分的分部工程，高速公路、一级公路宜取低值，二级及二级以下公路可取高值。

公路工程质量检验评定应符合下列规定：

(1) 分项工程完工后，应根据《公路工程质量检验评定标准　第一册　土建工程》(JTG F80/1—2017) 进行检验，对工程质量进行评定。隐蔽工程在隐蔽前应检查合格。

(2) 分部工程、单位工程完工后，应汇总评定所属分项工程、分部工程质量资料，检查外观质量，对工程质量进行评定。

1.4.2　工程质量检验

分项工程应按基本要求、实测项目、外观质量和质量保证资料等检验项目分别检查。分项工程质量应在所使用的原材料、半成品、成品及施工控制要点等符合基本要求的规定，无外观质量限制缺陷且质量保证资料真实齐全时，方可进行检验评定。

（1）分项工程基本要求检查应符合下列规定：

① 分项工程应对所列基本要求逐项检查，经检查不符合规定时，不得进行工程质量的检验评定。

② 分项工程所用的各种原材料的品种、规格、质量及混合料配合比和半成品、成品应符合有关技术标准规定并满足设计要求。

（2）实测项目检验应符合下列规定：

① 对检查项目按规定的检查方法和频率进行随机抽样检验并计算合格率。

② 以《公路工程质量检验评定标准　第一册　土建工程》（JTG F80/1—2017）规定的检查方法为标准方法，采用其他高效检测方法应经比对确认。

③《公路工程质量检验评定标准　第一册　土建工程》（JTG F80/1—2017）中以路段长度规定的检查频率为双车道路段的最低检查频率，对多车道应按车道数与双车道之比相应增加检查数量。

④ 应按式（1-1）计算检查项目合格率：

$$\text{检查项目合格率}(\%)=\frac{\text{合格的点(组)数}}{\text{该检查项目的全部检查点(组)数}}\times 100\% \tag{1-1}$$

（3）检查项目合格判定应符合下列规定：

① 关键项目的合格率应不低于95%（机电工程为100%），否则该检查项目为不合格。如路基路面的压实度、弯沉值、路面结构层厚度、水泥混凝土抗压和抗弯拉强度、半刚性材料强度等检查项目，合格率应不低于95%，不符合要求时该分项工程评为不合格。

② 一般项目的合格率应不低于80%，否则该检查项目为不合格。

③ 有规定极值的检查项目，任一单个检测值不应突破规定极值，否则该检查项目为不合格。

④ 采用《公路工程质量检验评定标准　第一册　土建工程》（JTG F80/1—2017）中所要求的方法进行检验评定的检查项目，不满足要求时，该检查项目为不合格。如压实度评定、水泥混凝土弯拉强度和抗压强度评定等。

（4）外观质量应进行全面检查，并满足规定要求，否则该检验项目为不合格。

（5）工程应有真实、准确、齐全、完整的施工原始记录、试验检测数据、质量检验结果等质量保证资料。质量保证资料应包括下列内容：

① 所用原材料、半成品和成品质量检验结果；

② 材料配合比、拌和加工控制检验和试验数据；

③ 地基处理、隐蔽工程施工记录和桥梁、隧道施工监控资料；

④ 各项质量控制指标的试验记录和质量检验汇总图表；

⑤ 施工过程中遇到的非正常情况记录及其对工程质量影响分析评价资料；

⑥ 施工过程中如发生质量事故，经处理补救后达到设计要求的认可证明文件等。

（6）检验项目评为不合格的，应进行整修或返工处理直至合格。

1.4.3　工程质量评定

工程质量等级分为合格与不合格。分项工程、分部工程、单位工程质量评定应有符合《公路工程质量检验评定标准　第一册　土建工程》（JTG F80/1—2017）中规定的资料。

（1）分项工程质量评定合格应符合下列规定：

① 检验记录应完整。

② 实测项目应合格。

③ 外观质量应满足要求。

（2）分部工程质量评定合格应符合下列规定：

① 评定资料应完整。

② 所含分项工程及实测项目应合格。

③ 外观质量应满足要求。

（3）单位工程质量评定合格应符合下列规定：

① 评定资料应完整。

② 所含分部工程应合格。

③ 外观质量应满足要求。

评定为不合格的分项工程、分部工程，经返工、加固、补强或调测，满足设计要求后，可重新进行检验评定。所含单位工程合格，该合同段评定为合格；所含合同段合格，该建设项目评定为合格。

本章小结

随着公路工程建设的快速发展，科学技术水平的不断提高，需要用科学、先进的检测方法来指导工程建设。因此，完善工程试验检测机构的工作制度、制订试验检测工作细则、配置合理的试验检测人员具有重要的现实意义。通过本章学习，应能掌握试验检测工作制度、工作细则、试验检测人员的配置等内容。

思考题

1. 加强试验检测工作对工程质量控制有什么意义？
2. 简述现行部颁的公路工程有关试验规程的名称。
3. 简述工程质量评定办法。
4. 简述对试验检测人员的基本要求。
5. 质量保证资料包括哪几个方面的内容？
6. 公路工程试验检测中心人员如何配置最合理？

第 2 章　试验检测数据的处理

学习目标

工程质量评价是以检测数据为依据的。在工程施工过程中要进行大量的原材料试验和工程质量控制检验，这些数据必须经过分析处理才能得到可靠的试验检测结果。因此，检测人员要具备数理统计方面的基本知识，掌握试验数据处理的方法。

2.1　常用的数理统计方法和数据处理方法

2.1.1　总体和样本

在工程质量检验中，对无限总体中的个体逐一考察其某个质量特性显然是不可能的；对有限总体，所含个体数量虽不多，但考察方法往往是破坏性的，同样不能采用全数考察。因此，通过抽取总体中的一小部分个体加以检测，以了解和分析总体质量状况，是工程质量检验的主要方法。例如，测定路基压实度时，不可能把一段路基每一点的压实度都进行测定，而只能按照要求的频率（如 2000m^2 测 4 点）来检测并收集部分数据。那么，这些数据能否反映整个路段的压实度呢？根据数理统计方法，则首先需要研究总体与样本的概念以及它们之间的关联。

总体又称母体，是统计分析中所需研究对象的全体。组成总体的每个单元称为个体。例如，1km 路基的压实度为总体，这段路基中一个测点的压实度就是个体。

总体分为有限总体和无限总体。如果一批产品由于其数量有限，那么就称其为有限总体；如果一道工序，由于工序总在源源不断生产出产品，有时是一个连续的整体，那么这样的总体称为无限总体。

从总体中抽取一部分个体就是样本。例如，一批沥青有 100 桶，从每一桶沥青中抽取 2 个试样，共抽查 200 个试样，这 200 个试样就是样本。组成样本的每一个个体就是样品。例如，上述的 200 个试样中的某一个就是该样本中的一个样品。

样本容量是样本中所含样品的数量，用 n 表示，上例中样本容量 $n=200$。样本容量的大小直接关系到判断结果的可靠性。一般来讲，样本容量越大，可靠性就越好，但检测所耗费的工作量也越大，成本也越高。样本容量与总体中所含个体的数量相等时，是一种极限情况，因此，全数检验是抽检的极限。

2.1.2　数据的统计特征量

用来表示统计数据分布及其某些特性的特征量分为两类：一类表示数据的集中位置，例如算术平均值、中位数等；另一类表示数据的离散程度，主要有极差、标准差等。有时候也把这两类基本特征联合起来说明问题，如变异系数。

1. 算术平均值

算术平均值是表示一组数据集中位置最有用的统计特征量，经常用样本的算术平均值来代表总体的平均水平。设 x_1，x_2，…，x_n 代表样本数据，n 表示容量，则算术平均值为

$$\overline{x}=\frac{1}{n}(x_1+x_2+\cdots+x_n)=\frac{1}{n}\sum_{i=1}^{n}x_i \tag{2-1}$$

2. 中位数

在一组数据 x_1，x_2，…，x_n 中，按其大小次序排序，以排在正中间的一个数表示总体的平均水平，称之为中位数，或称中值，用 n 表示。n 为奇数时，正中间的数只有一个；n 为偶数时，正中间的数有两个，则取这两个数的平均值作为中位数，即

$$\overline{x}=\begin{cases}x_{\frac{n+1}{2}} & (n\text{ 为奇数})\\ \frac{1}{2}(x_{\frac{n}{2}}+x_{\frac{n}{2}+1}) & (n\text{ 为偶数})\end{cases} \tag{2-2}$$

3. 极差

在实际生产中，只用平均水平反映产品是远远不够的，例如混凝土的强度。虽然平均值符合要求，但是波动太大，产品质量也不能符合质量要求。因此，需要了解数据波动范围的大小。波动大小用极差 R 表示。在一组数据中最大值与最小值之差，称为极差，记作 R。

$$R=x_{\max}-x_{\min} \tag{2-3}$$

极差没有充分利用数据的信息，计算简单，仅适用于样本容量较小（$n<10$）的情况。

4. 标准偏差

标准偏差有时也称标准离差、标准差或均方差。它是衡量样本数据波动性（离散程度）的指标。在质量检验中，总体的标准偏差 σ 一般不易求得。样本的标准偏差 s 按式（2-4）计算：

$$s=\sqrt{\frac{(x_1-\overline{x})^2+(x_2-\overline{x})^2+\cdots+(x_n-\overline{x})^2}{n-1}}=\sqrt{\frac{\sum_{i=1}^{n}(x_i-\overline{x})^2}{n-1}} \tag{2-4}$$

5. 变异系数

标准偏差是反映样本数据的绝对波动状况。当测量较大的量值时，绝对误差一般较大；而测量较小的量值时，绝对误差一般较小。因此，用相对波动的大小即变异系数更能反映样本数据的波动性。

变异系数用 c_v 表示，是标准偏差 s 与算术平均值 $\overline{x}$ 的比值，即

$$c_v=\frac{s}{\overline{x}}\times 100\% \tag{2-5}$$

变异系数可以看出标准偏差所表示不出来的数据波动情况。

变异系数越小，说明施工管理和质量控制得越好。

6. 可疑数据的取舍

在一组条件完全相同的重复试验中，当发现某个过大或过小的可疑数据时，应按数

理统计方法给予鉴别并决定取舍。常用的方法有3倍标准偏差法、格拉布斯法和肖维纳特法。在这三种方法中，3倍标准偏差法最简单，其又被称为拉依达法。当试验次数较多时，可简单地用3倍标准偏差（$3s$）作为确定可疑数据取舍的标准，当试验检测次数较少时（如$n<10$），在一组测量值中即使混有异常值，也无法舍弃；格拉布斯法是目前较为常用的方法；肖维纳特法较古老，已逐渐被格拉布斯法所代替。下面介绍这三种可疑数据取舍方法。

（1）3倍标准偏差法。当某一测量数据（x_i）与其测量结果的算术平均值之差大于3倍标准偏差时，用公式表示为

$$|x_i-\overline{x}|>3s \tag{2-6}$$

由于该方法是以3倍标准偏差作为判别标准，所以称3倍标准偏差法，简称3s法。3s法是美国混凝土标准（ACT 214-65的修改建议）中所采用的方法。

（2）格拉布斯法。格拉布斯法假定测量结果服从正态分布，根据顺序统计量来确定可疑数据的取舍。下面以例子来说明格拉布斯法的取舍步骤。

① 测量数据：例如，测量10次（$n=10$），获得x_1，x_2，…，x_{10}的数据：8.2、5.4、14.0、7.3、4.7、9.0、6.5、10.1、7.7、6.0。

② 排列数据：将上述测量数据按从小到大的顺序排列，得到4.7、5.4、6.0、6.5、7.3、7.7、8.2、9.0、10.1、14.0。可以肯定，可疑值不是最小值就是最大值。

③ 计算平均值$\overline{x}$和标准差s：$\overline{x}=7.89$；标准差$s=2.704$。计算时，必须将所有10个数据全部包含在内。

④ 计算偏离值：平均值与最小值之差为$7.89-4.7=3.19$；最大值与平均值之差为$14.0-7.89=6.11$。

⑤ 确定一个可疑值：比较起来，最大值与平均值之差6.11大于平均值与最小值之差3.19，因此，认为最大值14.0是可疑值。

⑥ 计算G_i值：$G_i=(x_i-\overline{x})/s$。其中i是可疑值的排列序号——10；因此，$G_{10}=(x_{10}-\overline{x})/s=(14.0-7.89)/2.704=2.260$。由于$x_{10}-\overline{x}$是残差，而$s$是标准差，因而可认为$G_{10}$是残差与标准差的比值。下面把计算值$G_i$与格拉布斯表（表2-1）给出的临界值$G_{P(n)}$进行比较，如果计算的$G_i$值大于表2-1中的临界值$G_{P(n)}$，则能判断该测量数据是异常值，可以剔除。但是要注意，临界值$G_{P(n)}$与两个参数有关：检出水平α（与置信概率P有关）和测量次数n（与自由度f有关）。

⑦ 定检出水平α：如果要求严格，检出水平α可以定得小一些，例如定$\alpha=0.01$，那么置信概率$P=1-\alpha=0.99$；如果要求不严格，α可以定得大一些，例如定$\alpha=0.10$，即$P=0.90$。通常定$\alpha=0.05$，$P=0.95$。

⑧ 查格拉布斯表（表2-1）获得临界值：根据选定的P值（此处为0.95）和测量次数n（此处为10），查格拉布斯表，横竖相交得临界值$G_{95(10)}=2.176$。

⑨ 比较计算值G_i和临界值$G_{95(10)}$：$G_i=2.260$，$G_{95(10)}=2.176$，$G_i>G_{95(10)}$。

⑩ 判断是否为异常值：因为$G_i>G_{95(10)}$，可以判断测量值14.0为异常值，将它从10个测量数据中剔除。

余下数据考虑：剩余的9个数据再按以上步骤计算，如果计算的$G_i>G_{95(9)}$，仍然是

异常值，剔除；如果 $G_i < G_{95(9)}$，不是异常值，则不剔除。本例余下的 9 个数据中没有异常值。

表 2-1　格拉布斯表——临界值 $G_{P(n)}$

n	P		n	P	
	0.95	0.99		0.95	0.99
3	1.135	1.155	17	2.475	2.785
4	1.463	1.492	18	2.504	2.821
5	1.672	1.749	19	2.532	2.854
6	1.822	1.944	20	2.557	2.884
7	1.938	2.097	21	2.580	2.912
8	2.032	2.231	22	2.603	2.939
9	2.110	2.323	23	2.624	2.963
10	2.176	2.410	24	2.644	2.987
11	2.234	2.485	25	2.663	3.009
12	2.285	2.550	30	2.745	3.103

（3）肖维纳特法。进行 n 次试验，其测量值服从正态分布，以概率 $1/(2n)$ 设定判别范围（$-k_nS_k$，k_nS_k），当偏差（测量值 x_i 与其算术平均值 $\bar{x}$ 之差）超过该范围时，就意味着该测量值 x_i 是可疑的，应予舍去。判别范围由式（2-7）确定：

$$\frac{1}{2n} = 1 - \int_{-k_n}^{k_n} \frac{1}{\sqrt{2\pi}} e^{-\frac{t^2}{2}} \mathrm{d}t \tag{2-7}$$

式中，k_n 为肖维纳特系数，与试验次数 n 有关，可由正态分布系数表查得，见表 2-2。

表 2-2　肖维纳特系数表

n	k_n	n	k_n	n	k_n	n	k_n	n	k_n	n	k_n
3	1.38	8	1.86	13	2.07	18	2.20	23	2.30	50	2.58
4	1.53	9	1.92	14	2.10	19	2.22	24	2.31	75	2.71
5	1.65	10	1.96	15	2.13	20	2.24	25	2.33	100	2.81
6	1.73	11	2.00	16	2.15	21	2.26	30	2.39	200	3.02
7	1.80	12	2.03	17	2.17	22	2.28	40	2.49	500	3.20

因此，肖维纳特法可疑数据舍弃的标准为

$$\frac{|x_i - \bar{x}|}{s} \geqslant k_n \tag{2-8}$$

应当指出的是，肖维纳特法判据是在频率接近于概率条件得到满足情况下建立的，对坏值也不够灵敏。但是利用肖维纳特法判据直接查肖维纳特法系数表简明清晰，使用比较方便。

2.2　数值修约规则

2.2.1　测量和测量结果

测量是以确定量值为目的的一组操作。量值是由一个数（值）乘以测量单位所表示的特定量的大小。

测量有直接测量和间接测量之分：直接测量的结果可直接测到而不必通过函数计算；而间接测量的结果需将直接测量的结果代入函数计算才能得到。由测量所得的赋予被测量的值称为测量结果。根据误差公理，测量总是存在误差的，测量结果只能是接近于测量真值的估计值，因而表示测量结果的数（值）是含有误差的数（值）。也就是说，表示测量结果的数值是一个近似值。

2.2.2 数值修约规则

数值修约是指通过省略原数值的最后若干位数字，调整所保留的末位数字，使最后所得到的值最接近原始值的过程。经数值修约后的数值称为（原始值的）修约值。修约间隔是确定修约保留位数的一种方式。修约间隔的数值一经确定，修约值即应为该数值的整数倍。例如，当指定修约间隔为 0.1，修约值即应在 0.1 的整数倍中选取，相当于将数值修约到一位小数；当指定修约间隔为 100，修约值即应在 100 的整数倍中选取，相当于将数值修约到"百"数位。

根据国家标准《数值修约规则与极限数值的表示和判定》(GB/T 8170—2008) 的规定，试验数据需要修约时，应按下列规则进行：

(1) 拟舍弃数字的最左一位数字小于 5 时则舍去，即保留各位数字不变。例如，将 12.1498 修约到一位小数，得 12.1。又如，将 12.1498 修约成两位有效位数，得 12。

(2) 拟舍弃数字的最左一位数字大于 5，或者是 5，而其后跟有并非全部为 0 的数字时则进一，即保留的末位数字加 1。

例如，将 1268 修约到"百"位数，得 130×10 (特定时可写为 1300)。

若将 1268 修约成三位有效位数，得 127×10 (特定时可写为 1270)。

若将 10.502 修约到个位数，得 11。

(3) 拟舍弃数字的最左一位数字为 5，而右面无数字或皆为 0 时，若所保留末位数字为奇数 (1、3、5、7、9) 则进一，为偶数 (2、4、6、8、0) 则舍弃。

例如，修约间隔为 0.1，则

拟修约数	修约值
1.050	1.0
0.350	0.4

又如，修约间隔为 1000，则

拟修约数	修约值
2500	2000
3500	4000

(4) 负数修约时，先将它的绝对值按上述的规定进行修约，然后在修约值前面加上负号。

例如，将下列数修约到"十"位数。

拟修约数	修约值
—355	—360
—325	—320

（5）单位修约。在试验数据中，有的规范或规程要求小数点后保留 0 或 5，不要其他数值。以下分别是 0.5 单位修约和 0.2 单位修约的情况。

① 0.5 单位修约，见表 2-3。

表 2-3　修约到“个”位数的 0.5 单位（或修约间隔为 0.5）

拟修约数	乘以 2	修约为整数	再除以 2
60.25	120.5	120	60.0
60.38	120.76	121	60.5
−60.75	−121.5	−122	−61.0

② 0.2 单位修约，见表 2-4。

表 2-4　修约到“百”位数的 0.2 单位（或修约间隔为 0.2）

拟修约数	乘以 5	修约为整数	再除以 5
830	4150	4200	840.0
842	4210	4200	840.0
−930	−4650	−4600	−920.0

（6）数值修约注意事项。实行数值修约，应在明确修约间隔、确定修约位数后一次完成，不能连续修约，否则会导致不正确的结果。在实际工程中经常会出现这样的现象，有的部门先将原始数据按修约要求多一位至几位报出，而另一个部门按修约后的值再按规定的位数修约和判定，这样就犯了连续修约的错误。

2.2.3　有效数字

有效数字是指由数字组成的一个数，除最后一位数字是不确切值或可疑值外，其他数字皆为可靠值或确切值，则组成该数的所有数字包括末位数字称为有效数字，除有效数字外其余数字为多余数字。

一个数的有效数字占有的位数，即有效数字的个数，为该数的有效位数。如：0.00523、0.0523、5.23，这三个数的有效位数均为 3。如 1.2345 误差的数量级为 0.01，则“4”和“5”均为多余数字。

对不需要标明误差的数据，其有效位数应取到最末一位数字为可疑数字。

对需要标明误差的数据，其有效位数应取到与误差同一数量级。

2.2.4　数据的表达方法

测量数据的表达方法通常有表格法、图示法和经验公式法。

1. 表格法

用表格来表示函数的方法，在自然科学和工程技术上用得特别多。在科学试验中，一系列测量数据都是首先列成表格，然后进行其他处理。表格法虽然简单方便，但是不能满足深入分析。首先，尽管测量次数相当多，但是它不能给出所有的函数关系；其次，从表格中不易看出自变量变化时函数的变化规律，而只能大致估计出函数是递增的、递减的或是周期性变化的。列成表格是为了表示出测量结果，或是为了以后计算方便，同时也是图示法和经验公式法的基础。

表格分为两种：一种是试验检测数据记录表；另一种是试验检测结果表。

试验检测数据记录表是该项试验检测的原始记录表。它包括的内容应有试验检测的目的、内容摘要、试验日期、环境条件、测量数据、结果分析以及参加人员、校核人员和技术负责人。

试验检测结果表只反映试验检测结果的最后结论，一般只有几个变量间的对应关系。试验检测结果表应力求简明扼要，能够说明问题。

2. 图示法

图示法的最大优点是一目了然，即从图形中可以非常直观地看出函数的变化规律，如递增性和递减性、最大值或最小值、是否具有周期性变化规律等。但是，从图形上只能得到函数变化关系而不能进行数学分析。

图示法的基本要点：

（1）在直角坐标系中绘制测量数据图形时，应以横坐标为自变量，纵坐标为对应的函数量。

（2）坐标纸的大小和分度的选择与测量数据的精度相适应。分度过粗时，影响原始数据的有效数字，绘图精度将低于试验中参数测量的精度；分度过细时会高于原始数据的精度。

坐标分度值不一定自零起，可用低于试验数据的某一数值作起点和高于试验数据的某一数值作终点，曲线以基本占满全幅坐标纸为宜。

（3）坐标轴应注明分度值的有效数字和名称、单位。必要时还应标明试验条件，坐标的文字书写方向与该坐标轴平行，在同一图上表示不同数据时应用不同的符号加以区别。

（4）曲线平滑方法。测量数据往往是分散的，如果用短线连接各点得到的就不是光滑的曲线，而是折线。由于每一个测点总存在误差，按带有误差的各数据所描的点不一定是真实值的正确位置。根据足够多的测量数据，完全有可能作出一条光滑曲线，决定曲线的走向应考虑曲线尽可能通过或接近所有的点，但是曲线不必强求通过所有的点。当不可能时，应移动曲线尺，顾及所绘制的曲线与实测值之间的误差的平方和最小，此时曲线两边的点数接近相等。

3. 经验公式法

测量数据不仅可用图形表示出函数之间的关系，而且可用与图形相对应的一个公式来表示所有的测量数据，当然这个公式不可能完全准确地表达全部数据。因此，常把曲线对应的公式称为经验公式，在回归分析中则称之为回归方程。

把全部测量数据用一个公式来代替，不仅有紧凑扼要的优点，而且可以对公式进行必要的数学运算，以研究各自变量与函数的关系。

建立公式的步骤大致可归纳如下：

（1）描绘曲线。以自变量为横坐标、函数量为纵坐标，将测量数据描绘在坐标纸上，并把数据点描绘成测量曲线。

（2）对所描绘的曲线进行分析，确定公式的基本形式。如果数据点描绘的是曲线，则要根据曲线的特点判断曲线属于何种类型。判断时可参考现成的数学曲线形状加以选择，对选择的曲线则按一元非线性回归方法处理。如果测量曲线很难判断属何种类型，则可按多项式回归处理。

（3）曲线画直。如果测量数据描绘的曲线被确定为某种类型的曲线，则可将该曲线方程变换成直线方程，然后按一元线性回归方法处理。

（4）确定公式中的常量。代表测量数据的直线方程或经曲线化直后的直线方程表达式为 $y=ax+b$，可根据一组测量数据确定方程的常量 a 和 b，其方法一般有图解法、端值法、平均法和最小二乘法等。

（5）检验所确定的公式的准确性。即用测量数据中自变量值代入公式计算出函数值，看它与实际测量值是否一致，如果差别很大，说明所确定的公式基本形式可能有错误，则应建立另外形式的公式。

2.2.5　数据处理分析方法

若两个自变量 x 和 y 之间存在一定的关系，并通过试验获得 x 和 y 的一组数据，用数学处理方法得出这两个自变量的关系式，就是回归分析，也就是工程上所说的拟合问题，所得关系式称为经验公式，或称回归方程或拟合方程。

在处理试验数据时，经常遇到两个变量因素的试验值，如抗压强度和抗折强度、快速试验强度和标准试验强度、混凝土强度与水泥强度以及承载比试验等，可利用试验数据找出它们之间的关系，建立两个变量因果经验相关公式。

如果两个变量 x 和 y 间的关系是线性关系，称为一元线性回归或直线拟合；如果两个变量 x 和 y 间的关系是非线性关系，称为一元非线性回归或曲线拟合。

设两个变量间的关系为 $y=F(x)$，通过试验可得到若干组对应数 $(x_1,y_1),(x_2,y_2),\cdots,(x_n,y_n)$。根据这些数据在平面坐标系中绘出相应的数据点，当点大致分布在一条直线附近时，说明两变量 x 和 y 间存在线性关系，即可以用一条适当的直线来表示这两个变量关系，此直线方程为

$$y=ax+b \tag{2-9}$$

式中，a、b 为回归系数。

平面上的直线很多，而 a、b 值构成的最优直线必须使 $y=ax+b$ 方程的函数值与实际测量值之间的偏差最小。理论分析和工程实践均表明，最小二乘法确定的回归方程偏差最小，平均法次之，端值法最大。因此，下面仅讨论最小二乘法。

最小二乘法的基本原理：当所有测量数据的偏差平方和最小时，所拟合的曲线最优。

最小二乘法是一种最常用的统计方法。经过数学推导，得到二元一次直线方程的截距 b、斜率 a、相关系数 r 的计算公式如下：

截距：

$$b=\frac{\sum x\sum xy-n\sum xy}{(\sum x)^2-n\sum x^2} \tag{2-10}$$

斜率：

$$a=\frac{\sum xy\sum x-\sum y\sum x^2}{(\sum x^2)-n\sum x^2} \tag{2-11}$$

相关系数：

$$r=\frac{n\sum xy-\sum x\sum y}{\sqrt{[n\sum x^2-(\sum x)^2][n\sum y^2-(\sum y)^2]}} \tag{2-12}$$

2.3　抽样检验基础

工程质量检验是工程质量控制的一个重要环节，是保证工程质量的必要手段。检验可分

为全数检验和抽样检验两大类。全数检验是对一批产品中的每一个产品进行检验，从而推断该批产品质量状况；抽样检验是从一批产品中抽出少量的单个产品进行检验，从而推断出该批产品的质量状况。全数检验的可靠性好，但检验工作量大，往往难以实现。抽样检测的方法是以数理学统计为理论依据，具有很强的科学性和经济性，在许多情况下，只能采用抽样检验方法。公路工程不同于一般产品，它是一个连续的整体，且采用的质量检测手段又多属于破坏性的。所以，就公路工程质量检验而言，不可能采用全数检验，只能采用抽样检验，即从待检工程中抽取样本，根据样本的质量结果，推断整个待检工程的质量状况。质量检验的目的在于准确判断工程质量状况，以促进工程质量的提高。其有效性取决于检验的可靠性，而检验的可靠性又与以下因素有关：

（1）质量检测手段的可靠性。

（2）抽样检验方法的科学性。

（3）抽样检验方案的科学性。

只有综合考虑上述三个方面因素，才能提高质量检验的可靠性。

2.3.1 抽样检验的类型

抽样是从总体样本中抽取样本的过程，并通过样本了解总体。抽样检验可分为非随机抽样和随机抽样两类。

1. 非随机抽样

进行人为的有意识的挑选取样即为非随机抽样。在非随机抽样中，人的主观因素占主导作用，会对总体做出错误的判断，采用这种方法所得到的检验结论可信度低。

2. 随机抽样

随机抽样排除了人的主观因素，使待检总体中每一个产品具有同等被抽取的机会。只有随机抽样的样本才能客观反映总体的质量状况。这类方法得到的数据有代表性，质量检验的可靠性得到基本保证。随机抽样是以数理统计的原理，根据样本取得的质量数据来推测、判断总体的一种科学抽样检验方法，因而被广泛使用。

2.3.2 随机抽样的方法

随机抽样的方法有单纯随机抽样、系统抽样、分层抽样、密集群抽样等。适合公路工程质量检验的随机抽样法一般有以下三种方式。

1. 单纯随机抽样

在总体中，直接抽取样本的方法即为单纯随机抽样。如一批产品共 100 箱，每箱 20 件，共 2000 件，从整批中任意抽取 200 件。这种抽样方法就是单纯随机抽样。它是一种不完全随机化的抽样方法。在进行单纯随机抽样时，应对总体中每个个体进行编码。随机抽样并不意味着随便地、任意地取样，而应采取一定方式获取随机数，以确保抽样的随机性。而随机数可以利用随机数表获得，也可以利用掷骰子和抽签的方法获得。

2. 系统抽样

有系统地将总体分成若干部分，然后从每一个部分抽取一个或若干个个体，组成样本，称系统抽样。如上述的 100 箱产品，先把整批分成 10 组，每组为 10 箱，然后分别从各组中任意抽取 20 件，就是系统抽样。在工程质量控制中，系统抽样的实现主要有以下三种方式：

（1）将比较大的工程分为若干部分，再根据样本容量大小，在每部分按比例进行单纯随机抽样，将各部分抽取的样品组合成一个样本。

（2）间隔定时法。每隔一定时间，从工作面抽取一个或若干个样品。该方法适合于工序质量控制。

（3）间隔定量法。每隔一定数量的产品，抽取一个或若干个样品，该方法主要适合于工序质量控制。

3. 分层抽样

一项工程或工序往往是由若干个不同的班组施工的。分层抽样法就是依据此类情况，将工程或工序分为若干层，如同一个班组施工的工程或工序作为一层，若某工程或工序由 3 个不同班组施工，则分为 3 层，然后按一定比例确定每层应抽取样品数，对每层则按单纯抽样法抽取样品。分层抽样便于了解每层质量状况，分析每层产生质量问题的原因。

2.4　抽样检验的评定方法

抽样检验的目的，就是根据样本取得的质量数据来推测样本所属的一批产品或工序的质量状况，并判断该产品是否合格。公路工程施工中路基路面压实度、弯沉值、路面结构层厚度、半刚性基层材料强度、水泥混凝土抗折强度等检验项目，应采用数理统计的方法进行。具体方法参阅《公路工程质量检验评定标准　第一册　土建工程》（JTG F80/1—2017）。

本章小结

在工程试验检测中，数值修约规则采用“奇升偶舍”法，与常用的“四舍五入”法有所不同。

数据的统计特征量有两类：位置特征值和离散特征值。位置特征值主要有算术平均值、中位数、加权平均值等；离散特征值主要有极差、标准偏差、变异系数等。

试验检测数据属于随机变量，具有一定的规律性或分布形式，正态分布是应用最多、最广泛的一种概率分布曲线。计量值数据的概率分布，都遵从正态分布。

检测数据通常用表格法、图形法和数学公式法表示。通过试验获得变量 x 和变量 y 的一系列数据，用数学处理的方法得出这两个变量之间的关系式，称为回归分析。

思考题

1. 什么是有效数字、有效位数？
2. 什么是总体、个体和样本？
3. 数值修约的规则和特异数据取舍方法有几种？
4. 什么叫抽样检验？随机抽样的方法有哪几种？

第 3 章　土工试验检测技术

学习目标

熟悉土的三相组成、结构特征和土的粒度成分分析的方法；掌握土的实测指标试验法及反映土的密实程度的指标；掌握土的水理和力学性质以及测定方法，并熟练掌握土的工程分类和野外鉴别。

3.1　土的形成及三相组成

3.1.1　土的形成

土是地壳表层母岩风化后的产物，包括岩石经物理风化崩解而成的碎块，以及经化学风化后形成的未胶结的松散物质，粗至巨砾，细至黏土，统称为土。根据土的成因把它分为残积土、洪积土、冲积土、冰积土等。根据颗粒大小可分为巨粒土、粗粒土、细粒土。土的形成如图 3-1 所示。

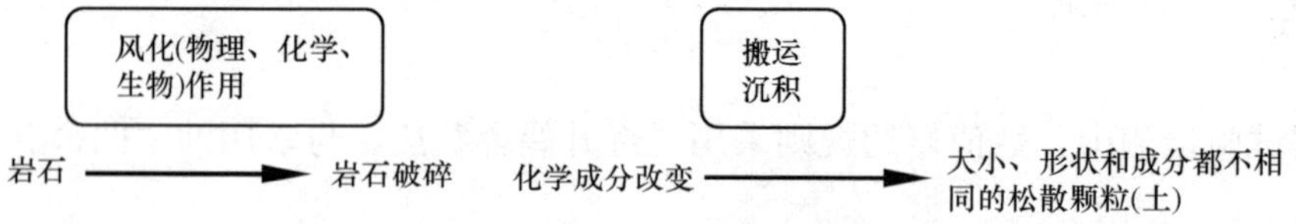

图 3-1　土的形成

3.1.2　土的三相组成

通常情况下，土是由三相物质组成的三相体系，如图 3-2 所示。

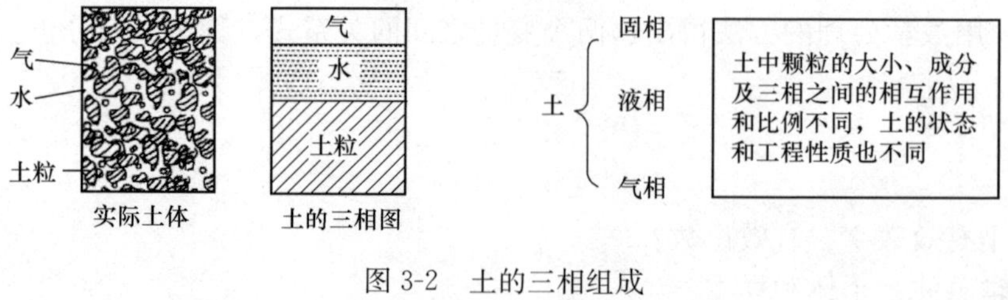

图 3-2　土的三相组成

1. 土的固相

土的固相物质中主要是矿物成分和有机质，构成了土的主要骨架——土粒。矿物成分取决于母岩的矿物成分和风化作用，分为原生矿物和次生矿物。各种成分的含量不同造成了土的不同工程性质。

2. 土的液相

土的液相主要是指土中各种形态的水，包括两大类：一类是存在于土体孔隙中的水，有气态水、固态水、液态水；另一类是结合水，分为强结合水、弱结合水。结合水和土颗粒结合成为矿物的一部分，土中各类水对土的工程性质有不同程度的作用和影响。

3. 土的气相

土中气体存在于土孔隙中未被水占据的部分，分为与大气连通的非封闭气体和与大气不连通的封闭气体。

3.1.3　土的结构特征

自然界中的土是土体的骨架，土粒的空间排列及其联结形式构成了不同的结构。土体主要分为单粒结构、蜂窝结构、絮状结构三个结构类型。

1. 单粒结构

粗矿物颗粒在水或空气中在自重作用下沉落形成的单粒结构，土粒间存在点与点的接触。根据形成条件不同，可分为密实状态和疏松状态。

2. 蜂窝结构

颗粒间点与点接触，由于彼此之间引力大于重力，接触后不再继续下沉，形成链环单位，很多链环联结起来，形成孔隙较大的蜂窝状结构，如图 3-3 所示。

3. 絮状结构

细微黏粒大都呈针状或片状，在水中处于悬浮状态。当悬液介质发生变化时，土粒表面的弱结合水厚度减薄，黏粒互相接近，凝聚成絮状物下沉，形成孔隙较大的絮状结构，如图 3-4 所示。

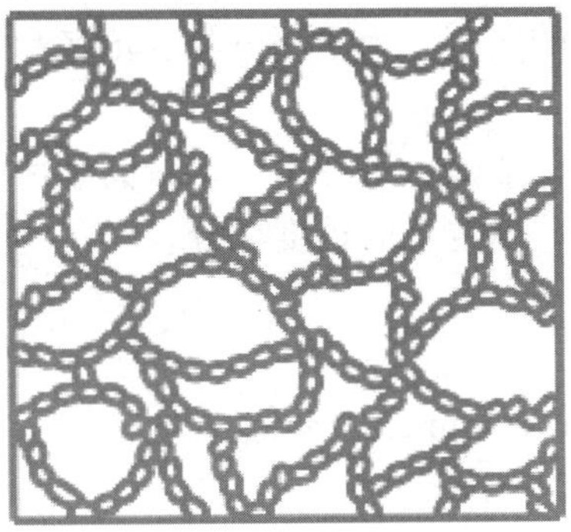

图 3-3　蜂窝结构

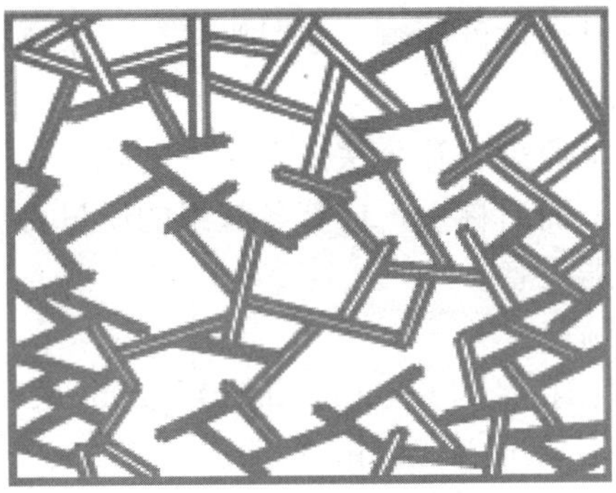

图 3-4　絮状结构

3.1.4　土的粒度成分

自然界中的土由大小悬殊、性质各异的土粒构成。土的粒度成分是指组成土的各种大小颗粒的相互比例关系。粒度成分对工程性质起着决定性的影响。

1. 粒组

土颗粒的大小称为土的粒度，以毫米（mm）为单位。土粒由粗到细，分为若干组，人们把粒径大小相似且工程性质基本相同的颗粒合并为一个组，称为粒组。工程中划分为若干粒组，各组内还可细分成若干亚组，见表 3-1。

表 3-1　粒组划分表

mm

200		60	20	5	2	0.5	0.25	0.075	0.002
巨粒组		粗粒组						细粒组	
漂石（块石）	卵石（小块石）	砾			砂			粉粒	黏粒
		粗	中	细	粗	中	细		

2. 土的颗粒级配和颗粒分析试验

土粒的大小及组成情况，通常以土中各个粒组的相对含量（即各粒组占土粒总量的百分数）来表示，称为土的颗粒级配。用指定方法测定土中各粒组占总质量百分数的试验称为土的颗粒分析（粒度分析）试验。目前所采用的颗粒分析法可归纳为筛分法和密度计法两类，见表 3-2。

表 3-2　颗粒分析法的分类

试验方法	适用范围
筛分法	0.075mm≤d≤60mm
密度计法	d<0.075mm

除了上述分类外，还可以按照直接测定法、间接测定法分类。直接测定法有筛分法、移液管法；间接测定法有肉眼鉴定法、密度计法。若土中粗细颗粒兼有时，则可联合使用。

1）筛分法。在实际工程中，筛分法最常用。用一套孔径不同的筛子，按从上至下筛孔逐渐减小放置。将事先称过质量的烘干土样过筛，称出留在各筛上的土质量，然后计算其占总土粒质量的百分数。

【试验 3-1】颗粒分析试验（筛分法）

（1）目的和适用范围。本试验适用于分析粒径大于 0.075mm 的土。为了研究土中不同颗粒含量对其性质的影响，通过颗粒分析来确定土的级配，为土的分类、定名和工程应用提供依据。

（2）基本原理。筛分法是利用一套孔径不同的标准筛，来分离一定量的砂性土中与筛孔相应的粒组，而后称重，计算各粒组的质量百分比，确定土的粒度成分。

（3）仪器设备。

① 标准筛。

a. 粗筛：孔径为 60mm、40mm、20mm、10mm、5mm、2mm。

b. 细筛：孔径为 2mm、0.5mm、0.25mm、0.075mm。

② 天平：称量 5000g，最小分度值 1g；称量 1000g，最小分度值 0.1g；称量 200g，最小分度值 0.01g 。

③ 振筛机：筛析过程中应能上下振动。

④ 其他附属设备：烘箱、研钵、瓷盘、毛刷等。

（4）筛析法的取样数量应符合表 3-3 的规定。

表 3-3　筛析法的取样数量

粒径尺寸（mm）	取样数量（g）	粒径尺寸（mm）	取样数量（g）
<2	100～300	<40	2000～4000
<10	300～900	≥40	4000 以上
<20	1000～2000		

（5）试验步骤。

① 对于无黏聚性的土。

a. 按表 3-3 的规定称取试样质量，准确至 0.1g。

b. 将试样过 2mm 筛，称筛上和筛下的试样质量。当筛下的试样质量小于试样总质量的 10%时，不做细筛分析；筛上的试样质量小于试样总质量的 10%时，不做粗筛分析。

c. 取筛上的试样倒入依次叠好的粗筛中，筛下的试样倒入依次叠好的细筛中，进行筛析。细筛宜置于振筛机上振筛，振筛时间宜为 10～15min，再按由上而下的顺序将各筛取下；由最大孔径的筛开始，在白纸上用手轻叩摇晃，至每分钟筛下数量不大于该级筛余质量的 1%为止，漏下的土粒应全部放入下一级筛内，并将留在各筛上的土样用软毛刷刷干净，称各级筛上及底盘内试样的质量，应准确至 0.1g。

d. 筛后各级筛上和筛底上试样质量的总和与筛前试样总质量的差值，不得大于试样总质量的 1%。

② 含有细粒土颗粒的砂土的筛析法试验，应按下列步骤进行：

a. 按表 3-3 的规定称取代表性试样，置于盛水容器中充分搅拌，使试样的粗细颗粒完全分离。

b. 将容器中的试样悬液通过 2mm 筛，取筛上的试样烘至恒量，称烘干试样质量，应准确到 0.1g，并按上步试验 c、d 的步骤进行粗筛分析；取筛下试样悬液，用带橡皮头的研杆研磨，过 0.075mm 筛，用水冲洗，并将筛上试样烘至恒量，称烘干试样质量，应准确至 0.1g，然后按上步试验 c、d 步骤进行细筛分析。

c. 当粒径小于 0.075mm 的试样质量大于试样总质量的 10%时，应按密度计法或移液管法测定小于 0.075mm 的颗粒组成。

（6）结果整理。

① 按式（3-1）计算小于某粒径的试样质量占试样总质量的百分比：

$$x=\frac{a}{b}\times 100 \qquad (3\text{-}1)$$

式中　x——小于某粒径颗粒的质量百分数（%）；

a——小于某粒径颗粒的质量（g）；

b——试样的总质量（g）。

② 当小于 2mm 的颗粒用四分法缩分取样时，按式（3-2）计算试样中小于某粒径的颗粒质量占总土质量的百分数：

$$x=\frac{a}{b}\times P\times 100 \qquad (3\text{-}2)$$

式中　a——通过 2mm 筛的试样中小于某粒径的颗粒质量（g）；

b——通过 2mm 筛的土样中所取试样的质量（g）；

P——粒径小于 2mm 的颗粒质量百分数（%）。

③ 以小于某粒径的试样质量占试样总质量的百分比为纵坐标、颗粒粒径为横坐标，在半对数坐标上绘制颗粒大小分布曲线。颗粒分析试验记录见表 3-4。

2）密度计法：利用不同大小的土粒在水中的沉降速度不同来确定小于某粒径的土粒含量。密度计法是水析法的一种，实质为静水沉降法，其基本原理为 0.002 ～ 0.2mm 粒径的土粒在水或液体中靠自重下沉时应做等速运动，运动的规律符合斯托克斯定律。土粒越大，在静水中的沉降速度越快；反之，土粒越小，沉降速度越慢。

表 3-4　颗粒分析试验记录

工程名称：			试验者：		
土样编号：			计算者：		
试验日期：			校核者：		
风干质量＝		g	小于 0.075mm 土占总质量的百分数（%）：		
2mm 筛上土质量＝		g	小于 2mm 土占总质量的百分数（%）：		
2mm 筛下土质量＝		g	细筛分析时所取试样质量（g）：		
筛号	孔径（mm）	累计留筛上土的质量（g）	小于该孔径土的质量（g）	小于该孔径土的质量百分数（%）	小于该孔径的总土质量百分数（%）
底盘总计					

3.1.5　粒度成分分析的表示方法

粒度成分分析后，常用的表示方法有表格法、累计曲线法和三角坐标法。

1. 表格法

以列表的形式直接表达各粒组的相对含量。表格法有两种表示：一种是以累计含量百分比表示；另一种是以粒组表示。

2. 累计曲线法（级配指标）

通常用半对数坐标表绘制，横坐标表示粒径，纵坐标表示小于某一粒径的累计百分数的含量。累计曲线如图 3-5 所示。

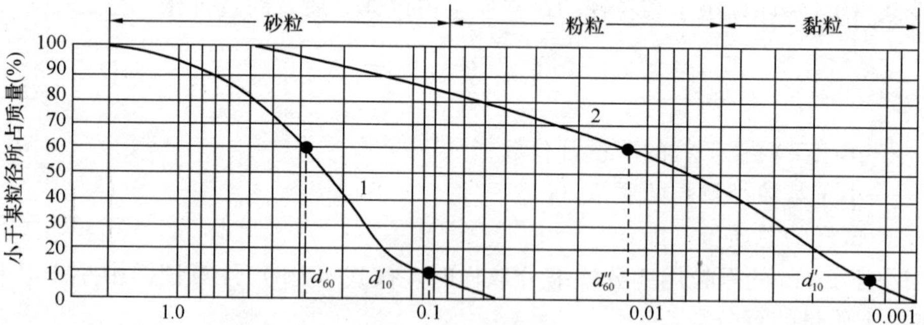

图 3-5　累计曲线

从累计曲线上我们可以看出，曲线 2 平缓，表明成分混杂，大小粒组都有，分布较广。曲线 1 坡度较陡，表明土粒均匀，粒组不全。斜率最大的线所包括的粒组在土样中含量最多，是具有代表性的土样。

累计曲线有两种用途：第一，由累计曲线可直观判断土中各粒组的分布情况；第二，由累计曲线可确定两个土粒的级配指标。

土的不均匀系数、曲率系数计算公式如式（3-3）、式（3-4）所示：

$$C_u = \frac{d_{60}}{d_{10}} \tag{3-3}$$

$$C_c = \frac{d_{30}^2}{d_{10}d_{60}} \tag{3-4}$$

式中　C_u——土的不均匀系数；其值越大，表示土粒越不均匀，$C_u<5$ 的土视为级配不良的土，$C_u>10$ 的土视为级配良好；

C_c——土的曲率系数，反映土的粒径级配累计曲线的斜率是否连续的指标系数，对于砂类土和砾类土，同时满足 $C_u \geqslant 5$、$C_c=1\sim3$ 时，定义为良好级配砂或良好级配砾；

d_{60}、d_{30}、d_{10}——小于某粒径的土粒含量为 60%、30%、10%时所对应的粒径。

3. 三角坐标法

此法可用来表达黏粒、粉粒和砂粒三种粒组的百分含量。它是利用等边三角形中任意一点到三边的垂直距离之和等于三角形高的原理来表达粒度成分的。

3.2　土的物理性质

在道路建设中，土可被用作建筑材料，如作为路基、路面的构筑物及地下建筑等。然而，由于土的三相成分的比例不同，所运用的环境不同，使其物理和力学特性变得十分复杂。土的三相组成部分本身的性质及其之间的比例关系决定土的物理力学性质及工程状态，一般可用相应的指标表示它们的物理性质及状态情况，工程设计和工程检验中要用到这些指标，见表 3-5。

表 3-5　土的物理性质指标

土的物理性质指标分类	具体指标
直接测定三相指标	土的相对密度、天然密度、含水量
换算指标	干密度、孔隙比、孔隙率、饱和密度、水下密度、饱和度

一般将三相关系用简图加以表达，见图 3-6。

3.2.1　土的相对密度

土的相对密度 G_s，是土在 105 ～110℃烘干状态下质量与同体积的 4℃时纯水的质量之比。其计算公式为

$$G_s = \frac{m_s}{V_s\rho_w} = \frac{\rho_s}{\rho_w} \tag{3-5}$$

式中　G_s——土的相对密度；

V_s——土中颗粒所占的体积；

m_s——土中颗粒的质量；

ρ_s——烘干状态下土的密度；

ρ_w——水在 4℃时的密度。

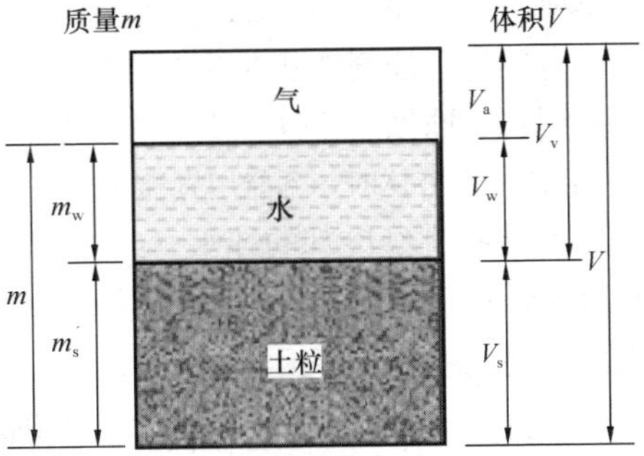

图 3-6　土的体积与质量的关系

V—土的体积；V_a—土中气体所占的体积；V_w—土中水所占的体积；V_s—土中颗粒所占的体积；V_v—土中孔隙所占的体积；m—土的总质量；m_w—土中水的质量；m_s—土中颗粒的质量。

土粒相对密度常用的测定方法有：比重瓶法、浮称法和虹吸筒法。比重瓶法适用于粒径<5mm 的土；浮称法适用于粒径≥5mm 的土，且其中粒径为 20mm 的土的质量应小于总质量的 10%；虹吸筒法适用于粒径≥5mm 的土，且其中粒径为 20mm 的土的质量应大于总质量的 10%。现重点介绍比重瓶法。

【试验 3-2】比重瓶法测相对密度

1. 目的和适用范围

本试验方法适用于对粒径小于 5mm 的各类土进行相对密度的测定。

2. 仪器设备

（1）比重瓶：容积 100mL 或 50mL，分为长颈和短颈两种。

（2）恒温水槽：准确度应为±1℃。

（3）砂浴：应能调节温度。

（4）筛：2mm 和 5mm 筛。

（5）天平：称量 200g，最小分度值 0.001g。

（6）温度计（刻度为 0～50℃、最小分度值为 0.5℃）、滴管、漏斗。

3. 试验步骤

（1）比重瓶的校准，应按下列步骤进行：

① 将比重瓶洗净、烘干，置于干燥器内，冷却后称量，准确至 0.001g。

② 将煮沸经冷却的纯水注入比重瓶。对长颈比重瓶注水至刻度处；对短颈比重瓶应注满纯水，塞紧瓶塞，多余水自瓶塞毛细管中溢出，将比重瓶放入恒温水槽直至瓶内水温稳定。取出比重瓶，擦干外壁，称瓶、水总质量，准确至 0.001g。测定恒温水槽内水温，准确至 0.5℃。

③ 调节数个恒温水槽内的温度，温度差宜为 5℃，测定不同温度下瓶、水的总质量。每个温度时均应进行两次平行测定，两次测定的差值不得大于 0.002g，取两次测值的平均值。绘制温度与瓶、水总质量的关系曲线。

（2）将比重瓶烘干。称烘干试样 15g（当用 50mL 的比重瓶时，称烘干试样 10g）装入比重瓶，称试样和瓶的总质量，准确至 0.001g。

（3）向比重瓶内注入半瓶纯水，摇动比重瓶，并放在砂浴上煮沸，煮沸时间自悬液沸腾起，砂土不应少于 30min，黏土、粉土不得少于 1h，沸腾后应调节砂浴温度，比重瓶内悬液不得溢出。对砂土宜用真空抽气法；对含有可溶盐、有机质和亲水性胶体的土必须用中性液体(煤油)代替纯水，采用真空抽气法排气。真空表读数宜接近当地一个大气负压值，抽气时间不得少于 1h。

注：用中性液体时，不能用煮沸法。

（4）将煮沸经冷却的纯水（或抽气后的中性液体）注入装有试样悬液的比重瓶。当用长颈比重瓶时注纯水至刻度处，当用短颈比重瓶时应将纯水注满，塞紧瓶塞，多余的水分自瓶塞毛细管中溢出。将比重瓶置于恒温水槽内至温度稳定，且瓶内上部悬液澄清。取出比重瓶，擦干瓶外壁，称比重瓶、水、试样的总质量，准确至 0.001g；并应测定瓶内的水温，准确至 0.5℃。

（5）从温度与瓶、水总质量的关系曲线中查得各试验温度下瓶、水的总质量。

4. 结果整理

土粒的相对密度，应按式（3-6）计算：

$$G_s = \frac{m_d}{m_{bw} + m_d - m_{bws}} \times G_R \tag{3-6}$$

式中　m_{bw}——比重瓶、水的总质量（g）；

m_d——干土的质量（g）；

m_{bws}——比重瓶、水、土的总质量（g）；

G_R——T℃时纯水或中性液体的相对密度。水的相对密度可查物理手册；中性液体的相对密度应实测。

3.2.2　土的天然密度

土的天然密度 ρ 是单位体积土（包括土粒、水分和气体）的质量，因气体轻，气体质量 $m_a \approx 0$，即土粒的质量和孔隙中天然水分的质量。得到式（3-7）：

$$\rho = \frac{m}{V} = \frac{m_s + m_w}{V_s + V_w + V_a} \tag{3-7}$$

在工程中，常用重度表示单位体积土的重力。土的天然密度与土的结构、所含水分以及矿物成分有关，因此，在测定土的天然密度时，必须采用原状土样，以保证天然结构下的天然含水量。土的孔隙中水的多少对密度影响很大。测定土的天然密度，常用的方法有环刀法、蜡封法、灌砂法、灌水法、电动取土器法等。

环刀法操作简便而准确，在室内和野外普遍采用；不能用环刀削的坚硬、易碎、含有粗粒、形状不规则的土，可用蜡封法；灌砂法、灌水法一般在野外作业时应用。

【试验 3-3】土的天然密度测定方法

1. 环刀法

环刀法采用一定体积的环刀切削土样，使土按环刀形状充满其中，测环刀中的土重，根据已知环刀的体积就可按定义计算土的密度。有不同型号的环刀可供选用。在室内测试时，可选用剪切、压缩、渗透仪环刀。施工现场检查填土密度时，因每层土压实程度上下不均，而每一层压实厚度达 20～30cm，环刀容积过小，所测密度误差较大，为此可选用大容积环刀提高测试精度。

（1）仪器设备。

① 环刀：内径为 6～8cm，高为 2～5.4cm，壁厚为 1.5～2.2mm。

② 天平：感量 0.1g。

③ 其他：修土刀、钢丝锯、凡士林等。

（2）试验步骤。

① 按工程需要取原状土或制备所需状态的扰动土样，整平两端，环刀内壁涂一薄层凡士林，刀口向下放在土样上施压。

② 用修土刀或钢丝锯将土样上部削成略大于环刀直径的土柱，然后将环刀垂直下压，边压边削，至土样伸出环刀上部为止，削去两端余土，使与环刀口面齐平，并用剩余土样测定含水量。

③ 擦净环刀外壁，称环刀与土的合质量 m_1，准确至 0.1g。

（3）结果整理。按式（3-8）计算湿密度：

$$\rho = \frac{m_1 - m_2}{V} \tag{3-8}$$

式中　ρ——湿密度（g/cm³）；

m_1——环刀与土的合质量（g）；

m_2——环刀的质量（g）；

V——环刀的体积（cm^3）。

（4）精密度和允许差。试验须进行二次平行测定，取其算术平均值，其平行差值不得大于0.03g/cm^3。

2. 蜡封法

将不规则的土样（体积不小于5cm^3）称其自然质量后，浸入熔化的石蜡中，使土样被石蜡所包裹，而后称其在空气中与在水中的质量，并按式（3-9）计算土样密度。此法所得密度值较其他方法大，这是因为在任何情况下都难以避免熔蜡浸入土内孔隙中。

（1）仪器设备。

① 天平：感量0.01g。

② 烧杯、细线、石蜡、针、削土刀等。

（2）试验步骤。

① 用削土刀切取体积大于30cm^3的试件，削除试件表面的松、浮土以及尖锐棱角，在天平上称量，准确至0.01g。取代表性土样进行含水量测定。

② 将石蜡加热至刚过熔点，用细线系住试件浸入石蜡中，使试件表面覆盖一薄层严密的石蜡，若试件蜡膜上有气泡，需用热针刺破气泡，再用石蜡填充针孔，涂平孔口。

③ 待冷却后，将蜡封试件在天平上称量，准确至0.01g。

④ 利用细线将蜡封试件置于天平一端，使其浸浮在盛有蒸馏水的烧杯中，注意试件不要接触烧杯壁，称蜡封试件的水下质量，准确至0.01g，并测量蒸馏水的温度。

⑤ 将蜡封试件从水中取出，擦干石蜡表面水分，在空气中称其质量，将其与③中所称质量相比，若质量增加，表示水分进入试件中；若浸入水分质量超过0.03g，应重做。

（3）结果整理。按式（3-9）计算湿密度：

$$\rho=\frac{m}{\dfrac{m_1-m_2}{\rho_{wt}}-\dfrac{m_1-m}{\rho_n}} \tag{3-9}$$

式中 ρ——土的湿密度（g/cm^3）；

m——试件的质量（g）；

m_1——蜡封试件的质量（g）；

m_2——蜡封试件在水中的质量（g）；

ρ_{wt}——蒸馏水在t℃时的密度（g/cm^3），准确至0.001g/cm^3；

ρ_n——石蜡的密度（g/cm^3）。

3.2.3 土的含水量

土中含水情况的不同，可使土成为坚硬的、可塑的或流动的土；反映在土的力学性质方面，能使土的结构强度、孔隙压力、有效应力以及稳定性发生变化。因此，土的含水量测试是研究土的物理力学性质不可缺少的工作。

土的天然含水量w是指土在105～110℃烘干至恒重所失去的水的质量与干土粒质量之比，以百分数表示。表征含水情况的指标有天然含水量、饱和含水量和饱和度。

测定土的天然含水量要求直接采用原状土测定，保护天然土样中水分不被蒸发损失。其测定方法主要有烘干法、酒精燃烧法和其他方法。下面介绍烘干法和酒精燃烧法。

【试验 3-4】土的含水量测定

1. 烘干法

烘干法是测定含水量的标准方法，适用于黏质土、粉质土、砂类土和有机质土类。

（1）仪器设备。

① 烘箱：可采用电热烘箱或温度能保持在 105 ～110℃的其他能源烘箱。

② 天平：感量 0.01g。

③ 其他：干燥器、称量盒等。

（2）试验步骤。

① 取具有代表性的试样，细粒土为 15～30g，砂类土、有机土为 50g，放入称量盒内，立即盖好盒盖，称质量。

② 揭开盒盖，将试样和盒放入烘箱内，在温度 105～110℃恒温下烘干。烘干时间对细粒土不得少于 8h，对砂类土不得少于 6h。对含有机质超过 5%的土，应将温度控制在 65～70℃的恒温下烘干。

③ 将烘干后的试样和盒取出，放入干燥器内冷却，一般只需 0.5～1h 即可。冷却后盖好盒盖，称质量，准确至 0.01g。

（3）结果整理。如式（3-10）所示：

$$w=\frac{m-m_s}{m_s}\times 100\% \tag{3-10}$$

式中　w——含水量（%）；

m——湿土的质量（g）；

m_s——干土的质量（g）。

（4）精密度和允许差。试验须进行二次平行测定，取其算术平均值，允许平行差值应符合表 3-6 的规定。

表 3-6　土的含水量测定允许平行差值

含水量	允许平行差值（%）
5%以下	0.3
40%以下	≤1
40%以上	≤2

对于粗粒土，称量盒可采用铝制饭盒、瓷盆等，相应的土样也应多一些。

2. 酒精燃烧法

在土样中加入酒精，利用酒精能在土上燃烧，使土中水分蒸发，将土样烘干。一般应燃烧三次。酒精燃烧法是快速测定法中较准确的一种，现场测试中用的较多。

（1）仪器设备。

① 称量盒。

② 天平：感量0.01g。

③ 酒精：纯度95%。

④ 滴管、火柴、调土刀等。

（2）试验步骤。

① 取代表性试样（黏质土5～10g，砂类土20～30g）放入称量盒内，称湿土的质量。

② 用滴管将酒精注入放有试样的称量盒中，直至盒中出现自由液面为止。为使酒精在试样中充分混合均匀，可将盒底在桌面上轻轻敲击。

③ 点燃盒中的酒精，燃至火焰熄灭。

④ 将试样冷却数分钟，按第②、③步的方法重新燃烧两次。

⑤ 待第三次火焰熄灭后，盖好盒盖，立即称干土的质量，准确至0.1g。

注：有机质土不能用此法。

其余同烘干法。

3. 含水量的其他测试方法

（1）红外线照射法。标准烘干法和非标准法的区别在于烘干方式的不同。红外线照射法是将土样置于红外线灯光之下烘干，通常将土样放于距光源5～15cm距离内照射1h左右即可干燥。试验证明，用此法所得结果较烘干法的含水量略大1%左右。

（2）炒干法。用锅将试样炒干，适用于砂土及含砾较多的土。

（3）实容积法。此法是利用根据波义耳-马略特定律设计的土壤水分速测仪。它通过测定土中固相、液相的体积，按土的经验相对密度值换算出土的含水量，适用于黏性土。对于少量的试样测试快，而对批量试样则操作过于繁杂。

（4）微波加热法。微波是一种超高频的电磁波，微波加热就是通过微波发生器产生微波能，再把这个微波能用波导输送到微波加热器中，加热器中物体受到微波作用后就自身发热。对于土中的水分子来说，其电荷分正、负两种，在微波场作用下不断快速排列和换向，这种运动使水分子本身发热、蒸发。

3.2.4 土的换算指标及反映土的密实程度的指标

1. 干密度

干密度是干燥状态下单位体积中固体颗粒部分的质量即固体土粒的质量 m_s 与土的体积 V 的比值。其计算公式如下：

$$\rho_d = \frac{m_s}{V} \tag{3-11}$$

$$\rho_d = \frac{\rho}{1 + 0.01w} \tag{3-12}$$

式中 ρ_d——干密度（g/cm³）；

ρ——天然密度（g/cm³）；

w——含水量（%）。

土的干密度是土中完全不含水分的密度。它是土的密度的最小值。土的结构影响着干密度值，一般规律是干密度越大，土越密集，在一定程度上反映了土粒排列的紧密程度。在工程中常用公式（3-13）来计算压实度，作为人工填土压实的控制指标。

$$k = \frac{\rho_d}{\rho_{dmax}} \tag{3-13}$$

式中　k——压实度（%）；

ρ_d——干密度（g/cm^3）；

ρ_{dmax}——标准击实试验所得的最大干密度。

2. 饱和密度

饱和密度是土体中孔隙完全被水充满时的土的密度，可按式（3-14）计算：

$$\rho_{sat} = \frac{m_s + V_v \rho_w}{V} \tag{3-14}$$

3. 浮密度

浮密度是土单位体积内土粒质量与同体积的水的质量之差。其计算公式为式（3-15）：

$$\rho' = \frac{m_s - \rho_w V_s}{V} \tag{3-15}$$

对于非饱和的土，浮密度（ρ'）介于饱和密度（ρ_{sat}）和干密度（ρ_d）之间，具体见式（3-16）：

$$\rho_{sat} > \rho' > \rho_d \tag{3-16}$$

3.2.5　土的孔隙比和孔隙率

孔隙比是指土中孔隙体积与土粒体积之比，用符号 e 表示。土的孔隙比直接反映土的紧密程度。孔隙比越大，土越疏松；孔隙比越小，土越密实。孔隙率 n 表示孔隙大小的程度，为土样中孔隙的体积占总体积的百分比。n 与 e 都是反映孔隙性的指标，二者有如下换算关系：

$$e = \frac{V_v}{V_s} \tag{3-17}$$

$$n = \frac{V_v}{V} \tag{3-18}$$

$$n = \frac{V_v}{V} = \frac{e}{1+e} \tag{3-19}$$

3.2.6　饱和度

饱和度是指孔隙中水的体积与孔隙体积之比，如式（3-20）所示。饱和度是用来描述土中水充满孔隙的程度，饱和度为零时，土是完全干燥的；饱和度为 1 时，土是完全饱和的。可以按饱和度把土划分为三种状态，见表 3-7。

$$S_r = \frac{V_w}{V_v} \times 100\% \tag{3-20}$$

表 3-7　依据饱和度划分土的三种状态

饱和度	土的状态
$0 < S_r \leqslant 0.5$	稍湿
$0.5 < S_r \leqslant 0.8$	潮湿
$0.8 < S_r \leqslant 1.0$	饱和

在土的三相指标中，土粒相对密度 G_s、含水量 w 和天然密度 ρ 是通过试验测定的，可以根据三个基本指标换算出其余各指标。

3.3　土的水理性质

3.3.1　黏性土的界限含水量及其测定

含水量对黏性土的工程性质（如强度、压缩性）有极大的影响。黏性土随含水量的多少表现出土的不同软硬程度或土受外力作用所引起变形或破坏的抵抗能力，这就是土的稠度。

当土从很湿逐渐变干时，会表现出几个不同的物理状态，如液态、塑态、半固态、固态等，称为土的稠度状态。不同状态决定了土的不同工程性质。

通常，将土从一种稠度状态变化为另一种稠度状态的界限，称为稠度界限。在稠度状态处于转变界限下的含水量称为界限含水量，如图 3-7 所示。

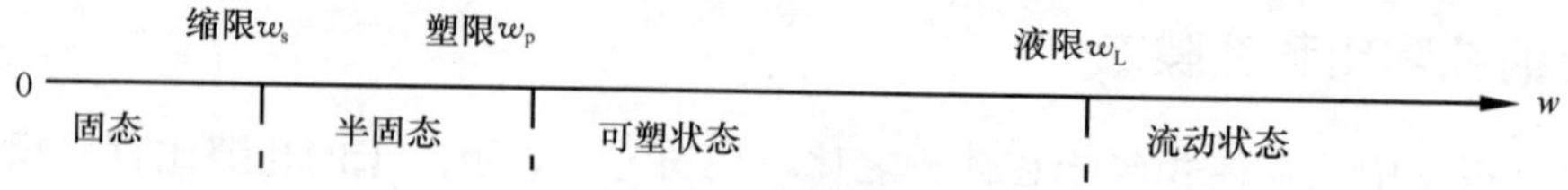

图 3-7　土的界限含水量

图 3-7 中土从流动状态向可塑状态过渡的界限含水量称为液限 w_L。土由可塑状态向半固态过渡的界限含水量称为塑限 w_p。土由半固态向固态过渡的界限含水量称为缩限 w_s。

应当注意的是，界限含水量的概念是基于土体的结构已被破坏的含义之上的。

3.3.2　黏性土的塑性指数和液性指数

塑性状态是黏性土的一种特殊状态，土的塑性是指土在一定外力作用下可以塑造成任何形状而不改变整体性，外力撤销后在一段时间仍保持形态而不恢复原状的性能。

黏性土的塑性大小，可用土处于塑性状态的含水量变化范围来衡量。此范围即液限与塑限之差值，称为塑性指数 。塑性指数越大，表示土的可塑性越强，反之则越小。塑性指数一般在习惯上用不带百分数符号的数值表示。

$$I_p = w_L - w_p \tag{3-21}$$

土的天然含水量在一定程度上反映土中水量的多少。但仅仅天然含水量并不能说明土处于什么物理状态，同一类的黏性土，由于稠度状态不同，物理性质相差也很大。因此，还需要一个能够表示天然含水量与界限含水量关系的指标，即液性指数 I_L。其计算公式为

$$I_L = \frac{w - w_p}{w_L - w_p} \tag{3-22}$$

式中　I_L——土的液性指数；

w_L——土的液限；

w_p——土的塑限。

当 $I_L = 1.0$，即 $w = w_L$时，土处于液限；当 $I_L = 0$，即 $w = w_p$时，土处于塑限。

对于某种黏性土，其液限和塑限都是一定值，土的天然含水量越大，土越稀越软。

3.3.3　黏性土界限含水量的测定方法

黏性土界限含水量的测定方法有很多，常用液塑限联合测定仪同时测定液限和塑限。在工程实际中，也常用搓条法测定塑限。

【试验 3-5】液塑限联合测定法

1. 目的和适用范围

（1）试验的目的是联合测定土的液限和塑限，用于划分土类、计算天然稠度和塑性指数，供公路工程设计和施工使用。

（2）试验适用于粒径不大于 0.5mm、有机质含量不大于试样总质量 5%的土。

2. 仪器设备

（1）圆锥仪：锥质量为 100g 或 76g，锥角为 30°，读数显示形式宜采用光电式、数码式、游标式、百分表式。

（2）盛土杯：直径为 50mm，深度为 40 ～50mm。

（3）天平：称量 200g，感量 0.01g。

（4）其他：筛（孔径 0.5mm）、调土刀、调土皿、称量盒、研钵（附带橡皮头的研杵或橡皮板、木棒）、干燥器、吸管、凡士林等。

3. 试验步骤

（1）取有代表性的天然含水量或风干土样进行试验。如土中含大于 0.5mm 的土粒或杂物时，应将风干土样用带橡皮头的研杵研碎或用木棒在橡皮板上压碎，过 0.5mm 筛。取 0.5mm 筛筛下的代表性土样 200g，分开放入三个盛土皿中，加不同数量的蒸馏水，土样的含水量分别控制在液限（a 点）、略大于塑限（c 点）和二者的中间状态（b 点）。

用调土刀调匀，盖上湿布，放置 18h 以上。测定 a 点的锥入深度，对于 100g 锥应为(20±0.2)mm，对于 76g 锥应为 17mm。测定 c 点的锥入深度，对于 100g 锥应控制在 5mm 以下，对于 76g 锥应控制在 2mm 以下。对于砂类土，用 100g 锥测定 c 点的锥入深度可大于 5mm，用 76g 锥测定 c 点的锥入深度可大于 2mm。

（2）将制备的土样充分搅拌均匀，分层装入盛土杯，用力压密，使空气逸出。对较干土样，应先充分搓揉，用调土刀反复压实。装满后刮成与杯边齐平。

（3）当用游标式或百分表式液塑限联合测定仪试验时，调平仪器，提起锥杆（此时游标或百分表读数为零），锥头上涂少许凡士林。

（4）将装好土样的试杯放在联合测定仪的升降座上，转动升降旋钮，待锥尖与土样表面刚好接触时停止升降，扭动锥下降旋钮，同时开动秒表，经 5s 时，松开旋钮，锥体停止下落，此时游标读数即为锥入深度 h_1。

(5) 改变锥尖与土接触的位置（锥尖两次锥入位置距离不小于1cm），重复上述（3）和（4）步骤，得锥入深度 h_2，h_1、h_2 允许平行误差为0.5mm，否则应重做。取 h_1、h_2 平均值作为该点的锥入深度 h。

(6) 去掉锥尖入土处的凡士林，取10g以上的土样两个，分别装入称量盒内，称质量（准确至0.01g），测定其含水量 w_1、w_2（计算到0.1%）。计算含水量平均值 w。

(7) 重复上述（2）～（6）步骤，对其他两个含水量土样进行试验，测其锥入深度和含水量。

(8) 用光电式或数码式液塑限联合测定仪测定时，接通电源，调平机身，打开开关，提上锥体（此时刻度或数码显示应为零）。将装好土样的试杯放在升降座上，转动升降旋钮，试杯徐徐上升，土样表面和锥尖刚好接触，指示灯亮，停止转动旋钮，锥体立刻自行下沉，5s时，自动停止下落，读数窗上或数码管上显示贯入深度。试验完毕，按动复位按钮，锥体复位，读数显示为零。

4. 结果整理

(1) 在双对数坐标上，以含水量 w 为横坐标、锥入深度 h 为纵坐标，点绘 a、b、c 三点含水量的 h-w 图［图3-8（a）］，连此三点，应呈一条直线。如三点不在同一直线上，要通过 a 点与 b、c 两点连成两条直线，根据液限（a 点含水量）在 h_p-w_L 图［图3-8（b）］上查得 h_p，以此 h_p 再在 h-w 图［图3-8（a）］上的 ab 及 ac 两直线上求出相应的两个含水量。当两个含水量的差值小于2%时，以该两点含水量的平均值与 a 点连成一直线；当两个含水量的差值不小于2%时，应重做试验。

(2) 液限的确定。

① 若采用76g锥做液限试验，则在 h-w 图［图3-8（a）］上查得纵坐标入土深度 $h=17$mm所对应的横坐标的含水量 w，即为该土样的液限 w_L。

② 若采用100g锥做液限试验，则在 h-w 图上查得纵坐标入土深度 $h=20$mm所对应的横坐标的含水量 w，即为该土样的液限 w_L。

(3) 塑限的确定。

① 根据采用76g锥求出的液限，通过图3-8（a）76g锥入土深度 h 与含水量 w 的关系曲线，查得锥入土深度为2mm所对应的含水量即为该土样的塑限 w_p。

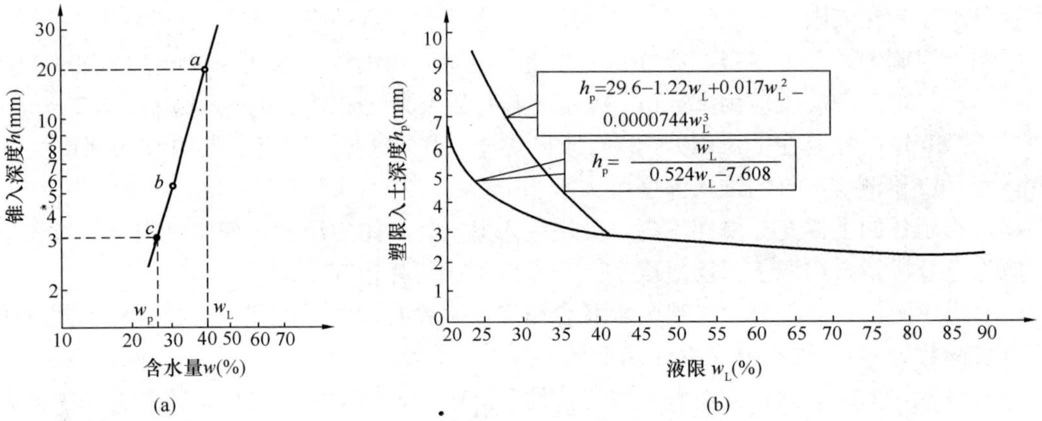

图3-8 试验关系曲线

（a）锥入深度与含水量；（b）塑限入土深度与液限

② 根据采用 100g 求出的液限，通过液限与塑限时入土深度 h_p 的关系曲线，查得 h_p，再由图 3-8（b）求出入土深度为 h_p 时所对应的含水量 w，即为该土样的塑限 w_p。

图 3-8 中曲线，对于细粒土，用式（3-23）计算塑限入土深度 h_p：

$$h_p = \frac{w_L}{0.524w_L - 7.608} \tag{3-23}$$

对于砂类土，则用式（3-24）计算塑限入土深度 h_p：

$$h_p = 29.6 - 1.22w_L + 0.017w_L^2 - 0.0000744w_L^3 \tag{3-24}$$

根据 h_p 值，再查试验 h-w 图，对应 h_p 的含水量即为塑限 w_p 值。

（4）精密度和允许差。试验须进行两次平行测定，取其算术平均值，以整数（%）表示。其允许差值：高液限土，小于或等于 2%；低液限土，小于或等于 1%。

3.4　土的力学性质

土在外力作用下的特性就是土的力学性质，它包括动荷载下的压实性和静载作用下的压缩性和抗剪切性。

3.4.1　土的压实性

在公路工程建设中，经常遇到填土压实、软基强夯和换土碾压等问题，常采用既经济又合理的压实方法，使土变得密实，在短期内提高土的强度以达到改善土的工程性质的目的。

1. 击实原理

击实是指采用人工或机械对土施加夯压能量（如打夯、碾压、振动碾压等方式），使土颗粒重新排列紧密，对于粗粒土因颗粒的紧密排列，增强了颗粒表面摩擦力和颗粒之间嵌挤形成的咬合力；对细粒土则因为颗粒间的靠紧而增强粒间的分子引力，从而使土在短时间内得到新的结构强度。在击实过程中，由于击实功是瞬时作用土体，土体内的气体部分排出，而所含的水量则基本不变。

研究土的压实性，常用的方法有现场填筑试验和室内击实试验两种。现场填筑试验是在某一工序动工之前在现场选一试验路段，按设计要求和拟定的施工方法进行填筑，同时进行有关测试工作以查明填筑条件（如使用土料或其他结合料、堆填方法、碾压方法等）与填筑效果（压实度）的关系，从而可确定一些碾压参数。室内击实试验则是通过击实仪进行。

2. 击实试验

【试验 3-6】击实试验

（1）目的和适用范围。

① 本试验方法适用于细粒土。

② 本试验分轻型击实和重型击实。轻型击实试验适用于粒径不大于 20mm 的土；重型击实试验适用于粗径不大于 40mm 的土。重型击实试验方法的单位击实功为轻型击实法的 4.5 倍。

（2）仪器设备。

① 标准击实仪（图 3-9）：击实试验方法和相应设备的主要参数应符合表 3-8 的规定。

② 烘箱及干燥器。

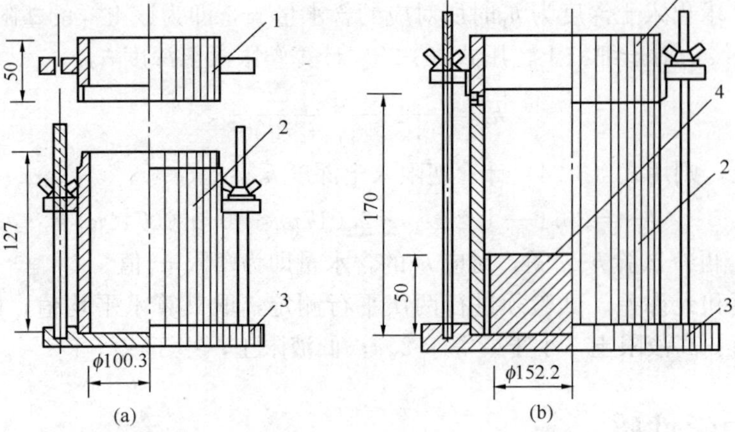

图 3-9　标准击实仪

1—套筒；2—击实筒；3—底板；4—垫块

③ 天平：感量 0.01g。

④ 台秤：称量 10kg，感量 5g。

⑤ 圆孔筛：孔径 40mm、20mm 和 5mm 各 1 个。

⑥ 拌和工具：400mm×600mm、深 70mm 的金属盘，土铲。

⑦ 其他：喷水设备、碾土器、盛土盘、量筒、推土器、铝盒、修土刀、平直尺等。

表 3-8　标准击实仪参数

试验方法	类别	锤底直径 (cm)	锤质量 (kg)	落高 (cm)	内径 (cm)	高 (cm)	容积 (cm^3)	层数	每层击数	击实功 (kJ/m^3)
轻型	1.1	5	2.5	30	10	12.7	997	3	27	598.2
Ⅰ法	1.2	5	2.5	30	15.2	12	2177	3	59	598.2
重型	11.1	5	4.5	45	10	12.7	997	3	27	2687.0
Ⅱ法	11.2	5	4.5	45	15.2	12	2177	3	98	2677.2

（3）试样制备。

① 干土法（土不重复使用）。按四分法至少准备 5 个试样，分别加入不同水分（按 2%～3%含水量递增），拌匀后闷料一夜备用。

② 湿土法（土不重复使用）。对于高含水量土，可省略过筛步骤，用手拣除大于 40mm 的粗石子即可。保持天然含水量的第一个土样，可立即用于击实试验。其余几个试样，将土分成小土块，分别风干，使含水量按 2%～3%递减。

（4）试验步骤。根据工程实际的具体要求，按规定选择轻型或重型试验方法；根据土的性质按规定选用干土法或湿土法，对于高含水量土宜选用湿土法，对于非高含水量土则选用干土法。

① 将击实筒放在坚硬的地面上，在筒壁上抹一薄层凡士林，并在筒底（小试筒）或垫块（大试筒）上放蜡纸或塑料薄膜。取准备好的土样分 3～5 次倒入筒内。小筒按二层法时，

每次 800～ 900g（其量应使击实后的试样等于或略高于筒高的 1/3）；按五层法时，每次 400～500g（其量应使击实后的土样等于或略高于筒高的 1/5）。对于大试筒，先将垫块放入筒内底板上，按三层法，每层需试样 1700g 左右。整平表面，并稍加压紧，然后按规定的击数进行第一层土的击实，击实时击锤应自由垂直落下，锤迹必须均匀分布于土样面，第一层击实完后，将试样层面“拉毛”然后再装入套筒。重复上述方法进行其余各层土的击实。小试筒击实后，试样不应高出筒顶面 5mm；大试筒击实后，试样不应高出筒顶面 6mm。

② 用修土刀沿套筒内壁削刮，使试样与套筒脱离后，扭动并取下套筒，齐筒顶细心削平试样，拆除底板，擦净筒外壁，称重，准确至 1g。

③ 用推土器推出筒内试样，从试样中心处取样测其含水量，计算至 0.1%。测定含水量用试样的数量按表 3-9 的规定取样（取出有代表性的土样）。

表 3-9　测定含水量用试样的数量

最大粒径（mm）	试样质量（g）	个数	最大粒径（mm）	试样质量（g）	个数
<5	15～20	2	约 20	约 250	1
约 5	约 50	1	约 40	约 500	1

④ 对于干土法（土不重复使用）和湿土法（土不重复使用），将试样搓散，然后按本试验方法进行洒水、拌和，每次增加 2%～3%的含水量，其中有两个大于和两个小于最佳含水量，所需加水量按式（3-25）计算：

$$m_w = \frac{m_1}{1+0.01w_1} \times 0.01(w-w_1) \tag{3-25}$$

式中　m_w——所需的加水量（g）；

m_1——原含水量时土样的质量（g）；

w_1——土样原有含水量（%）；

w——要求达到的含水量（%）。

⑤ 结果整理。按式（3-26）计算击实后各点的干密度 ρ_d：

$$\rho_d = \frac{\rho}{1+0.01w} \tag{3-26}$$

式中　ρ——击实后土的湿密度（g/cm^3）；

w——击实后土的含水量（%）。

以干密度为纵坐标、含水量为横坐标，绘制干密度与含水量的关系曲线，如图 3-10 所示。曲线上峰值点的纵、横坐标分别为最大干密度和最佳含水量。如曲线不能绘出明显的峰值点，应进行补点或重做。

当试样中有大于 40mm 的颗粒时，应先取出大于 40mm 的颗粒，并求得其百分率 P，把小于 40mm 的部分做击实试验，按式（3-27）、式（3-28）分别对试验所得的最大干密度和最佳含水量进行校正（适用于大于 40mm 颗粒的含量小于 30%时）。

最大干密度按式（3-27）校正：

$$\rho'_{dmax} = \frac{1}{\frac{1-0.01P}{\rho_{dmax}} + \frac{0.01P}{G'_s}} \tag{3-27}$$

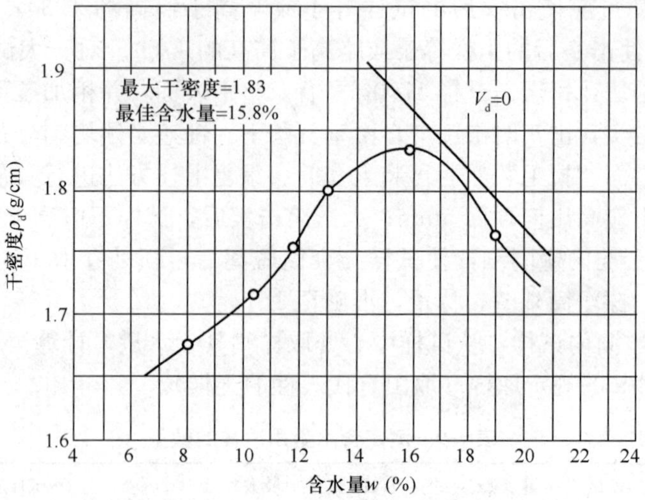

图 3-10　含水量与干密度的关系曲线

式中　ρ'_{dmax}——校正后的最大干密度（g/cm³），计算至 0.01g/cm³；

ρ_{dmax}——用粒径小于 40mm 的土样试验所得的最大干密度（g/cm³）；

P——试料中粒径大于 40mm 颗粒的百分率（%）；

G'_s——粒径大于 40mm 颗粒的毛体积相对密度，计算至 0.01。

最佳含水量按式（3-28）校正：

$$w'_0 = w_0(1 - 0.01P) + 0.01Pw_2 \tag{3-28}$$

式中　w'_0——校正后的最佳含水量（%）；

w_0——用粒径小于 40mm 的土样试验所得的最佳含水量（%）；

P——试料中粒径大于 40mm 颗粒的百分率（%）；

w_2——粒径大于 40mm 颗粒的吸水量（%）。

3. 土的压实机理

（1）含水量对整个压实过程的影响。由击实曲线可知，严格地控制最佳含水量是关键。但是，不同的土类其最佳含水量和最大干密度也是不同的。一般粉粒和黏粒含量多，土的塑性指数越大，土的最佳含水量也越大，同时其最大干密度越小。因此，一般砂性土的最佳含水量小于黏性土，而砂性土的最大干密度也大于黏性土。

（2）击实功对最佳含水量和最大干密度的影响。对同一种土用不同的击实功进行击实试验后表明：击实功越大，土的最大干密度也越大，而土的最佳含水量则越小。但是这种增大击实功是有一定限度的，超过这一限度，即使增加击实功，土的干密度的增加也不明显。

（3）不同压实机械对压实的影响。如光面压路机、羊足碾和振动压路机等，它们的压实效果各不相同，作用于不同土类时，其效果也不同。

（4）土粒级配的影响。在路基、路面基层材料等的施工中表明，粒料的级配对所能达到的密实度有明显的影响。均匀颗粒的砂、单一尺寸的砾石和碎石，都很难碾压密实。只有在良好级配的条件下才能达到要求的密实度，也才能满足强度和稳定性的要求。

3.4.2　土的压缩性

1. 基本概念

由于土是固体颗粒的集合体，具有碎散性，因而土的压缩性比钢材、混凝土等其他材料大得多，并具有下列两个特点：

(1) 土体的压缩变形主要是由孔隙的减小所引起的。土是三相体，土体受外力引起的压缩包括三部分：①土粒固体部分的压缩；②土体内孔隙中水的压缩；③水和空气从孔隙中被挤出以及封闭气体被压缩。

(2) 饱和土的压缩需要一定时间才能完成。钢筋、混凝土等材料受压后，其压缩在瞬时内即已完成。由于饱和土的孔隙中全部充满着水，要使孔隙减小，就必须使土中水部分挤出，亦即土的压缩与孔隙中水的挤出是同时发生的。土中水部分挤出需要一定时间。土的颗粒越粗，孔隙越大，则透水性越大，因而土中水的挤出和土体的压缩越快。

黏土颗粒很细，则需要很长的时间。这个过程叫作渗流固结过程，是土区别于其他材料压缩性的又一特点。此外，土是一种弹塑性材料，这种变形随时间而持续的现象，称为蠕变。

为了确保路桥工程的安全使用，需要确定地基土变形的大小。地基土在外荷载作用下压缩变形的特性和规律以及反映这种特性的计算指标，则需要通过土的压缩性试验来获得。压缩性试验分为室内压缩试验和野外承载板试验两类。

2. 土的抗剪强度

土的抗剪强度是指土体对于外荷载所产生的剪应力的极限抵抗能力。当土中某点由外力所产生的剪应力达到土的抗剪强度、发生了土体的一部分相对于另一部分移动时，便认为该点发生了剪切破坏。工程实践和室内试验都验证了土受剪产生的破坏。剪切破坏是强度破坏的重要特点，因此，强度问题是路桥工程中重要的基本内容之一。

强度确定方法与变形问题一样，也分为室内试验与现场测定两大类。直剪试验是其中最基本的室内试验方法。

直剪试验所用仪器结构简单，操作方便。试验室常用该试验测定土的抗剪强度指标。土的直接剪切试验分为两个阶段。第一阶段是固结阶段，在此阶段中分为两种情况：一是土样不需要固结（即不让土中孔隙压力消散，或使土中孔隙压力来不及消散）；二是土样需要固结（即让土中孔隙压力充分消散，或使土中孔隙压力完全消散）。第二阶段是剪切阶段，在此阶段中也分为两种情况：一是在剪切过程中土样不需要固结（即在剪切过程中不让土中孔隙压力消散，或使土中孔隙压力来不及消散）称为快剪；二是在剪切过程中土样需要固结（即在剪切过程中让土样中的孔隙压力充分消散，或使土中孔隙压力完全消散），称为慢剪。土的直接剪切试验根据工程应用的不同需要，分为三种试验方法——快剪（不排水剪）、慢剪（排水剪）及固结快剪（固结不排水剪）等。

【试验 3-7】直剪试验

(1) 仪器设备。直剪试验的仪器是直剪仪。按加荷方式分为应变式和应力式两类。前者是以等速推动剪切盒使土样受剪，后者则是分级施加水平剪力于剪力盒使土样受剪。我国目前普遍应用的是应变式直剪仪。其主要部件剪切容器由固定的上盒和活动的下盒（应变式）、活动的上盒与固定的下盒（应力式）等部件组成。

（2）试验过程。采用应变式直剪仪试验时，按照操作规程，用环刀对保持同样含水量、密度和相同结构的土切取 3～4 个试件，分别放在剪力盒内，按顺序安装完毕后，对仪器中的土样先施加不同的法向应力 $\sigma=N/F$（F 为土样截面积），然后施加水平剪力 τ，将下盒推动，使土样在侧限条件下沿人为规定的剪切面受剪。

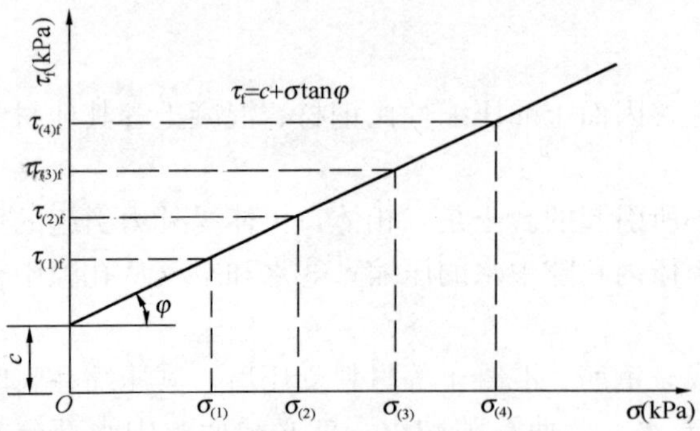

图 3-11　直剪试验曲线

按给定的破坏标准确定其破坏状态。例如，当剪应力-剪切位移曲线出现峰值时得一组终值数据：法向应力和剪切破坏时剪切面上的平均剪应力 。在直角坐标关系图中可以作出破坏剪应力的连线（图 3-11）。一般情况下，这个连线是线性的。

计算公式见式（3-29）和式（3-30）：

砂性土
$$\tau_f = \sigma\tan\varphi \tag{3-29}$$

黏性土
$$\tau_f = c + \sigma\tan\varphi \tag{3-30}$$

式中　c——土的黏聚力，τ—σ 直线在纵轴上的截距；

　　φ——土的内摩擦角，τ—σ 直线与横轴的夹角。

式（3-29）和式（3-30）就是土体强度规律的数学表达式，也称库仑定律。它表明在一般的荷载范围内土的抗剪强度与法向应力之间呈直线关系。其中，c、φ 被称为土的强度指标。

尽管土的强度问题的研究已得到很大发展，但这两个最基本的关系式仍广泛应用于理论研究和工程实践中，而且也能满足一般工程的精度要求。

（3）试验方法。

① 快剪。竖向压力施加后立即施加水平剪力进行剪切，而且剪切的速度也很快。一般从加荷到剪坏只用 3～5min。由于剪切速度快，可认为土样在这样短暂时间内没有排水固结或者说模拟了“不排水”剪切情况，得到的强度指标用 c_q、φ_q 表示。

② 固结快剪。竖向压力施加后，给以充分时间使土样排水固结。固结终了后再施加水平剪力，快速地（在 3～5min 内）把土样剪坏，即剪切时模拟不排水条件，得到的指标用 c_{cq}、φ_{cq} 表示。

③ 慢剪。竖向压力施加后，让土样排水固结，固结后以慢速施加水平剪力，使土样在受剪过程中一直有充分时间排水和产生体积变形，得到的指标用 c_s、φ_s 表示。

上述三种试验方法对黏性土是有意义的，但效果要视土的渗透性大小而定。对于非黏性土，由于土的渗透性很大，即使快剪也会产生排水固结，所以常只采用一种剪切速率进行“排水剪”试验。

抗剪强度试验的方法，目前室内最常用的是直剪试验与三轴试验。直剪试验的基本原理与方法如前述。它的优点是仪器构造简单、操作方便；它的缺点是不能控制排水条件、剪切面人为固定以及剪切面上的应力分布不均匀等。因此，后来又发展了三轴剪力仪和三轴试验方法等，本章不再进行叙述。

本章小结

本章主要讲述了土的三相组成和结构特征以及土的粒度成分分析的两种常用方法；并讲述了土的实测物理指标和换算指标，以及它们之间的换算方法；详细阐述了土的物理和力学性质以及测定方法。

思考题

1. 简述土的形成过程。

2. 简述常用的粒度成分分析法以及各自的适用范围。

3. 试列举出土的含水量常用测试方法。

4. 对于同一种土样，在孔隙比一定的情况下，试按由大到小对饱和密度、浮密度、天然密度进行排序。

5. 试述土的塑性指数和液性指数。液塑限联合测定试验中，如何得到塑限？

6. 试述土的压实机理、试验的结果获得什么指标以及影响压实性的因素。

7. 经试验测得某土样体积为 $100cm^3$，湿土质量为 187g，烘干后，干土质量为 167g。若土粒的相对密度 G_s 为 2.66，求该土样的含水量 w、密度 ρ、重度 γ 、干重度 γ_b、孔隙比 e、饱和重度 γ_{sat} 和有效重度 γ'。

8. 土的击实试验与土的压缩试验的原理相同吗？

9. 土的压缩性试验为什么用孔隙比反映土的变形量？

10. 直剪试验获得哪些指标？对同一种土来讲，这些指标是否是一种稳定值？为什么？

第 4 章　无机结合料稳定材料试验检测技术

学习目标

熟悉无机结合料稳定土组成材料的技术要求；掌握无机结合料稳定土的技术性质及相关指标的试验与技术标准。

4.1　稳定土的概念及组成材料

4.1.1　无机结合料稳定材料概述

1. 无机结合料稳定材料的概念

采用一定的技术措施，在粉碎的或原来松散的土中掺入适量的无机结合料（如水泥、石灰等）和水，经拌和均匀、压实和养生后得到的一种强度或耐久性符合规定要求的复合混合料，称为无机结合料稳定材料，又称无机结合料稳定土。

2. 无机结合料稳定土的分类

无机结合料稳定土的种类很多，可按下列情况分类。

（1）按无机结合料的种类分。按无机结合料的种类不同可分为石灰稳定土类、水泥稳定土类、综合稳定土类、石灰工业废渣稳定土类等。

① 石灰稳定土类：用石灰（消石灰粉或磨细生石灰粉）稳定各类土而得到的混合料。

② 水泥稳定土类：用水泥稳定各类土而得到的混合料。

③ 综合稳定土类：同时用石灰和水泥稳定某种土得到的混合料。其中按水泥用量占石灰水泥总用量的百分比可分为：水泥用量占石灰水泥总用量 30%以上的，称为水泥综合稳定土；水泥用量占石灰水泥总用量 30%以下的，称为石灰综合稳定土。

④ 石灰工业废渣稳定土类：用石灰稳定工业废渣或稳定工业废渣与某种土的混合物而得到的混合料。其中按稳定土是否含有活性材料粉煤灰又可分为：石灰粉煤灰稳定土类，即用石灰粉煤灰稳定工业废渣或某种土的混合物而得到的混合料；石灰其他废渣稳定土类，即用石灰废渣稳定某种土或工业废渣与某种土的混合物而得到的混合料。

（2）按土的粒径大小和组成分。按土的粒径大小和组成可分为无机结合料稳定土和无机结合料稳定粒料两类。

① 无机结合料稳定土：用无机结合料稳定细粒土而得到的混合料，如石灰土、水泥土、石灰粉煤灰土（简称二灰土）等。

② 无机结合料稳定粒料：用无机结合料稳定中粒土或粗粒土等而得到的混合料。其中按粒料种类不同可分为：一类是无机结合料稳定砂砾，用无机结合料稳定中粒土或粗粒土，原材料为天然砂砾或级配砂砾（砂砾中无土）所得到的混合料。常见的有石灰砂砾土、石灰

土砂砾、水泥砂砾、石灰粉煤灰砂砾（简称二灰砂砾）与石灰煤渣砂砾等。另一类是无机结合料稳定碎石，用无机结合料稳定中粒土或粗粒土，原材料为天然碎石土或级配碎石（包括未筛分碎石）所得到的混合料。常见的有石灰碎石土、石灰土碎石、水泥碎石、石灰粉煤灰碎石（简称二灰碎石）与石灰煤渣碎石等。

3. 无机结合料稳定土的优缺点

（1）无机结合料稳定土的优点：

① 无机结合料稳定土具有良好的力学性能，其抗压强度和抗弯拉强度较高，而且强度与模量随龄期不断增长，水稳定性好。它具有抗冻性。结构本身自成板块，在外力作用下变形小，因而又称为半刚性材料。

② 便于就地取材，易于实现机械化施工，养护费用低。

③ 利用工矿企业废渣，既解决筑路材料来源的困难，又解决废渣的堆放处理问题，已广泛用于修建高等级公路路面的基层和底基层。

（2）无机结合料稳定土的最大缺点是干燥收缩或低温收缩容易产生裂缝，这种裂缝会反射到路面的表面。另外，其耐磨性差，一般不宜用于路表面。

4.1.2　无机结合料稳定土组成材料的技术要求

为了保证无机结合料稳定土具有良好的技术性能和使用品质，必须正确选用原材料。

1. 无机结合料

目前，无机结合料最常用的有水泥和石灰（消石灰粉与磨细生石灰粉）。它们是稳定土强度形成的主要来源，又是组成材料中价格最贵的。正确的选择原则是，既要满足工程质量的要求，又要满足经济性的要求。

（1）水泥。普通硅酸盐水泥、矿渣硅酸盐水泥和火山灰质硅酸盐水泥都可用于稳定土。为了满足施工操作工艺过程的需要，应选用初凝时间 3h 以上和终凝时间较长（宜在 6h 以上）的水泥。快硬水泥、早强水泥以及受潮变质的水泥不得使用。宜采用强度等级较低的水泥，如 32.5 级或 42.5 级。

（2）石灰。各种化学组成的石灰均可用于稳定土，但其石灰质量应符合合格品以上标准。石灰放置时间过久，其有效钙和有效镁的含量会有很大损失，因此要尽量缩短石灰的存放时间。如需存放较长时间，应采用覆盖封存措施以妥善保管，一般最好在生产 3 个月内使用。对于等级低于合格品标准的等外石灰及贝壳石灰或珊瑚石灰，可适量增加剂量，经试验其无侧限抗压强度必须满足要求。对于高速公路和一级公路，为了获得很好的稳定效果，通常采用磨细生石灰粉。

2. 土质

对土的一般要求是易于粉碎，满足一定的级配要求，便于成形。

（1）液塑限与塑性指数。水泥稳定类，土的液限不宜超过 25%，塑性指数不宜超过 16；用水泥稳定粒径较均匀的砂类，难于碾压，可在砂中掺入少量塑性指数小于 10 的黏质土或石灰土；二灰稳定类，土的塑性指数为 12～20；石灰稳定类，土的塑性指数为 15～20。

（2）颗粒组成。用作基层时，粒料的最大粒径不应超过 31.5mm；用作底基层时，粒料的最大粒径不超过 53mm。最大粒径太大，拌和、摊铺、压实均有困难时，表面平整度也难达到要求；最大粒径太小，则动稳性不足且投资增加。水泥稳定类材料用作底基层时，土的不均匀系数应大于 5。在实际工程中，不均匀系数宜大于 10（不均匀系数指通过率为 60%的筛孔尺寸与通过率为 10%的筛孔尺寸的比值）。水泥稳定类集料的颗粒组成应满足表 4-1 的要求。表 4-1 中 3 号级配可用于基层，1、2 号级配可用于底基层。二灰级配砂砾中粒料适宜的颗粒级配组成见表 4-2。二灰级配碎石中集料适宜的颗粒级配组成见表 4-3。

表 4-1　水泥稳定类粒料的颗粒组成范围

筛孔尺寸（mm）		37.5	31.5	26.5	19	9.5	4.75	2.36	0.6	0.075
通过百分率（%）	1	100	—	—	—	—	50 ～ 100	—	17 ～ 100	0～30
	2	100	90 ～ 100	—	67～90	45 ～ 68	29 ～ 50	18 ～ 38	8～22	0～7
	3		100	90 ～ 100	72～89	47 ～ 67	29 ～ 49	17 ～ 35	8～22	0～7

注：粒料中 0.5mm 以下细粒土有塑性指数时，小于 0.075mm 的颗粒含量不应超过 5%；细粒土无塑性指数时，小于 0.075mm 的颗粒含量不应超过 7%。

表 4-2　二灰级配砂砾中粒料的颗粒组成范围

编 号	通过下列筛孔（mm）的质量百分比（%）								
	37.5	31.5	19.0	9.5	4.75	2.36	1.18	0.60	0.075
1	100	85 ～ 100	65 ～ 85	50 ～ 70	35 ～ 55	25 ～ 45	17 ～ 35	10 ～ 27	0～15
2		100	85 ～ 100	55 ～ 75	39 ～ 59	27 ～ 47	17 ～ 35	10 ～ 25	0～10

表 4-3　二灰级配碎石中集料的颗粒组成范围

编 号	通过下列筛孔（mm）的质量百分比（%）								
	37.5	31.5	19.0	9.50	4.75	2.36	1.18	0.60	0.075
1	100	90 ～ 100	72 ～ 90	48 ～ 68	30 ～ 50	18 ～ 38	10 ～ 27	6～20	0～7
2		100	81 ～ 98	52 ～ 70	30 ～ 50	18 ～ 38	10 ～ 27	6～20	0～7

（3）压碎值。稳定土所用的碎、砾石应具有一定的抗压碎能力。二级和二级以下公路的粒料压碎值不大于 35%；高速公路和一级公路的粒料压碎值不大于 30%。

（4）硫酸盐与有机质。水泥稳定类，有机质含量不应大于 2%，硫酸盐含量不应大于 0.25%。有机质含量超过 2%以及塑性指数偏高的土，不应单用水泥稳定，若需采用这种土，必须先用石灰进行处理之后，方可用水泥稳定。石灰及二灰稳定类所用土的有机质含量不应超过 10%，硫酸盐含量不应超过 0.8%。

3. 工业废料

（1）活性材料——粉煤灰。粉煤灰中 SiO_2、Al_2O_3 和 Fe_2O_3 的总含量应大于 70%，粉煤灰的烧失量不应超过 20%，粉煤灰的比表面积宜大于 2500cm²/g。干粉煤灰和湿粉煤灰都可以使用，干粉煤灰若堆在空地上，应加水湿润，防止飞扬造成污染；湿粉煤灰的含水量不宜超过 35%。使用前，应将凝固的粉煤灰块打碎或过筛，同时清除有害杂质。

（2）煤渣。煤渣是煤经锅炉燃烧后所得到的残渣，它的主要成分是 SiO_2、$A1_2O_3$。一般要求所使用煤渣的最大粒径应不大于 30mm，颗粒组成有一定级配，且不含杂质。

4. 水

凡人或牲畜饮用的水源，均可用于无机结合料稳定土的拌和与养护用水。遇到可疑水源时，应进行试验鉴定。

4.2　稳定土的技术性质与技术标准

4.2.1　稳定土的压实性

无机结合料稳定土的强度、水稳定性、抗冻性及缩裂现象等均与密实度有关。一般稳定土的密实度每增加 1%，强度约增加 4%，同时其水稳定性和抗冻性也会提高，缩裂现象减少，由此可见提高密实度的重要意义。

通常采用重型击实试验确定无机结合料稳定土的最佳含水量和最大干密度，以规定工地实际压实机械碾压时的合适含水量和应达到的最大干密度。同时，也可以用来确定无机结合料稳定土强度试验、耐久性试验和承载比试验用土的含水量。无机结合料稳定土的压实度见表 4-4。

表 4-4　无机结合料稳定土的压实度　　%

公路等级		高速公路、一级公路		二级和二级以下公路	
		中粒土和粗粒土	细粒土	中粒土和粗粒土	细粒土
水泥稳定土	基层	98	98	97	95
	底基层	96	95	95	93
石灰稳定土	基层	—	—	97	95
	底基层	96	95	95	93
石灰工业废渣稳定土	基层	98	98	97	95
	底基层	96	95	95	93

【试验 4-1】无机结合料稳定土的击实试验方法

1. 目的和适用范围

（1）该试验法适用于在规定的试筒内，对水泥稳定土（在水泥水化前）、石灰稳定土及石灰（或水泥）粉煤灰稳定土进行击实试验，以绘制稳定土的含水量-干密度关系图，从而确定其最佳含水量和最大干密度。

（2）试验集料的最大粒径宜控制在 25mm 以内，最大不得超过 40mm（圆孔筛）。

（3）试验方法类别。本试验方法分三类，各类击实方法的主要参数列于表 4-5。

表 4-5　试验方法类别

类别	锤的质量(kg)	锤击面直径(cm)		试筒尺寸			锤击层数	每层锤击次数	平均单位击实力(J)	容许最大粒径(mm)
				内径(cm)	高(cm)	容积(cm^3)				
甲	4.5	5.0	45	10	12.7	997	5	27	2.687	25
乙	4.5	5.0	45	15.2	12	2177	5	59	2.687	25
丙	4.5	5.0	45	15.2	12	2177	3	98	2.677	40

2. 仪器设备

(1) 击实筒：金属圆筒。

(2) 击锤和导管。

(3) 天平：感量 0.01g。

(4) 台秤：称量 15kg，感量 5g。

(5) 圆孔筛：孔径 40mm、25mm、20mm 以及 5mm 的筛各 1 个。

(6) 其他：量筒、刮土刀、刮平尺、金属盘、平头小铲、脱模器、烘箱等。

3. 试料准备

将具有代表性的风干试样（必要时也可以在 50℃的烘箱内烘干）用木槌或木碾捣碎。土团均应捣碎到能通过 5mm 的筛孔，但应注意不使粒料的单个颗粒破碎或不使其破碎程度超过施工中拌和机械的破碎率。

如试料是细粒土，将已捣碎的具有代表性的土过 5mm 的筛备用（用甲法或乙法做试验）。

如试料中含有粒径大于 5mm 的颗粒，则先将试料过 25mm 的筛，如存留在 25mm 筛的颗粒含量不超过 20%，则过筛料留作备用（用甲法或乙法做试验）。

如试料中粒径大于 25mm 的颗粒含量过多，则将试料过 40mm 的筛备用（用丙法做试验）。每次筛分后，均应记录超尺寸颗粒的百分率。

在预定做击实试验的前一天，取有代表性的试料测定其风干含水量。对于细粒土，试样应不少于 100g；对于中粒土（粒径小于 25mm 的各种集料），试样应不少于 1000g；对于粗粒土的各种集料，试样不应少于 2000g。

4. 试验步骤

(1) 甲法。

① 将已筛分的试样用四分法逐次分小，至最后取出 10～15kg 试料。再用四分法将已取出的试料分成 5～6 份，每份试料的干质量为 2.0kg（对于细粒土）或 2.5kg（对于各种中粒土）。

② 预定 5～6 个不同含水量，依次相差 1%～2%，且其中至少有两个大于和两个小于最佳含水量。对细粒土参照其塑限估计素土最佳含水量。一般其最佳含水量较塑限小 3%～10%，对砂性土接近 3%，对黏性土为 6% ～10%。天然砂砾土、级配集料等最佳含水量与集料中的细土含量和塑性指数有关，一般在 5%～12%之间变化。对于细土少的、塑性指数为零的未筛分碎石，其最佳含水量接近 5%；对于细土偏多的、塑性指数较大的砂砾土，其最佳含水量约在 10%。水泥稳定土的最佳含水量与素土的接近，石灰稳定土的最佳含水量较素土的大 1%～ 3%。

③ 按预定含水量制备试样。将 1 份试料平铺于金属盘内，将事先计算得出的该份试料中应加的水量均匀地喷洒在试料上，用小铲将试料充分拌和到均匀状态（如为石灰稳定土和水泥、石灰综合稳定土，可将石灰和试样一起拌匀），然后装入密闭容器或塑料口袋内浸润备用。

浸润时间：黏质土 12～24h；粉质土、砂砾土、红土砂砾、级配砂砾等可以缩短到 4h 左右；含土很少的未筛分碎石、砂砾和砂可缩短到 2h。

④ 将所需的稳定剂水泥加到浸润后的试样中，并用小铲、泥刀或其他工具充分拌和到

均匀状态。加有水泥的试样拌和后，应在 1h 内完成下述击实试验，拌和后超过 1h 未用的试样，应予作废（石灰稳定土和石灰粉煤灰除外）。

⑤ 试筒套环与击实底板应紧密联结。将击实筒放在坚实地面上，取制备好的试样（仍用四分法）400～500g（其量应使击实后的试样等于或略高于筒高的 1/5 ）倒入筒内，整平其表面并稍加压紧，然后按所需击数进行第一次试样的击实。击实时，击锤应自由竖直落下，落高应为 45cm，锤击必须均匀分布于试样面。第一层击实完后，检查该层高度是否合适，以便调整以后几层的试样用量。用刮土刀或改锥将已击实层的表面“拉毛”，然后重复上述做法，进行其余四层试样的击实。最后一层试样击实后，试样超出试筒顶的高度不得大于 6mm，超出高度过大的试件应该作废。

⑥ 用刮土刀沿套环内壁削挖（使试样与套环脱离）后，扭动并取下套环。齐筒顶细心刮平试样，并拆除底板。如试样底面略突出筒外或有孔洞，则应细心刮平或修补。最后用工字形刮平尺齐筒顶和筒底将试样刮平。擦净试筒的外壁，称其质量并准确至 5g。

⑦ 用脱模器脱出筒内试样。从试样内部自上而下取两个有代表性的样品，测定其含水量，计算至 0.1%。两个试样含水量的差值不得大于 1%。所取样品的质量见表 4-6（如只取一个样品测定含水量，则样品的质量应为表列数值的 2 倍）。烘箱的温度应事先调整到 110℃左右，以使放入的试样能立即在 105～110℃的温度下烘干。

表 4-6　测稳定土含水量的样品质量

最大粒径（mm）	样品质量（g）
2	约 50
5	约 100
25	约 500

⑧ 按第③～第⑦项的步骤进行其余含水量下稳定土的击实和测定工作。凡已做过的试样，一律不再重复使用。

（2）乙法。在缺乏内径 10cm 的试筒，以及在需要与承载比等试验结合起来进行时，采用乙法进行击实试验。本法更适宜于粒径达 25mm 的集料。

① 将已过筛的试料用四分法逐次分小，至最后取出约 30kg 试料。再用四分法将取出的试料分成 5～6 份，每份试料的干质量约为 4.4kg（细粒土）或 5.5kg（中粒土）。

② 以下各步的做法与甲法第②～第⑧项相同，但应该先将垫块放入筒内底板上，然后加料并击实。所不同的是，每层需取制备好的试样约 900g（水泥或石灰稳定细粒土）或 1100g（稳定中粒土），每层的锤击次数为 59 次。

（3）丙法。

① 将已过筛的试料用四分法逐次分小，至最后取出约 33kg 试料。再用四分法将取出的试料分成 6 份（至少要 5 份），每份质量约 5.5kg（风干质量）。

② 预定 5～6 个不同的含水量，依次相差 1%～2%。在估计的最佳含水量左右可只差 1%，其余差 2%。

③ 做法与甲法第③步相同。按预定含水量制备试样。将 1 份试料平铺于金属盘内，将事先计算得出的该份试料中应加的水量均匀地喷洒在试料上，用小铲将试料充分拌和到均匀

状态（如为石灰稳定土和水泥、石灰综合稳定土，可将石灰和试样一起拌匀），然后装入密闭容器或塑料口袋内浸润备用。

浸润时间：黏质土 12～24h；粉质土、砂砾土、红土砂砾、级配砂砾等可以缩短到 4h 左右；含土很少的未筛分碎石、砂砾和砂可缩短到 2h。

④ 做法与甲法第④步相同。将所需的稳定剂水泥加到浸润后的试样中，并用小铲、泥刀或其他工具充分拌和到均匀状态。加有水泥的试样拌和后，应在 1h 内完成下述击实试验，拌和后超过 1h 未用的试样，应予作废（石灰稳定土和石灰粉煤灰除外）。

⑤ 将试筒、套环与夯击底板紧密地联结在一起，并将垫块放在筒内底板上。击实筒应放在坚实（最好是水泥混凝土）地面上，取制备好的试样 1.8kg 左右［其量应使击实后的试样略高于（高出 1～2mm）筒高的 1/3］倒入筒内，整平其表面，并稍加压紧。然后按所需击数进行第一次试样的击实（共击 98 次）。击实时，击锤应自由竖直下落，落高应为 45cm，锤迹必须均匀分布于试样面。第一层击实完后检查该层的高度是否合适，以便调整以后两层的试样用量。用刮刀或改锥将已击实的表面“拉毛”，然后重复上述做法，进行其余两层试样的击实。最后一层试样击实后，试样超出试筒顶的高度不得大于 6mm。超出高度过大的试样应该作废。

⑥ 用刮土刀沿套环内壁削挖（使试样与套环脱离）后，扭动并取下套环。齐筒顶细心刮平试样，拆除底板取走垫块。擦净试筒外壁称质量，准确至 5g。

⑦ 用脱模器推出筒内试样。从试样内部自上到下取两个有代表性的样品测定其含水量，计算至 0.1%。两个试样含水量的差值不得大于 1%。所取样品的数量应不少于 700g，如只取一个样品测定含水量，则样品数量应不少于 1400g。烘箱温度应事先调整到 110℃左右，使放入试样能立即在 105～110℃温度下烘干。

⑧ 按本法第①～第⑦项进行其余含水量下稳定土的击实和测定。凡已用过的试样，一律不再重复使用。

5. 计算及绘图

（1）按式（4-1）计算每次击实后稳定土的湿密度：

$$\rho_w = \frac{Q_1 - Q_2}{V} \tag{4-1}$$

式中 ρ_w——稳定土的湿密度（g/cm^3）；

Q_1——试筒与湿试样的合质量（g）；

Q_2——试筒的质量（g）；

V——试筒的容积（mL）。

（2）按式（4-2）计算每次击实后稳定土的干密度：

$$\rho_d = \frac{\rho_w}{1 + 0.01w} \tag{4-2}$$

式中 ρ_d——稳定土的干密度（g/cm^3）；

ρ_w——试样的湿密度（g/cm^3）；

w——试样的含水量（%）。

（3）以干密度为纵坐标、含水量为横坐标，在普通直角坐标纸上绘制干密度与含水量的关系曲线，驼峰形曲线顶点的纵、横坐标分别为稳定土的最大干密度和最佳含水量。最大干密度用两位小数表示。如最佳含水量的值在 12%以上，则用整数表示（即精确到 1%）；如最佳含水量的值在 6%～12%之间，则用一位小数“0”或“5”表示（即精确到 0.5%）；如最佳含水量的值小于 6%，则取一位小数，并用偶数表示（即精确到 0.2%）。

如试验点不足以连成完整的驼峰形曲线，则应该进行补充试验。

(4) 超尺寸颗粒的校正。当试样中大于规定最大粒径的超尺寸颗粒的含量为 5%～30%时，按式（4-3）、式（4-4）对试验所得最大干密度和最佳含水量进行校正（超尺寸颗粒的含量小于 5%时，可以不进行校正）。

最大干密度按式（4-3）校正：

$$\rho'_{dm} = \rho_{dm}(1 - 0.01P) + 0.9 \times 0.01G'_a \tag{4-3}$$

式中 ρ'_{dm}——校正后的最大干密度（g/cm^3）；

ρ_{dm}——试验所得的最大干密度（g/cm^3）；

P——试样中超尺寸颗粒的百分率（%）；

G'_a——超尺寸颗粒的毛体积相对密度。

计算精确至 $0.01g/cm^3$。

最佳含水量按式（4-4）校正：

$$w'_0 = w_0(1 - 0.01P) + 0.01Pw_a \tag{4-4}$$

式中 w'_0——校正后的最佳含水量（%）；

w_0——试验所得的最佳含水量（%）；

P——试样中超尺寸颗粒的百分率（%）；

w_a——超尺寸颗粒的吸水量（%）。

对于同一试验样品，应做两次平行试验，两次试验最大干密度的差不应超过 $0.05g/cm^3$（稳定细粒土）和 $0.08g/cm^3$（稳定中粒土和粗粒土），最佳含水量的差不应超过 0.5%（最佳含水量小于 10%）和 1.0%（最佳含水量大于 10%）。

4.2.2 稳定土的强度

现行《公路路面基层施工技术细则》（JTG/T F20—2015）规定，采用无机结合料稳定土无侧限抗压强度指标来表征，同时采用它进行材料组成设计，选定最适宜于水泥或石灰稳定的材料（包括土），确定施工中所用的无机结合料的最佳剂量，为工地施工提供质量评定标准。各种无机结合料稳定土的无侧限抗压强度见表 4-7。

表 4-7　无机结合料稳定土的无侧限抗压强度

结合料类型	层位	公路等级	
		二级和二级以下公路	高速公路和一级公路
石灰①	基层	≥0.8MPa③	—
	底基层	0.5～0.7MPa④	≥0.8MPa
水泥②	基层	2.0～6.0MPa⑤	3.0～7.0MPa⑥
	底基层	1.0～4.5MPa⑤	2.0～5.0MPa⑥

续表

结合料类型	层位	公路等级	
		二级和二级以下公路	高速公路和一级公路
石灰粉煤灰（1∶2～1∶4）	基层	≥0.7MPa	≥0.9MPa⑥
	底基层	≥0.5MPa	≥0.6MPa

① 包括石灰+少量（占总剂量的30%以下）水泥的综合稳定土，强度标准指石灰稳定细粒土。

② 包括石灰+部分（占总剂量的31%以上）水泥的综合稳定土。

③ 在低塑性土（塑性指数小于7）地区，石灰稳定砂砾土和碎石土的7d浸水抗压强度应大于0.5MPa（1000g平衡锥测液限）。

④ 低限用于塑性指数小于7的黏性土，且低限值宜仅用于二级以下公路。高限用于塑性指数大于7的黏性土。

⑤ 二级以下公路可取低限值；行驶重载车辆的公路，应取较高的值；二级公路可取中值；行驶重载车辆的二级公路应取高限值。某一具体公路应采用一个值，而不用某一范围。

⑥ 设计累计标准轴次小于 12×10^6 的公路可采用低限值；设计累计标准轴次超过 12×10^6 的公路可用中值；主要行驶重载车辆的公路应用高限值。某一具体公路应采用一个值，而不用某一范围。

无机结合料稳定土的无侧限抗压强度试件规定如下：按最佳含水量和工地预期达到的压实度计算出干密度及材料用量，制备直径∶高=1∶1的圆柱体试件，在规定条件下保湿养生6d、浸水1d，进行无侧限抗压强度试验。做平行试验的试件数量应符合表4-8的规定。在整个养生期间试验规定温度为：在北方地区应保持（20±2)℃，在南方地区应保持（25±2)℃；规定湿度：水分变化不超过1g。

表4-8　最少的试件数量

稳定土类型	下列偏差系数时的试件数量		
	小于10%	10%～15%	15%～20%
细粒土	6	9	—
中粒土	6	9	13
粗粒土	—	9	13

1. 影响石灰土强度的主要因素

（1）石灰的品质。石灰的品种和等级不同，其稳定效果不同。各种化学组成的石灰均可用于稳定土。在剂量不大的情况下，钙质石灰比镁质石灰稳定土的初期强度高，但镁质石灰稳定土的后期效果并不比钙质石灰差，尤其是在剂量较大时，还优于钙质石灰。石灰的等级越高，其活性CaO+MgO含量越大，稳定效果越好。在相同剂量下，石灰细度越大，其比表面积越大，石灰与土粒的作用越充分，反应进行得越快，因而稳定效果越好。

（2）石灰的剂量。石灰的剂量是指石灰稳定土中石灰的质量占全部粗细土（即砾石、砂粒、粉粒和黏粒）干质量的百分率，其测定方法有EDTA滴定法和直接式测钙仪法。石灰的剂量对石灰稳定土强度的影响显著，石灰剂量较低时（小于4%），石灰主要起稳定作用，使土的塑性、膨胀性、吸水性降低，具有一定的水稳定性。随着剂量的增加，石灰稳定土的强度和稳定性均提高。但当剂量超过一定范围时，过多石灰在土中以自由灰形式存在，将导致稳定土的强度反而下降。因此，石灰稳定土中石灰土强度同石灰剂量的关系存在一个最佳剂量，其最佳剂量随土质不同而异，同时也与养生龄期有关。在生产实践中，最佳剂量的选用范围，对于黏性土及粉性土为 8%～16%，对于砂性土则为 10%～18%。石灰土强度与石灰剂量的关系见图 4-1。

(3) 土质。各种成因的亚砂土、亚黏土、粉质土和黏质土都可以用石灰来稳定。一般来说，黏质土颗粒的活性强，比表面积大，其稳定效果显著，强度高。粉质土早期强度较低，后期强度可以满足行车要求。粉质黏土的稳定效果较好。

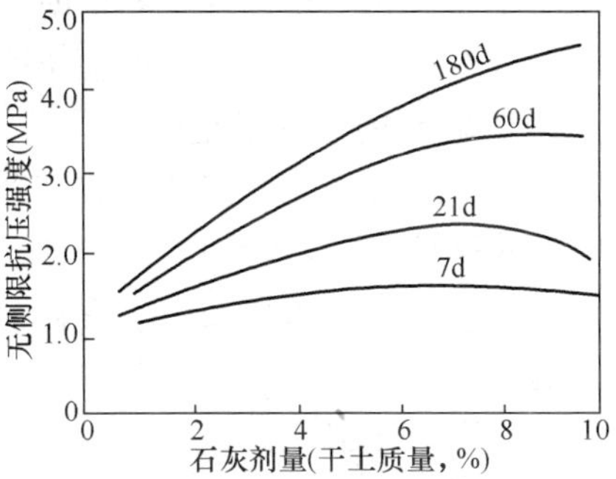

图 4-1　石灰土强度与石灰剂量的关系

(4) 含水量。水是石灰土的重要组成部分，它能促使石灰土发生物理化学变化，形成强度，施工过程中便于土的粉碎、拌和和压实，并且有利于养生。不同土质的石灰土具有不同的最佳含水量，需要通过重型击实试验确定。

(5) 密实度。如前所述，石灰土的密实度增加，其强度也会增加，水稳性和抗冻性也会提高，缩裂现象会减少。

(6) 石灰土的龄期。石灰土的强度随龄期而增长。一般初期强度低，前期（1～2 个月）强度增长率较后期快，半年时的强度均为 1 个月时的 1 倍以上，并随时间增长趋于稳定。

(7) 养生条件。养生条件不同，石灰土的强度形成差异很大。气温高时，物理化学作用强，强度增长快；气温低时强度增长缓慢，在负温度下强度甚至不增长。养生时，在潮湿条件下养生比在一般空气中养生强度高。

2. 影响水泥土强度的主要因素

(1) 水泥的剂量。水泥稳定土的强度随着水泥剂量的增加而增长。过多使用水泥虽获得强度增加（图 4-2），但同时也使温缩和干缩现象增多，在经济上也不一定合理。考虑到水泥稳定土的抗温缩与抗干缩以及经济性，应尽可能降低水泥剂量。水泥剂量控制在 5%～10%较为合理。

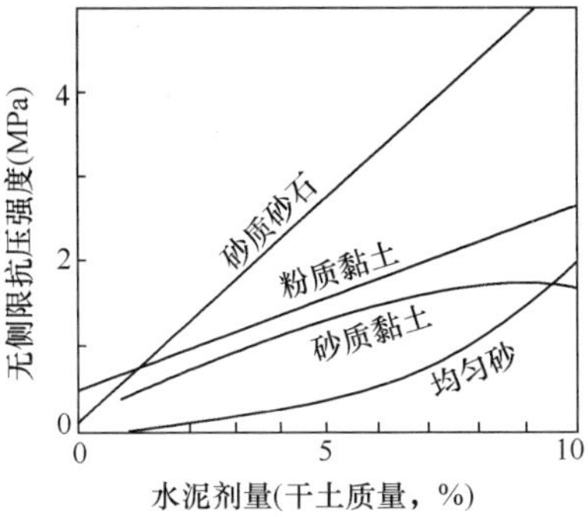

图 4-2　水泥剂量对强度的影响

(2) 土质。用水泥稳定级配良好的土，既可节约水泥，又可取得满意的稳定效果。稳定效果最好的是级配良好的碎（砾）石和砂砾，其次是砂性土，再次是粉性土和黏性土。对于重黏土，由于难以粉碎和拌和，不适宜用水泥稳定。

(3) 含水量。使混合料含水量达到最佳含水量的同时，也要满足水泥完全水化水解的需要。一般水泥正常水化所需水量约为水泥质量的 20%。对于砂性土，完全水化达到最高强度的含水量较最佳密度时的含水量小；而对于黏质土，则相反。

(4) 施工工艺过程。水泥、土和水拌和得越均匀，且能在最佳含水量下压实，其密实度越大，强度和稳定性就越高。

(5) 养生条件。水泥稳定土需要湿法养生，养生温度越高，强度增长越快。要保证水泥稳定土在养生期间具有一定温度和湿度，以满足强度不断增长的需要。

【试验 4-2】水泥或石灰稳定土中水泥或石灰剂量的测定（EDTA 滴定法）

1. EDTA 滴定法概述

施工单位在施工过程中，应按配合比设计所确定的剂量进行施工控制，及时检测石灰或水泥剂量和拌和的均匀性。不足时，应及时进行补充。

进行石灰剂量的检测是保证半刚性基层符合设计强度要求的一个基本前提条件。

2. 试验目的及适用范围

（1）EDTA 滴定法适用于在工地快速测定水泥和石灰稳定土中水泥和石灰的剂量，并可用以检查拌和的均匀性。此方法不受水泥和石灰稳定土龄期（7d 以内）的影响。工地水泥和石灰稳定土含水量的少量变化（±2%），实际上不影响测定结果。用此方法进行一次剂量测定，只需 10min 左右。

（2）EDTA 滴定法也可以用于测定水泥和石灰综合稳定土中结合料的剂量。

3. 仪器设备

（1）滴定管。

（2）滴定台。

（3）滴定管夹。

（4）大肚移液管。

（5）锥形瓶。

（6）烧瓶。

（7）容量瓶。

（8）搪瓷瓶。

（9）不锈钢棒（或粗玻璃棒）。

（10）量筒。

（11）棕色广口瓶。

（12）托盘天平。

（13）秒表。

（14）表面皿。

（15）研钵。

（16）土样筛。

（17）洗耳球。

（18）精密试纸。

（19）聚乙烯桶。

（20）毛刷、去污粉、吸水管、塑料勺、铅笔、厘米纸。

（21）洗瓶。

4. 试剂

（1）0.1mol/m³ 乙二胺四乙酸二钠（简称 EDTA 二钠）标准液：准确称取 EDTA 二钠（分析纯）37.226g，用微热的无二氧化碳蒸馏水溶解，待全部溶解并冷却至室温后，定容至 1000mL。

（2）10%氯化铵（NH_4Cl）溶液：将 500g 氯化铵（分析纯或化学纯），放在 10L 的聚乙烯桶内，加蒸馏水 4500mL，充分振荡，使氯化铵完全溶解。也可以分批在 1000mL 的烧瓶内配制，然后倒入塑料桶内摇匀。

(3) 1.8%氢氧化钠（内含三乙醇胺）溶液：用 100g 架盘天平称 18g 氢氧化钠（NaOH）（分析纯），放入洁净干燥的 1000mL 的烧瓶，加 1000mL 蒸馏水使其全部溶解，待溶液冷却至室温后加入 2mL 三乙醇胺（分析纯），搅拌均匀后储于塑料桶中。

(4) 钙红指示剂：将 0.2g 钙试剂羟酸钠（分子式 $C_{21}H_{13}O_7N_2SNa$，分子量 460.39）与 20g 预先在 105℃烘箱中烘 1h 的硫酸钾混合。一起放入研钵中，研成极细粉末，储于棕色广口瓶中，以防吸潮。

5. 准备标准曲线

(1) 取样：取工地用石灰和集料，风干后分别过 2.0mm 或 2.5mm 筛，用烘干法或酒精法测其含水量（如为水泥可假定含水量为 0%）。

(2) 混合料组成的计算。

$$干料质量=湿料质量/(1+含水量)$$

计算步骤：

① 求干混合料质量=300g/(1+最佳含水量)

② 干土质量=干混合料质量/[1+石灰(或水泥)剂量]

③ 干石灰(或水泥)质量=干混合料质量−干土质量

④ 湿土质量=干土质量×(1+土的风干含水量)

⑤ 湿石灰质量=干石灰×(1+石灰的风干含水量)

⑥ 石灰土中应加入的水=300g−湿土质量−湿石灰质量

(3) 准备 5 种试样，每种 2 个样品（以水泥集料为例），如下：

① 第 1 种：称 2 份 300g 集料分放在 2 个搪瓷杯内，集料的含水量应等于工地预期达到的最佳含水量。集料中所加的水应与工地所用的水相同（300g 为湿质量）。

② 第 2 种：准备 2 份水泥剂量为 2%的水泥土混合料试样，每份均 300g，并分别放在 2 个搪瓷杯内。水泥土混合料的含水量应等于工地预期达到的最佳含水量。混合料中所加的水应与工地所用的水相同。

③ 第 3 种、第 4 种、第 5 种：各准备 2 份水泥剂量分别为 4%、6%、8%的水泥土混合料试样，每份均 300g 并分别放在 6 个搪瓷杯内，其他要求同第 1 种。

(4) 取一个盛有试样的搪瓷杯，在杯内加 600mL10%氯化铵溶液，用不锈钢搅拌棒充分搅拌 3min（每分钟搅 110～120 次）。如水泥（或石灰）土混合料中的土是细粒土，则也可以用 1000mL 具塞三角瓶代替搪瓷杯，手握三角瓶（瓶口向上）用力振荡 3min（每分钟 120 次±5 次），以代替搅拌棒搅拌。放置沉淀 4min [如 4min 后得到的是混浊悬浮液，则应增加放置沉淀时间，直到出现澄清悬浮液为止，并记录所需的时间，以后所有该种水泥（或石灰）土混合料的试验，均应以同一时间为准]，然后将上部清液转移到 300mL 烧杯内搅匀，加盖表面皿待测。

(5) 用移液管吸取上层（液面下 1～2cm）悬浮液 10.0mL 放入 200mL 的三角瓶内，用量筒取 50mL1.8%氢氧化钠（内含三乙醇胺）溶液倒入三角瓶中，此时溶液的 pH 值为 12.5～13.0（可用 pH 值为 12～14 的精密试纸检验），然后加入钙红指示剂（体积约为黄豆大小），摇匀，溶液呈玫瑰红色。用 EDTA 二钠标准液滴定到纯蓝色为终点，记录 EDTA 二钠的耗量（以 mL 计，读至 0.1mL）。

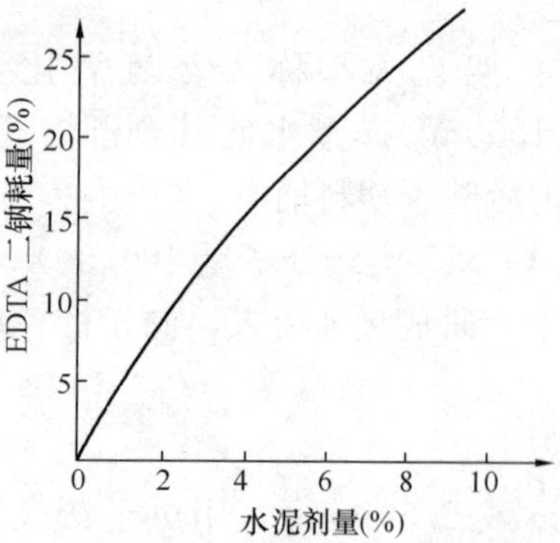

图 4-3 标准曲线

(6) 对其他几个搪瓷杯中的试样，用同样的方法进行试验，并记录各自的 EDTA 二钠的耗量。

(7) 以同一水泥或石灰剂量混合料消耗 EDTA 二钠毫升数的平均值为纵坐标，以水泥或石灰剂量（%）为横坐标制图。两者的关系应是一条顺滑的曲线，如图 4-2 所示。如素集料或水泥或石灰改变，必须重作标准曲线。

6. 试验步骤

(1) 选取有代表性的水泥土或石灰土混合料，称 300g 放在搪瓷杯中，用搅拌棒将结块搅散，加 600mL10%氯化铵溶液，然后按前述步骤进行试验。

(2) 利用所绘制的标准曲线，根据所消耗的 EDTA 二钠毫升数，确定混合料中的水泥或石灰剂量（图 4-3）。

【试验 4-3】 无机结合料稳定土的无侧限抗压强度试验方法

1. 目的和适用范围

本试验方法适用于测定无机结合料稳定土（包括稳定细粒土、中粒土和粗粒土）试件无侧限抗压强度。本试验方法包括：按照预定干密度用静力压实制备试件以及用锤击法制备试件。试件是高∶直径=1∶1 的圆柱体。尽可能用静力压实法制备等干密度试件。其他稳定材料或综合稳定土抗压强度试验应参照本法。

2. 仪器设备

(1) 圆孔筛：孔径 40mm、25mm（或 20mm）及 5mm 的筛各 1 个。

(2) 试模。适用于下列不同土的试模尺寸：

细粒土（最大粒径不超过 10mm）：试模直径×高=50mm×50mm；

中粒土（最大直径不超过 25mm）：试模直径×高=100mm×100mm；

粗粒土（最大直径不超过 40mm）：试模直径×高=150mm×150mm。

(3) 脱模器。

(4) 反力框架：规格为 400kN 以上。

(5) 液压千斤顶（200～500kN）。

(6) 夯锤和导管。

(7) 密封湿气箱或湿气池：放在能保持恒温的小房间内。

(8) 水槽：深度应大于试件高度 50mm。

(9) 路面材料强度试验仪或其他合适的压力机。

(10) 天平：称量 0.01g。

(11) 台秤：称量 10kg，感量 5g。

(12) 量筒、拌和工具、漏斗、大小铝盒、烘箱等。

3. 试料准备

将具有代表性的风干试料（必要时，也可以在 50℃烘箱内烘干），用木槌和木碾捣碎，但应避免破碎粒料的原粒径。将土过筛并进行分类。如试料为粗粒土，则除去大于 40mm 的颗粒备用；如试料为中粒土，则除去大于 25mm 或 20mm 的颗粒备用；如试料为细粒土，则除去大于 10mm 的颗粒备用。

在预定做试验的前一天，取有代表性的试料测定其风干含水量。对于细粒土，试样应不少于 100g；对于粒径小于 25mm 的中粒土，试样应不少于 1000g；对于粒径小于 40mm 的粗粒土，试样应不少于 2000g。

4. 测最佳含水量和最大干密度

按《公路工程无机结合料稳定材料试验规程》(JTG E51—2009) 中 T 0804—1994 确定无机结合料混合料的最佳含水量和最大干密度。

5. 制备试件

(1) 对于同一无机结合料剂量的混合料，需要制备相同状态的试件数量（即平行试验的数量）与土类及操作的仔细程度有关。对于无机结合料稳定细粒土，至少应该制备 6 个试件；对于无机结合料稳定中粒土和粗粒土，应该至少分别制备 9 个和 13 个试件。

(2) 称取一定数量的风干土并计算干土的质量，其数量随试件大小而变。对于 50mm×50mm 的试件，1 个试件需干土 180～210g；对于 100mm×100mm 的试件，1 个试件需干土 1700～1900g；对于 150mm×150mm 的试件，1 个试件需干土 5700～6000g。

对于细粒土，可以一次称取 6 个试件的土；对于中粒土，可以一次称取 3 个试件的土；对于粗粒土，一次只称取 1 个试件的土。

(3) 将称好的土放在长方盘（约 400mm×600mm×70mm）内，向土中加水，对于细粒土（特别是黏性土），使其含水量较最佳含水量小 3%；对于中粒土和粗粒土，可按最佳含水量加水。将土和水拌和均匀后放在密闭容器内浸润备用。如为石灰稳定土和水泥、石灰综合稳定土，可将石灰和土一起拌匀后进行浸润。

浸润时间：黏性土 12～24h，粉性土 6～8h，砂性土、砂砾土、红土砂砾、级配砂砾等可以缩短到 4h 左右；含土很少的未筛分碎石、砂砾及砂可以缩短到 2h。

(4) 在浸润过的试件中，加入预定数量的水泥或石灰并拌和均匀。在拌和过程中，应将预留的 3%的水（对于细粒土）加入土中，使混合料的含水量达到最佳含水量。拌和均匀的加有水泥的混合料应在 1h 内按下述方法制成试件，超过 1h 的混合料应该作废。其他结合料稳定土，混合料虽不受此限，但也应尽快制成试件。

6. 制备预定的干密度试件

用反力框架和液压千斤顶制件。制备一个预定干密度的试件，需要的稳定土混合料数量随试模的尺寸而变。

$$m_1 = \rho_d V(1 + w) \tag{4-5}$$

式中　m_1 ——稳定土混合料的质量 (g)；

ρ_d ——稳定土试件的干密度 (g/cm^3)；

V ——试模的体积 (cm^3)；

w ——稳定土混合料的含水量 (%)。

将试模的下压柱放入试模的下部，但外露 2cm 左右。将称量的规定数量 m_2 (g) 的稳定土混合料分 2～3 次灌入试模中（利用漏斗），每次灌入后用夯棒轻轻均匀插实。如制的是 50mm×50mm 的小试件，则可以将混合料一次倒入试模中。然后将上压柱放入试模内，应使其也外露 2cm 左右（即上下压柱露出试模外的部分应相等）。

将整个试模（连同上下压柱）放在反力框架内的千斤顶上（千斤顶上应放一扁球座），加压直到上下压柱都压入试模为止。维持压力 1min。解除压力后取下试模，拿去上压柱，并放到脱模器上将试件顶出（利用千斤顶和下压柱）。称试件的质量 m_2，小试件准确到 1g，中试件准确到 2g，大试件准确到 5g；然后用游标卡尺量试件的高度 h，准确到 0.1mm。

用击锤制件，步骤同前，只是用击锤（可利用土击实试验的锤，但压柱顶面需要垫一块牛皮或胶皮以保护锤面和压柱顶面不受损伤）将上下压柱打入试模内。

7. 养生

试件从试模内脱出并称量后，应立即放到密封湿气箱和恒温室内进行保温保湿养生。但中试件和大试件应先用塑料薄膜包覆。有条件时，可采用蜡封保湿养生。养生时间视需要而定，作为工地控制，通常只取 7d。整个养生期间的温度，在北方地区应保持（20±2)℃，在南方地区应保持（25±2)℃。

养生期的最后一天，应该将试件浸泡在水中，水的深度应使水面在试件顶上约 2.5cm。在浸泡水中之前，应再次称试件的质量 m_3。在养生期间，试件质量的损失应该符合下列规定：小试件不超过 1g；中试件不超过 4g；大试件不超过 10g。质量损失超过此规定的试件应该作废。

8. 试验步骤

（1）将已浸水一昼夜的试件从水中取出，用软的旧布吸去试件表面的可见自由水，并称试件的质量 m_4。

（2）用游标卡尺量试件的高度 h_1，准确到 0.1mm。

（3）将试件放到路面材料强度试验仪的升降台上（台上先放一扁球座），进行抗压试验。试验过程中，应使试件的变形等速增加，并保持速率约为 1mm/min。记录试件破坏时的最大压力 P（N）。

（4）从试件内部取出有代表性的样品（经过打破），测定其含水量 w_1。

对于小试件：
$$R_c = \frac{P}{A} = 0.00051P \tag{4-6}$$

对于中试件：
$$R_c = \frac{P}{A} = 0.000127P \tag{4-7}$$

对于大试件：
$$R_c = \frac{P}{A} = 0.00057P \tag{4-8}$$

式中 P——试件破坏时的最大压力（N）；

A——试件的截面积，$A = \frac{\pi}{4}D^2$，D 为试样的直径（mm）。

对于试件样品的试验应进行多次平行试验，若干次平行试验的偏差系数 C_v（%）应符合下列规定：小试件不大于 10%；中试件不大于 15%；大试件不大于 20%。

4.2.3 稳定土的缩裂特性

无机结合料稳定土的缩裂现象主要有干缩裂缝和温缩裂缝两种。

1. 干缩裂缝

随着无机结合料稳定土强度的不断形成，水分逐渐消耗以及蒸发，体积发生收缩，收缩变形受到约束时，逐渐产生裂缝，称为干缩裂缝。

2. 温缩裂缝

无机结合料稳定土具有热胀冷缩性质。随着气温的降低，稳定土会产生冷却收缩变形，收缩变形受到约束时，会逐渐形成裂缝，称为温缩裂缝。

可以减少无机结合料稳定土裂缝的防治措施有：

(1) 改善土质。无机结合料稳定土的缩裂性质与用土的黏性有关。用土越黏，则缩裂越严重。故应采用黏性较小的土，或在黏性土中掺入砂土、粉煤灰等，以降低土的塑性指数。

(2) 控制压实含水量及压实度。稳定土因含水量过多产生的干缩裂缝显著，压实度小时产生的干缩要比压实度大时严重。因此，稳定土压实时含水量比最佳含水量略小为好，并尽可能达到最佳压实效果。

(3) 掺加粗粒料。掺入一定数量（掺入量 60%～70%）的粗粒料，如砂、碎石、砾石、煤渣及矿渣等，使混合料满足最佳组成要求，可以提高其强度和稳定性，减少缩裂产生，同时可以节约结合料和改善碾压时的拥挤现象。

(4) 其他措施。加强初期养护，设立隔离过渡层等。

本章小结

本章主要介绍了无机结合料稳定土的材料技术要求，详细讲述了无机结合料稳定土的技术性质及相关指标的试验检测方法与技术标准。

思考题

1. 气硬性与水硬性胶凝材料有何区别?
2. 为什么要在石灰浆中掺入砂子?
3. 简述石灰的硬化原理。
4. 生石灰与熟石灰有什么不同? 在使用运输和储存时要注意什么?
5. 为什么“陈伏”在池中的石灰浆，只能熟化而不能硬化?
6. 为何石灰属于气硬性胶凝材料?
7. 何谓无机结合料稳定类材料? 它是如何分类的?
8. 稳定土材料有哪些特点?
9. 无机结合料有哪些类型?
10. 简述石灰稳定土和水泥稳定土强度形成原理并分析影响强度的主要因素。
11. 试述无机结合料稳定类材料的收缩性。
12. 如何预防无机结合料稳定材料的开裂?

第 5 章 沥青和沥青混合料试验检测技术

学习目标

通过本章学习，了解沥青材料的分类、化学组分及胶体结构和沥青混合料的基本特点和类型，熟练掌握沥青材料和沥青混合料的技术性质及其测定方法，掌握沥青混合料配合比设计原理，从而更好地掌握沥青和沥青混合料的路用性能。

5.1 沥青的技术性质和技术标准

随着我国公路等级的提高，沥青路面成为高等级路面中占主要地位的路面结构。全面而准确地把握沥青及其混合料的特点，了解和掌握沥青材料的技术性质和标准，可以更好地利用沥青路面结构形式，满足日益发展的公路建设需要。

5.1.1 沥青材料概述

1. 沥青的分类

沥青材料是由高分子碳氢化合物及其衍生物组成的十分复杂的有机混合物，表面呈黑色或深褐色。沥青类型的划分有多种不同的结果。

（1）按产源不同划分为地沥青和焦油沥青两大类，其分类见表 5-1。

表 5-1 沥青的分类

沥青	地沥青	天然沥青	由地表或岩石中直接采集、提炼加工后得到的沥青
		石油沥青	由提炼石油的残留物制得的沥青，其中包含石油中所有的重组分
	焦油沥青	煤沥青	由煤焦油蒸馏后的残留物制取的沥青
		页岩沥青	由页岩焦油蒸馏后的残留物制取的沥青

（2）按原油成分中所含石蜡数量的多少划分成石蜡基沥青（含蜡量＞5%）、环烷基沥青（含蜡量＜2%）、中间基沥青（含蜡量 2%～5%）等。

（3）按加工方法可分为直馏沥青、溶剂沥青、氧化沥青、裂化沥青。

（4）按常温下的稠度划分成固体沥青、黏稠沥青和液体沥青。

（5）按用途的不同分成道路石油沥青和建筑沥青。

2. 石油沥青的化学组分

通过一定的分离方法，将沥青分离成化学性质相近，并且和路用性质有一定联系的几个组，这些组就称为“组分”。沥青中各组分的含量与沥青的技术性质有直接关系。

三组分分析法：将石油沥青分离为油分、树脂和沥青质三个组分。

四组分分析法：将沥青分离为沥青质、饱和分、芳香分和胶质四个组分。

（1）沥青质：沥青质对沥青的热稳定性、流变性和黏性有很大影响。其含量越高，沥青软化点越高，黏度也越大，沥青相应也就越硬、越脆。

（2）胶质：有很强的极性，影响沥青中沥青质的分散效果，突出的特征是具有很强的黏附力。胶质和沥青质之间的比例决定了沥青的胶体结构类型。

（3）芳香分：由沥青中分子量最低的环烷芳香化合物组成，是黏稠状液体，呈深棕色，对其他高分子烃类物质有较强的溶解能力。

（4）饱和分：是非极性稠状油类，色较浅。随饱和分含量的增加，沥青的稠度降低，温度感应性加大。

除了上述四种组分之外，在芳香分和饱和分中还存在另一个需要引起重视的物质——蜡。一方面由于蜡在低温下结晶析出后分散在沥青中，减少沥青分子之间的紧密程度，使沥青的低温延展能力降低；另一方面蜡在温度升高时易熔化，使沥青的黏度降低，增加沥青的温度敏感性。另外，蜡还能使沥青与石料表面的黏附性降低，在水的存在下容易引起沥青膜从石料表面脱落，造成水对沥青路面的破坏。同时沥青中蜡的存在容易引起沥青路面抗滑性能的降低。因此，沥青中的蜡是一种对沥青路用性能极为不利的成分，目前用于高等级公路的石油沥青对含蜡量有着严格的限制，只有满足规范要求才能保证沥青路面的使用性能。

3. 石油沥青的胶体结构类型

（1）溶胶结构：沥青质含量少，油分和树脂多。这种结构的特点是黏滞性小，流动性大，塑性好，温度稳定性差，是液体沥青特有的结构类型。

（2）溶-凝胶结构：沥青质适中，油分和树脂也适中。在常温下，这种结构的沥青处于溶胶型结构与凝胶型结构之间，其性质也介于两者之间，是一种理想的结构。

（3）凝胶结构：沥青质较多，油分和树脂少。这种结构的特点是弹性和黏性较高，温度敏感性较小，流动性、塑性低。

5.1.2　石油沥青的技术性质

1. 黏滞性

沥青的黏滞性是指沥青在外力作用下抵抗变形的能力。黏稠（半固体或固体）石油沥青的黏滞性用针入度表示，针入度也是沥青标号划分的依据；液体石油沥青的黏滞性则用黏滞度（黏度）表示。

（1）针入度。针入度是表征黏稠石油沥青条件黏度的指标，在表示沥青黏稠度大小的同时，针入度还用于沥青标号的划分。针入度值是在规定的温度条件下，以规定质量的标准针经过规定的时间贯入沥青试样的深度，以 0.1mm 计。通常我国将这些试验条件规定为：温度 25℃、标准针质量 100g、贯入时间 5s，所以记作 $P_{25℃,100g,5s}$。此外，针入度值的测定采用的温度还有 5℃、15℃、30℃等。

针入度反映了石油沥青抵抗剪切变形的能力。针入度值越小，表明黏度越大。测定原理如图 5-1 所示。

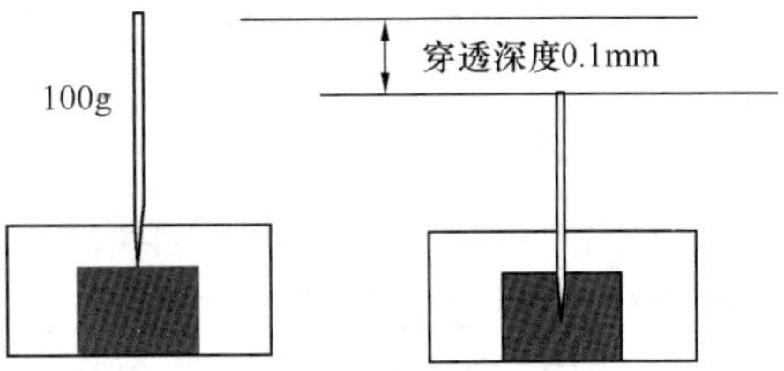

图 5-1　针入度测定原理示意

（2）黏滞度。黏滞度是指将一定数量的液体沥青，在某温度下经一定直径流孔流出 50mL 沥青所需的时间，以秒（s）表示。常用符号“C_{Td}”表示黏滞度，其中，C 为黏度，T 为试验温度，d 为流孔直径（mm），d 有 10mm、5mm、3mm 三种，T 通常为 25℃。

在相同温度和相同流孔条件下，流出时间越长，表示沥青的黏度越大。

2. 塑性

沥青的塑性是指沥青在外力作用下发生变形而不破坏的能力。通常采用延度作为沥青塑性的指标，并通过延度试验测定相应的延度值。

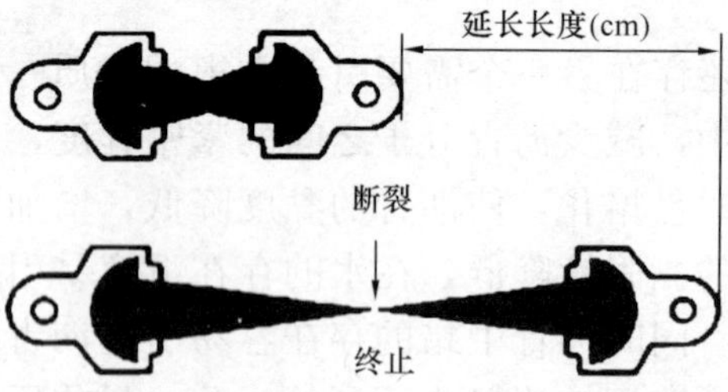

图 5-2　延度测定原理示意

沥青延度是将沥青试样制成“∞”字形标准试件，在规定的拉伸速度和温度条件下被拉断时的长度，以厘米（cm）表示。目前试验温度常定为 15℃，拉伸速度一般为 5cm/min。延度在一定程度上反映了沥青在某一条件下的变形能力，见图 5-2。

沥青的延度越大，塑性越好，柔性和抗断裂性越好。

3. 温度稳定性（感温性）

温度稳定性是指沥青黏结性和塑性随温度升降而变化的性能。当温度升高时，沥青由固态或半固态逐渐软化成黏流状态，当温度降低时由黏流态转变成固态甚至变脆。在工程上使用的沥青，要求有较好的温度稳定性。

高温稳定性用软化点表示，用环球法测定。它是将沥青浇注在规定的金属环中，上置规定质量的钢球，在规定的加热升温速度（通常为 5℃/min）和环境条件下进行加热。随着温度的不断升高，沥青试样逐渐软化，直至在钢球荷重作用下，沥青产生规定的下垂距离，此时对应的温度就是软化点。软化点的高低反映了沥青在一定温度条件下的物理状态。软化点高的沥青，说明该沥青在温度较高的条件下，软化变形的程度低；而对于软化点低的沥青，表明这种沥青在温度升高时，易发生软化变形，所以将软化点当作沥青材料热稳定性的指标。

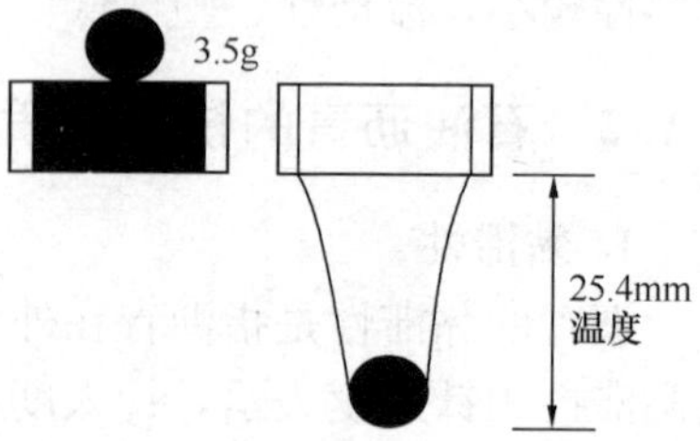

图 5-3　软化点测定原理示意

软化点越高，表明沥青的耐热性越好，即温度稳定性越好，见图 5-3。

低温抗裂性用脆点表示，用弗拉斯法测定。

以上提出的针入度、延度和软化点是评价黏稠石油沥青路用性能最常用的经验指标，所以通称为沥青的“三大指标”，是目前我国在路用领域中对沥青材料提出的最基础指标。

4. 耐久性

路用沥青在储运、加热、拌和、摊铺、碾压、交通荷载和自然因素的作用下，会产生一系列的物理化学变化，从而使沥青逐渐改变其原有性能而变硬变脆。沥青在上述因素的影响下，产生不可逆化学变化，导致路用性能逐渐劣化，这种变化称为沥青的“老化”。当今修筑的高等级沥青路面，其设计寿命要长达十年以上，因此要求沥青材料具有较好的抗老化性，即良好的耐久性是沥青路用性能的又一重要指标。

沥青老化后，在物理力学性能方面表现为针入度减小、延度降低、软化点升高、绝对黏度提高、脆点降低等。

目前评价沥青抗老化能力的试验方法大多是模拟沥青在拌和过程中加热条件下产生的老化效果，《公路沥青路面施工技术规范》(JTG F40—2004) 规定的检测方法是薄膜烘箱加热试验法（有条件时也可采用旋转薄膜烘箱加热试验法）。

5. 安全性

沥青材料在使用时必须加热，当加热至一定温度时，沥青材料中挥发的油分蒸气与周围空气组成混合气体，此混合气体遇火焰则易发生闪火。若继续加热，油分蒸气的饱和度增加，此种蒸气与空气组成的混合气体遇火极易燃烧，而引起溶油车间发生火灾或使沥青烧坏产生损失。因此为了保证生产施工安全，必须测定沥青的闪点和燃点。

闪点(闪火点）是指加热沥青挥发出可燃气体与空气组成混合气在规定条件下与火接触，产生闪光时的沥青温度。燃点（着火点）是指沥青加热产生的混合气体与火接触能持续燃烧 5s 以上时的沥青温度。闪点和燃点是保证沥青加热质量和施工安全的重要指标。

我国现行行业标准《公路工程沥青及沥青混合料试验规程》(JTG E20—2011) 规定，对黏稠石油沥青的闪点和燃点采用克利夫兰开口杯法（简称 COC 法）进行测定。

6. 溶解度

沥青的溶解度是指石油沥青在三氯乙烯中溶解的百分率（即有效物质含量)。一般来说，不溶物为一些有害物质（沥青炭、似炭物)，其会降低沥青的性质，应加以限制。

7. 含水量

沥青中含有水分，施工中挥发太慢，影响施工速度，所以要求沥青中含水量不宜过多。在加热过程中，如水分过多容易发生溢锅，引起火灾，使材料损失。在熔化沥青时应加快搅拌速度，促进水分蒸发，控制加热温度。

8. 非常规的其他性能指标

(1) 劲度模量。劲度模量是表示沥青的黏性和弹性联合效应的指标。

(2) 黏附性。黏附性是路用沥青的重要性能之一，其直接影响沥青路面的使用质量和耐久性。

(3) 针入度指数。针入度指数是评价沥青感温性的指标。建立这一指标的基本思路是：沥青针入度 P 与温度 T 为曲线关系。针入度指数越大表示沥青的感温性越低，通常按 PI 评价感温性时，要求沥青的 PI 值在－2～＋2 之间。

5.1.3　道路石油沥青的技术要求

随着公路建设的飞速发展，公路建设领域对路用沥青的技术性质和技术要求提出了更高要求，道路石油沥青的技术要求应满足《公路沥青路面施工技术规范》(JTG F40—2004) 的规定。

沥青路面采用的沥青标号，宜按照公路等级、气候条件、交通条件、路面类型及在结构层中的层位及受力特点、施工方法等，结合当地的使用经验，经技术论证后确定。道路石油沥青的技术要求见表 5-2。

表 5-2　道路石油沥青的技术要求

指标	等级	160 号	130 号	110 号			90 号					70 号					50 号	30 号
针入度（25℃，5s，100g）（0.1mm）		140～200	120～140	100～120			80～100					60～80					40～60	20～40
适用的气候分区		注 4	注 4	2-1	2-2	3-2	1-1	1-2	1-3	2-2	2-3	1-3	1-4	2-2	2-3	2-4	1-4	注 4
针入度指数 PI	A	−1.5～+1.0																
	B	−1.8～+1.0																
软化点（R&B）（℃）≥	A	38	40	43			45			44		46	45				49	55
	B	36	39	42			43			42		44	43				46	53
	C	35	37	41			42					43					45	50
60℃动力黏度（Pa·s）≥	A	—	60	120			160			140		180		160			200	260
10℃延度（cm）≥	A	50	50	40			45	30	20	30	20	20	15	25	20	15	15	10
	B	30	30	30			30	20	15	20	15	15	10	20	15	10	10	8
15℃延度（cm）≥	A	100															80	50
	B																	
	C	80	80	60			50					40					30	20
蜡含量（蒸馏法）（%）≤	A	2.2																
	B	3.0																
	C	4.5																
闪点（℃）≥		230					245					260						
溶解度（%）≥		99.5																
密度（15℃）（g/cm³）		实测记录																
TFOT（或 RTFOT）后																		
质量变化（%）≤		±0.8																
残留针入度比（%）≥	A	48	54	55			57					61					63	65
	B	48	54	55			57					61					63	65
	C	40	45	48			50					54					58	60
残留延度（10℃）（cm）≥	A	12	12	10			8					6					4	—
	B	10	10	8			6					4					2	—
残留延度（15℃）（cm）≥	C	40	35	30			20					15					10	—

注：1. 试验方法按照现行《公路工程沥青及沥青混合料试验规程》（JTG E20—2011）规定的方法执行。用于仲裁试验求取 PI 时的 5 个温度的针入度关系的相关系数不得小于 0.997。

2. 经建设单位同意，表中 PI 值、60℃动力黏度、10℃延度可作为选择性指标，也可不作为施工质量检验指标。

3. 70 号沥青可根据需要要求供应商提供针入度范围为 60～70 或 70～80 的沥青，50 号沥青可要求提供针入度范围为 40～50 或 50～60 的沥青。

4. 30 号沥青仅适用于沥青稳定基层。130 号和 160 号沥青除寒冷地区可直接在中低级公路上应用外，通常用作乳化沥青、稀释沥青、改性沥青的基质沥青。

5. 老化试验以 TFOT 为准，也可以 RTFOT 代替。

（1）对高速公路、一级公路，夏季温度高、高温持续时间长、重载交通、山区及丘陵区上坡路段、服务区、停车场等行车速度慢的路段，宜采用稠度大、60℃黏度大的沥青，也可提高高温气候分区的温度水平选用沥青等级；对冬季寒冷地区或交通量小的公路、旅游公路，宜选用稠度小、低温延度大的沥青；对温度日温差、年温差大的地区，宜注意选用针入度指数大的沥青。当高温要求与低温要求发生矛盾时应优先考虑满足高温性能的要求。

（2）石油沥青的选用：根据工程性质与要求、适用部位、环境条件等因素选用，在满足适用条件的前提下，应选用标号较大的石油沥青，以保证使用寿命。

（3）道路石油沥青标号：道路石油沥青按针入度划分为 160 号、130 号、110 号、90 号、70 号、50 号、30 号共 7 个标号。

（4）道路石油沥青分级：道路石油沥青分为 A 级、B 级、C 级三个等级，各个沥青等级的适用范围应符合要求。

（5）沥青的掺配：如某一标号的沥青不能满足工程技术的要求，可以用不同标号的沥青掺配，其掺配比例由试验决定。实验证明，同产源的沥青掺配后可得均匀的沥青。

5.2　沥青材料试验检测方法

5.2.1　沥青试样准备方法

1. 试验目的

通过规范的试样制备方法，为沥青的各项试验做准备，以确保试验结果的代表性和准确性。该试验适用于黏稠道路石油沥青、煤沥青等需要加热后才能进行试验的沥青样品，按此法准备的沥青供立即在试验室进行各项试验使用。

2. 试验仪器与材料

（1）烘箱：200℃，有温度调节装置。

（2）加热炉具：电炉或其他燃气炉（丙烷石油气、天然气）。

（3）石棉垫：不小于炉具加热面积。

（4）滤筛：筛孔孔径 0.6mm。

（5）烧杯：1000mL。

（6）温度计：0～100℃及 200℃，分度值为 0.1℃。

（7）天平：称量 2000g，感量不大于 1g；称量 100g，感量不大于 0.1g。

（8）沥青盛样器皿。

（9）其他：玻璃棒、溶剂、汽油、棉纱等。

3. 试验方法与步骤

（1）将装有试样的盛样器带盖放入恒温烘箱中，当石油沥青试样中含有水分时，将烘箱温度调在 80℃左右，加热至沥青全部熔化后供脱水用。当石油沥青中无水分时，烘箱温度宜为软化点温度以上 90℃，通常为 135℃左右。对取来的沥青试样不得直接采用电炉或煤气炉明火加热。

（2）当石油沥青试样中含有水分时，将盛样器皿放在可控温的砂浴、油浴、电热套上加热脱水，不得已采用电炉、煤气炉加热脱水时必须加放石棉垫。时间不超过 30min，并用玻璃棒轻轻搅拌，防止局部过热。在沥青温度不超过100℃的条件下，仔细脱水至无泡沫为止，最后的加热温度不超过软化点以上100℃（石油沥青）或50℃（煤沥青）。

（3）将盛样器中的沥青通过0.6mm的滤筛过滤，不等冷却立即一次灌入各项试验的模具中。根据需要也可将试样分装入擦拭干净并干燥的一个或数个沥青盛样器皿中，数量应满足一批试验项目所需的沥青样品。

（4）在沥青灌模过程中，如温度下降可放入烘箱中适当加热，试样冷却后反复加热的次数不得超过2次，以防沥青老化影响试验结果。为避免混进气泡，在沥青灌模时不得反复搅动沥青。

（5）灌模剩余的沥青应立即清洗干净，不得重复使用。

5.2.2 沥青密度与相对密度试验

1. 试验目的

利用比重瓶测定各种沥青材料的密度与相对密度，为沥青混合料配合比设计和沥青原材料质量与体积之间的换算提供必要的参数。本试验可以测定15℃密度，换算成相对密度（25℃/25℃）；也可以测定相对密度（25℃/25℃），换算求得密度（15℃）。二者之间可以转换：沥青与水的相对密度（25℃/25℃）＝沥青的密度（15℃）×0.996。

2. 试验仪器与材料

（1）比重瓶：玻璃制，瓶塞下部与瓶口须经仔细研磨。瓶塞中间有一个垂直孔，其下部为凹形，以便由孔中排除空气。

（2）恒温水槽：控温的准确度为0.1℃。

（3）烘箱：200℃，装有温度自动调节器。

（4）天平：感量不大于1mg。

（5）滤筛：0.6mm、2.36mm各一个。

（6）温度计：0～50℃，分度值为0.1℃。

（7）烧杯：600～800mL。

（8）真空干燥器。

（9）洗液：玻璃仪器清洗液、三氯乙烯（分析纯）等。

（10）蒸馏水（或纯净水）。

（11）表面活性剂：洗洁精或洗衣粉。

（12）其他：软布、滤纸等。

3. 方法与步骤

（1）用洗液、水、蒸馏水先后仔细洗涤比重瓶，然后烘干，称其质量（m_1），准确至1mg。

（2）将盛有新煮沸并冷却的蒸馏水的烧杯浸入恒温水槽中一同保温，烧杯底浸没水中的深度应不少于100mm，烧杯口露出水面，并用夹具将其固牢。在烧杯中插入温度计，然后将比重瓶及瓶塞放入烧杯中，且烧杯中水的深度必须超过比重瓶顶部40mm以上。调控温度，使恒温水槽及烧杯中的蒸馏水达至规定的试验温度±0.1℃。

（3）待烧杯中水温达到规定温度并保温30min后，将瓶塞塞入瓶口，使多余的水由瓶塞上的毛细孔中挤出。此时比重瓶内不得有气泡。

（4）将烧杯从水槽中取出，再从烧杯中取出比重瓶，立即用干净软布将瓶塞顶部擦拭一次，并迅速擦干比重瓶外面的水分，称其质量（m_2），准确至 1mg。注意瓶塞顶部只能擦拭一次，即使膨胀瓶塞上有小水滴也不能再擦拭。以 m_2-m_1 作为试验温度时比重瓶的水值。

（5）液体沥青试样的试验步骤：将试样过 0.6mm 筛后注入干燥的比重瓶中至满，注意不要混入气泡。将盛有试样的比重瓶及瓶塞移入恒温水槽（测定温度±0.1℃）内盛有水的烧杯中，水面应在瓶口下约 40mm。注意勿使水浸入瓶内。烧杯内的水温达到要求的温度后保温 30min，然后将瓶塞塞上，使多余的试样由瓶塞的毛细孔中挤出。仔细用蘸有三氯乙烯的棉花擦净孔口挤出的试样，并注意保持孔中充满试样。从水中取出比重瓶，立即用干净软布仔细地擦去瓶外的水分或黏附的试样（注意不得再擦孔口）后，称其质量（m_3），准确至 1mg。

（6）黏稠沥青试样的试验步骤：沥青加热温度不高于估计软化点以上 100℃（石油沥青或聚合物改性沥青），将沥青小心注入比重瓶中，约至 2/3 高度。注意勿使试样黏附瓶口或上方瓶壁，并防止混入气泡。将盛有试样的比重瓶移入干燥器中，在室温下冷却不少于 1h，连同瓶塞称其质量（m_4），准确至 1mg。

将盛有蒸馏水的烧杯放入已达试验温度的恒温水槽中，然后将称量后盛有试样的比重瓶放入烧杯中（瓶塞也放进烧杯中），等烧杯中的水温达到规定试验温度后保温 30min，使比重瓶中气泡上升到水面，待确认比重瓶已经恒温且无气泡后，再将比重瓶的瓶塞塞紧，使多余的水从塞孔中溢出，此时应不得带入气泡。取出比重瓶，按前述方法迅速揩干瓶外水分后称其质量（m_5），准确至 1mg。

（7）固体沥青试样的试验步骤：试验前，如试样表面潮湿，可用干燥、清洁的空气吹干，或置于 50℃烘箱中烘干。将 50～100g 试样打碎过 0.6mm 及 2.36mm 筛。取 0.6～2.36mm 的粉碎试样不少于 5g 放入清洁、干燥的比重瓶中，塞紧瓶塞后称其质量（m_6），准确至 1mg。

取下瓶塞，将恒温水槽内烧杯中的蒸馏水注入比重瓶，水面高于试样约 10mm，同时加入几滴表面活性剂溶液（如 1%洗衣粉、洗涤灵），并摇动比重瓶使大部分试样沉入水底，必须使试样颗粒表面上附气泡逸出，摇动时勿使试样摇出瓶外。取下瓶塞，将盛有试样和蒸馏水的比重瓶置真空干燥箱（器）中抽真空，逐渐达到真空 8kPa（735mmH$_g$）不少于 15min。如比重瓶试样表面仍有气泡，可再加几滴表面活性剂溶液，摇动后再抽真空。必要时，可反复几次操作，直至无气泡为止。将保温烧杯中的蒸馏水再注入比重瓶中至满，轻轻塞好瓶塞，再将带塞的比重瓶放入盛有蒸馏水的烧杯中，并塞紧瓶塞。将有比重瓶的盛水烧杯再置恒温水槽（试验温度±0.1℃）中保持至少 30min 后，取出比重瓶，迅速揩干瓶外水分后称其质量（m_7），准确至 1mg。

4. 试验结果的计算

（1）试验温度下液体沥青试样的相对密度和密度按式（5-1）和式（5-2）计算：

$$\gamma_b = \frac{m_3 - m_1}{m_2 - m_1} \tag{5-1}$$

$$\rho_b = \frac{m_3 - m_1}{m_2 - m_1} \times \rho_w \tag{5-2}$$

式中 γ_b——试样在试验温度下的相对密度；

ρ_b——试样在试验温度下的密度（g/cm³）；

m_1——比重瓶质量（g）；

m_2——比重瓶与盛满水时的合计质量（g）；

m_3——比重瓶与盛满试样时的合计质量（g）；

ρ_w——试验温度下水的密度，15℃水的密度为 0.9991g/cm³，25℃水的密度为 0.9971g/cm³。

（2）在试验温度下黏稠沥青、固体沥青试样的相对密度和密度按式（5-3）和式（5-4）计算：

$$\gamma_b = \frac{m_4 - m_1}{(m_2 - m_1) - (m_5 - m_4)} \tag{5-3}$$

$$\rho_b = \frac{m_4 - m_1}{(m_2 - m_1) - (m_5 - m_4)} \times \rho_w \tag{5-4}$$

式中 m_4——比重瓶与沥青试样的合计质量（g）；

m_5——比重瓶与沥青和水的合计质量（g）。

其他符号意义同上。

5. 注意事项

（1）同一试样应平行试验两次，当两次试验结果的差值符合重复性试验的精密度要求时，以平均值作为沥青的密度试验结果，试验报告应注明试验温度。

对黏稠石油沥青及液体沥青，重复性试验的允许误差为 0.003g/cm³，复现性试验的允许误差为 0.007g/cm³；对固体沥青，重复性试验的允许误差为 0.01g/cm³，复现性试验的允许误差为 0.02g/cm³。

（2）比重瓶的水值应经常校正，一般每年至少进行一次。

（3）抽真空不宜过快，防止样品被带出比重瓶。

5.2.3 沥青针入度试验

1. 试验目的

通过针入度的测定不仅能够掌握不同沥青的黏稠性以及进行沥青标号的划分，而且可以用来描述沥青的温度敏感性——针入度指数。

本试验方法适用于测定道路石油沥青、聚合物改性沥青针入度以及液体石油沥青蒸馏或乳化沥青蒸发后残留物的针入度，以 0.1mm 计。其标准试验条件为温度 25℃，荷重 100g，贯入时间 5s。

图 5-4 针入度试验仪

2. 试验仪器与材料

（1）针入度仪：为提高测试精度，针入度试验宜采用能够自动计时针入度仪进行测定，要求针和针连杆在无明显摩擦下垂直运动，针的贯入深度准确至 0.1mm，试验时总质量为（100±0.05)g，见图 5-4。

（2）标准针：由硬化回火的不锈钢制成，针杆上应打印有号码标志，针应设有固定用装置盒（筒），以免碰撞针尖，每根针必须定期进行检验。

(3) 盛样皿：金属制，平底圆柱形。

(4) 恒温水槽：容量不少于 10L，控温的准确度为 0.1℃。水槽中应设有一带孔的搁架，位于水面下不得少于 100mm、距水槽底不得少于 50mm 处。

(5) 平底玻璃皿：内设有一不锈钢三脚支架，能使盛样皿稳定。

(6) 温度计：0 ～ 50℃，分度值为 0.1℃。

(7) 计时器：精度为 0.1s。

(8) 盛样皿盖：平板玻璃，直径不小于盛样皿开口尺寸。

(9) 溶剂：三氯乙烯等。

(10) 其他：电炉或砂浴、石棉网、金属锅或瓷柄坩埚等。

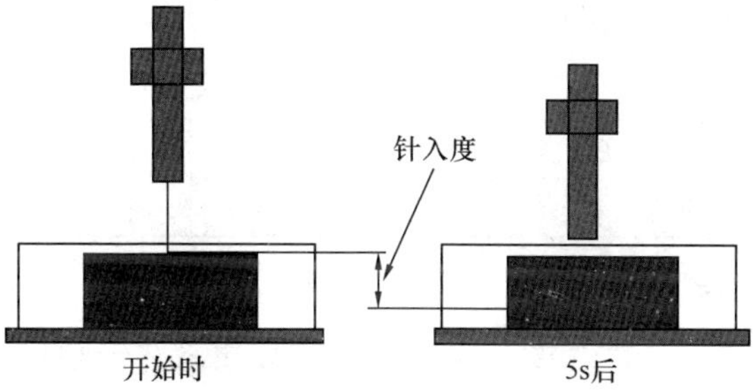

图 5-5 针入度测定示意

针入度测定示意如图 5-5 所示。

3. 试验方法与步骤

(1) 准备工作。

① 按《公路工程沥青及沥青混合料试验规程》(JTG E20—2011) 规定的方法准备试样。

② 按试验要求将恒温水槽调节到要求试验温度 25℃，或 15℃、30℃ (或 5℃)，保持稳定。

③ 将试样注入盛样皿中，试样高度应超过预计针入度值 10mm，并盖上盛样皿，以防落入灰尘。盛有试样的盛样皿在 15～30℃室温中冷却不少于 1.5h (小盛样皿)、2h (大盛样皿) 或 3h (特殊盛样皿) 后移入保持规定试验温度±0.1℃的恒温水槽中，并应保温不少于 1.5h (小盛样皿)、2h (大试样皿) 或 2.5h (特殊盛样皿)。

④ 调整针入度仪使之水平。检查针连杆和导轨，以确认无水和其他外来物，无明显摩擦。用三氯乙烯或其他溶剂清洗标准针，并擦干。将标准针插入针连杆，用螺丝固紧。按试验条件，加上附加砝码。

(2) 试验步骤。

① 取出达到恒温的盛样皿，并移入水温控制在试验温度±0.1℃ (可用恒温水槽水) 的平底玻璃皿中的三脚支架上，试验表面以上的水层深度不小于 10mm。

② 将盛有试样的平底玻璃皿置于针入度仪的平台上，慢慢放下针连杆，用适当位置的反光镜或灯光反射观察，使针尖恰好与试样表面接触，将位移计或刻度盘指针复位为零。

③ 开始试验，按下释放键，这时计时与标准针落下贯入试样同时开始，至 5s 时自动停止。

④ 读取位移计或刻度盘指针的读数，准确至 0.1mm。

⑤ 同一试样平行试验至少 3 次，各测试点之间及与盛样皿边缘的距离不应少于 10mm。每次试验后应将盛有盛样皿的平底玻璃皿放入恒温水槽，使平底玻璃皿中的水温保持试验温度。每次试验应换一根干净标准针或将标准针取下用蘸有三氯乙烯溶剂的棉花或布揩净，再用干棉花或布擦干。

⑥ 测定针入度大于 200 的沥青试样时，至少用 3 支标准针，每次试验后将针留在试样

中，直至3次平行试验完成后，才能将标准针取出。

⑦ 测定针入度指数PI时，按同样方法在15℃、25℃、30℃（或5℃）3个温度条件下分别测定沥青的针入度。但用于仲裁试验的温度条件应为5个。

4. 试验结果的确定和计算

同一试样3次平行试验结果的最大值和最小值之差在表5-3允许偏差范围内时，计算3次试验结果的平均值，并取至整数作为针入度试验结果，单位为0.1mm。

表5-3 针入度测定允许误差 0.1mm

针入度	0～49	50～149	150～249	250～500
允许误差	2	4	12	20

5. 注意事项

（1）针入度试验的三项关键性条件分别是温度、测试时间和针的质量，如这三项试验条件控制不准，将严重影响试验结果的准确性。三项条件最常见状态是：温度25℃、针的质量100g、测试时间5s，所以针入度常用“$P_{25℃,100g,5s}$”表示。

（2）当试验结果小于50(0.1mm）时，重复性试验的允许误差为2(0.1mm)，再现性试验的允许误差为4(0.1mm)；当试验结果等于或大于50(0.1mm）时，重复性试验的允许误差为平均值的4%，再现性试验的允许误差为平均值的8%。

5.2.4 沥青延度试验

1. 试验目的

当沥青受到外力的拉伸作用时，能够产生一定的塑性变形，通过延度试验可测定沥青能够承受的塑性变形总能力。

本试验方法适用于测定道路石油沥青、聚合物改性沥青、液体石油沥青蒸馏残留物和乳化沥青蒸发残留物等材料的延度。

2. 试验仪器与材料

（1）延度仪：应满足试件浸没于水中，能保持规定的试验温度及按照规定的拉伸速度拉伸试件，且试验时应无明显振动。

（2）试模：黄铜制，由两个端模和两个侧模组成。

（3）恒温水槽：容量不少于10L，控制温度的准确度为0.1℃。

（4）砂浴或其他加热炉具。

（5）温度计：量程0～50℃，分度值为0.1℃。

（6）甘油滑石粉隔离剂（甘油与滑石粉的比例为质量比2∶1）。

（7）其他：平刮刀、石棉网、酒精、食盐等。

3. 试验方法与步骤

（1）准备工作。

① 将隔离剂拌和均匀，涂于清洁干燥试模底板和两个侧模的内侧表面，并将试模在试模底板上装妥。

② 按规定方法准备沥青试样，然后将试样仔细自试模的一端向另一端往返数次缓缓注入模中，最后略高出试模，灌模时应注意勿使气泡混入。

③ 试件在室温中冷却不少于 1.5h，然后用热刮刀刮除高出试模的沥青，使沥青面与试模面齐平。沥青的刮法应自试模的中间刮向两端，且表面应刮平滑。将试模连同底板再放入规定试验温度的水槽 1.5h。

④ 检查延度仪延伸速度是否符合规定要求，然后移动滑板使其指针正对标尺的零点。将延度仪注水，并保温达试验温度±0.1℃。

（2）试验步骤。

① 将保温后的试件连同底板移入延度仪的水槽中，然后将盛有试样的试模自玻璃板或不锈钢板上取下，将试模两端的孔分别套在滑板及槽端固定板的金属柱上，并取下侧模。水面距试件表面应不小于 25mm。

② 开动延度仪，并注意观察试样的延伸情况。此时应注意，在试验过程中，水温应始终保持在试验温度规定范围内，且仪器不得有振动，水面不得有晃动，当水槽采用循环水时，应暂时中断循环，停止水流。在试验中，如发现沥青细丝浮于水面或沉入槽底时，则应在水中加入酒精或食盐，调整水的密度与沥青试样的密度相近后，重新试验。

③ 试件拉断时，读取指针所指标尺上的读数，以 cm 计，在正常情况下，试件延伸时应呈锥尖状，拉断时实际断面接近于零。如不能得到这种结果，则应在报告中注明。

4. 试验结果

同一试样，每次平行试验不少于 3 个试件，如 3 个测定结果均大于 100cm，试验结果记作“>100cm”；特殊需要也可分别记录实测值。如 3 个测定结果中，有一个以上的测定值小于 100cm 时，若最大值或最小值与平均值之差满足重复性试验精密度要求，则取 3 个测定结果的平均值的整数作为延度试验结果，若平均值大于 100cm 时，记作“>100cm”；若最大值或最小值与平均值之差不符合重复性试验精密度要求时，试验应重新进行。

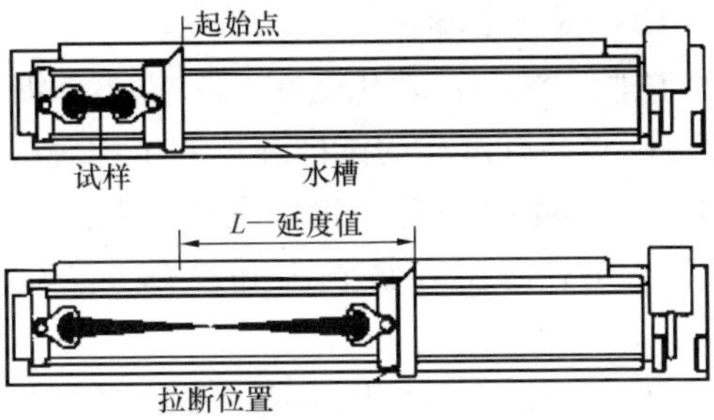

图 5-6　延度测定示意

当试验结果小于 100cm 时，重复性试验的允许误差为平均值的 20%，再现性试验的允许误差为平均值的 30%。延度测定示意如图 5-6 所示。

5.2.5　沥青软化点试验（环球法）

1. 试验目的

沥青材料是一种感温性材料。它由液态凝结为固态，或由固态熔化为液态，没有敏锐的固化点和液化点。在工程中，为保证沥青不致由于温度升高而产生流动的状态，取液化点与固化点之间温度间隔的 87.21%作为软化点。软化点是沥青达到规定条件黏度时的温度，所以软化点既是反映沥青材料稳定性的一个指标，也是沥青黏稠性的一种量度。通过测定沥青的软化点，可评定沥青的高温稳定性。

本试验方法适用于测定道路石油沥青、聚合物改性沥青的软化点。

2. 试验仪器与材料

（1）软化点试验仪。它由下列部件组成：

① 钢球、试样环、钢球定位环。

② 金属支架：由两个主杆和三层平行的金属板组成。

③ 耐热玻璃烧杯：容量800～1000mL，直径不小于86mm，高不小于120mm。

④ 温度计：0～100℃，分度值为0.5℃。

(2) 装有温度调节器的电炉或其他加热炉具。

(3) 试样底板：金属板或玻璃板。

(4) 恒温水槽：控温的准确度为0.5℃。

(5) 平直刮刀。

(6) 甘油滑石粉隔离剂（甘油与滑石粉的比例为质量比2：1）。

(7) 蒸馏水或纯净水。

(8) 其他：石棉网。

3. 试验方法与步骤

(1) 准备工作。

① 将试样环置于涂有甘油滑石粉隔离剂的试样底板上。按规定方法将准备好的沥青试样徐徐注入试样环内至略高出环面为止。如估计试样软化点高于120℃，则试样环和试样底板（不得用玻璃板）均应预热至80～100℃。

② 试样在室温冷却30min后，用热刮刀刮除环面上的试样，应使其与环面齐平。

(2) 试验步骤。

试验方法一：软化点在80℃以下的沥青。

① 将装有试样的试样环连同试样底板置于（5±0.5)℃水的恒温水槽中至少15min；同时将金属支架、钢球、钢球定位环也置于相同水槽中。

② 烧杯内注入新煮沸并冷却至5℃的蒸馏水或纯净水，水面略低于立杆上的深度标记。

③ 从恒温水槽中取出盛有试样的试样环放置在支架中层板的圆孔中，套上定位环然后将整个环架放入烧杯中，调整水面至深度标记，并保持水温为（5±0.5)℃。环架上任何部分不得附有气泡。将0～100℃的温度计由上层板中心孔垂直插入，使端部测温头底部与试样环下面齐平。

④ 将盛有水和环架的烧杯移至放有石棉网的加热炉具上，然后将钢球放在定位环中间的试样中央，立即开动振荡搅拌器，使水微微振荡，并开始加热，使杯中水温在3min内调节至维持每分钟上升（5±0.5)℃。在加热过程中，应记录每分钟上升的温度值。如温度上升速度超出此范围，则试验应重做。

⑤ 试样受热软化逐渐开始下坠，至与下层底板表面接触时，立即读取温度，准确至0.5℃。

试验方法二：软化点在80℃以上的沥青。

① 将装有试样的试样环连同试样底板置于装有（32±1)℃甘油的恒温槽中至少15min；同时将金属支架、钢球、钢球定位环等也置于甘油中。

② 在烧杯内注入预先加热至32℃的甘油，其液面略低于立杆上的深度标记。

③ 从恒温槽中取出装有试样的试样环，按上述方法进行测定，准确至1℃。

4. 试验结果

同一试样平行试验两次，当两次测定值的差值符合重复性试验精密度要求时，取其平均值作为软化点试验结果，准确至 0.5℃。

5. 注意事项

当试样软化点小于 80℃时，重复性试验的允许误差为 1℃，再现性试验的允许误差为 4℃。当试样软化点等于或大于 80℃时，重复性试验的允许误差为 2℃，再现性试验的允许误差为 8℃。软化点测定示意如图 5-7 所示。

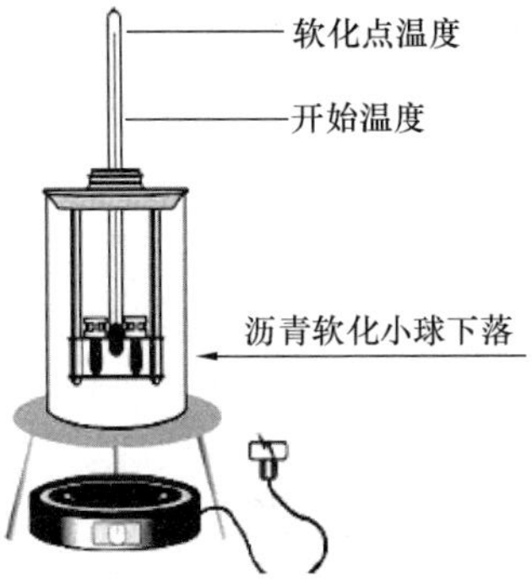

图 5-7　软化点测定示意

5.2.6　沥青薄膜加热试验

1. 试验目的

主要用于测定道路石油沥青、聚合物改性沥青薄膜加热后的质量损失，并根据需要，测定薄膜加热后残留物的针入度、黏度、软化点及延度等性质的变化，以评定沥青的耐老化性能。

2. 试验仪器与材料

（1）薄膜加热烘箱：工作温度范围可达 200℃，控温的准确度为 1℃，装有温度调节器和可转动的圆盘架。

（2）盛样皿：铝或不锈钢制成的浅盘，不少于 4 个，在使用中不变形。

（3）温度计：0～200℃，分度值为 0.5℃（允许由普通温度计代替）。

（4）分析天平：感量不大于 1mg。

（5）其他：干燥器、计时器等。

3. 试验方法与步骤

（1）准备工作。

① 将洁净、烘干、冷却后的盛样皿编号，称其质量（m_0），准确至 1mg。

② 按规定方法准备沥青试样，分别注入 4 个已称质量的盛样皿中（50±0.5)g，并形成沥青厚度均匀的薄膜，放入干燥器中冷却至室温后称取质量（m_1），准确至 1mg。同时按规定方法，测定沥青试样薄膜加热试验前的针入度、黏度、软化点、脆点及延度等性质。当试验项目需要，预计沥青数量不够时，可增加盛样皿数目，但不允许将不同品种或不同标号的沥青同时放在一个烘箱中试验。

③ 将温度计垂直悬挂于转盘轴上，位于转盘中心，水银球应在转盘顶面上的 6mm 处，将烘箱加热并保持至（163±1)℃。

（2）试验步骤。

① 把烘箱调整水平，使转盘在水平面上以（5.5±1)r/min 的速度旋转，转盘与水平面倾斜角不大于 3℃，温度计位置距转盘中心和边缘距离相等。

② 在烘箱达到恒温 163℃后，将盛样皿迅速放入烘箱内的转盘上，并关闭烘箱门和开动转盘架，使烘箱内温度回升到 162℃时开始计时，并在（163±1)℃温度下保持 5h。但从放置试样开始至试验结束的总时间不得超过 5.25h。

③ 试验结束后，从烘箱中取出盛样皿，如果不需要测定试样的质量变化，按下述⑤进行；如果需要测定试样的质量变化，随机取其中两个盛样皿放入干燥器中冷却至室温后，分

别称其质量（m_2），准确至1mg。

④ 试样称量后，将盛样皿放回（163±1)℃的烘箱中转动15min，取出试样，立即进行下一步工作。

⑤ 将每个盛样皿的试样，用刮刀或刮铲刮入一适当的容器内，置于加热炉上加热，并适当搅拌使充分融化达流动状态，倒入针入度盛样皿或延度、软化点等试模内，并按规定方法进行针入度等各项薄膜加热试验后残留物的相应试验。如在当日不能进行试验时，试样应放置在容器内，但全部试验必须在加热后72h内完成。

4. 试验结果计算

(1) 沥青薄膜试验后质量变化按式（5-5）计算，准确至3位小数（质量减少为负值，质量增加为正值）。

$$L_T = \frac{m_2 - m_1}{m_1 - m_0} \times 100 \tag{5-5}$$

式中 L_T——试样薄膜加热质量变化（%）；

m_0——盛样皿质量（g）；

m_1——薄膜烘箱加热前盛样皿与试样合计质量（g）；

m_2——薄膜烘箱加热后盛样皿与试样合计质量（g）。

(2) 沥青薄膜烘箱试验后，残留物针入度比（残留物针入度占原试样针入度的比值）按式（5-6）计算：

$$K_p = \frac{P_2}{P_1} \times 100 \tag{5-6}$$

式中 K_p——试样薄膜加热后残留物针入度比（%）；

P_1——薄膜加热试验前原试样的针入度（0.1mm）；

P_2——薄膜加热试验后残留物的针入度（0.1mm）。

沥青薄膜加热试验的残留物软化点增值按式（5-7）计算：

$$\Delta T = T_2 - T_1 \tag{5-7}$$

式中 ΔT——薄膜加热试验后软化点增值（℃）；

T_2——薄膜加热试验后软化点（℃）；

T_1——薄膜加热试验前软化点（℃）。

5. 注意事项

(1) 沥青薄膜试验蒸发损失量的计算结果可正可负，正值表明加热时沥青试样不仅没有损失，而且还有一定增加，原因在于加热过程中沥青与空气中某些成分发生反应引起的。

(2) 质量损失：当两个试样皿的质量损失符合重复性试验精密度要求时，取其平均值作为试验结果，准确至小数点后2位。

5.2.7 沥青闪点与燃点试验（克利夫兰开口杯法）

1. 试验目的

本方法适用于克利夫兰开口杯（简称COC）测定黏稠石油沥青、聚合物改性沥青及闪点在79℃以上的液体石油沥青的闪点和燃点，以评定施工的安全性。

2. 试验仪器与材料

(1) 克利夫兰开口杯式闪点仪。它由下列部分组成：

① 克利夫兰开口杯：用黄铜或铜合金制成，内口直径(63.5±0.5)mm，深为(33.6±0.5)mm，在内壁与杯上口的距离为(9.4±0.4)mm 处刻有一道环状标线，带一个弯柄把手。

② 加热板：黄铜或铸铁制，直径为 145～160mm，厚约 6.5mm，上有石棉垫板，中心有圆孔，以支承金属试样杯。在距中心 58mm 处有一个与标准试焰大小相当的 ϕ(4.0±0.2)mm 电镀金属小球，供火焰调节的对照使用。

③ 温度计：量程 0～360℃，分度值为 2℃。

④ 点火器：金属管制，端部为产生火焰的尖嘴，端部外径约 1.6mm，内径为 0.7～0.8mm，与可燃气体压力容器连接，火焰大小可以调节。点火器可以 150mm 半径水平旋转，且端部恰好通过坩埚中心上方 2～2.5mm，也可采用电动旋转点火用具，但火焰通过金属试验杯的时间应为 1.0s 左右。

⑤ 铁支架：高约 500mm，附有温度计夹及试样杯支架，支脚为高度调节器，使加热顶保持水平。

(2) 防风屏：金属薄板制，三面将仪器围住挡风，内壁涂成黑色，高约 600mm。

(3) 加热源附有调节器的 1kW 电炉或燃气炉。

3. 方法与步骤

(1) 准备工作。

① 将试样杯用溶剂洗净、烘干，装置于支架上。加热板放在可调电炉上，如用燃气炉时，加热板距炉口约 50mm，接好可燃气管道或电源。

② 安装温度计，垂直插入试样杯中，温度计的水银球距杯底约 6.5mm，位置在与点火器相对一侧距杯边缘约 16mm 处。

③ 准备沥青试样后，注入试样杯中至标线处，并使试样杯其他部位不沾有沥青。

注：试样加热温度不能超过闪点以下 55℃。

④ 全部装置应置于室内光线较暗且无显著空气流通的地方，并用防风屏三面围护。

⑤ 将点火器转向一侧，试验点火，调节火苗在成标准球的形状或成直径为 (4±0.8)mm 的小球形试焰。

(2) 试验步骤。

① 开始加热试样，升温速度迅速地达到 14～17℃/min。待试样温度达到预期闪点前 56℃时，调节加热器降低升温速度，以便在预期闪点前 28℃时能使升温速度控制在 (5.5±0.5)℃/min。

② 试样温度达到预期闪点前 28℃时开始，每隔 2℃将点火器的试焰沿试验杯口中心以 150mm 半径作弧水平扫过一次；从试验杯口的一边至另一边所经过的时间约 1s。此时应确认点火器的试焰为直径 (4±0.8) mm 的火球，并位于坩埚口上方 2～2.5mm 处。

注：试验时不应对着试样杯呼气。

③ 当试样液面上最初出现一瞬间即灭的蓝色火焰，立即从温度计上读记温度，作为试样的闪点。

④ 继续加热，保持试样升温速度 (5.5±0.5)℃/min，并按上述操作要求用点火器点火试验。

⑤ 当试样接触火焰立即着火，并能继续燃烧不少于 5s 时，停止加热，并读记温度计上的温度，作为试样的燃点。

4. 试验结果

（1）同一试样至少平行试验两次，两次测定结果的差值不超过重复性试验允许误差 8℃时，取其平均值的整数作为试验结果。

（2）当试验时大气压在 95.3kPa（715mmHg）以下时，应对闪点或燃点的试验结果进行修正。当大气压为 95.3～84.5kPa（715～634mmHg）时，修正值增加 2.8℃；当大气压为 84.5～73.3kPa（634～500mmHg）时，修正值增加 5.5℃。

5. 允许误差

（1）重复性试验精度的允许误差为：闪点 8℃，燃点 8℃。

（2）再现性试验精度的允许误差为：闪点 16℃，燃点 14℃。

5.3 沥青混合料的技术性质和技术标准

沥青混合料是经人工合理选择级配组成的矿质混合料（包括碎石、石屑、砂和填料）与适量沥青材料，在一定温度下经拌和而成的高等级路面材料。其中粗细集料起骨架作用，沥青与填料起胶结填充作用。沥青混合料经摊铺、压实成型后成为沥青路面，是现代道路路面结构的主要材料形式之一。它具有优良的力学性能、良好的耐久性和抗滑性等特点，并便于分期修筑及再生利用，且修成的路面具有晴天少尘、雨天不泞、减振吸声、行车舒适等多方面优点。

5.3.1 沥青混合料概述

1. 沥青混合料的分类

从不同的角度看，沥青混合料有数种不同的分类方法。

（1）按胶凝材料种类分为石油沥青混合料和煤沥青混合料。

（2）按施工温度分为热拌热铺沥青混合料和常温沥青混合料。

（3）按空隙率大小分为密级配沥青混合料、开级配沥青混合料、半开级配沥青混合料。

（4）按矿质集料级配类型分为连续级配沥青混合料和间断级配沥青混合料。

（5）按矿料的最大粒径分为特粗式沥青混合料、粗粒式沥青混合料、中粒式沥青混合料、细粒式沥青混合料和砂粒式沥青混合料。

目前，我国在沥青路面中采用最多的类型是以石油沥青作为结合料，采用连续级配、空隙率为 3%～6%的密实式热拌热铺型沥青混凝土。

2. 沥青混合料结构类型

在以沥青作为胶结材料的沥青混合料中，由粗集料、细集料、矿粉（填料）组成一定类型的级配，其中粗集料分布在由细集料和沥青组成的沥青砂浆中，而细集料又分布在沥青与矿粉构成的沥青胶浆中，形成具有一定内摩阻力和黏聚力的多级空间网络结构。

由于各组成材料用量比例不同，压实后沥青混合料内部的矿料颗粒分布状态、剩余空隙率也会呈现出不同的特点，形成不同组成结构，而具有不同组成结构特点的沥青混合料在使用时则会表现出不同的性质，见图 5-8。

（1）悬浮密实结构。在采用连续密级配矿料配制的沥青混合料中，一方面，矿料的颗粒由大到小连续分布，并通过沥青胶结作用形成密实结构；另一方面，较大一级的颗粒只有留

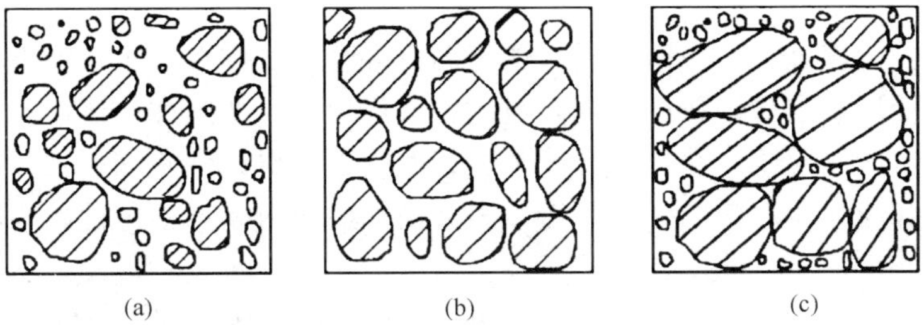

图 5-8 沥青混合料的典型组成结构
（a）悬浮密实结构；（b）骨架空隙结构；（c）骨架密实结构

出充足的空间才能容纳下一级较小的颗粒，这样粒径较大的颗粒就被较小一级的颗粒挤开，造成粗颗粒之间不能直接接触，也就不能相互支撑形成嵌挤骨架结构，而是彼此分离悬浮于较小颗粒和沥青胶浆中间。这样就形成了所谓悬浮密实结构的沥青混合料，在工程中常用的 AC 型密级配沥青混凝土就是这种结构的典型代表。

（2）骨架空隙结构。当采用连续开级配矿料与沥青组成沥青混合料时，由于矿料几乎大多集中在较粗的粒径上，所以粗粒径的颗粒可以相互接触，彼此相互支撑，形成嵌挤的骨架。但因含有很少的细颗粒，粗颗粒形成的骨架空隙无法填充，从而压实后在混合料中留下较多的空隙，形成所谓骨架空隙结构。工程实践中使用的沥青碎石混合料（AM）和排水沥青混合料（OGFC）是典型的骨架空隙型结构。

（3）骨架密实结构。当采用间断型密级配矿料与沥青组成沥青混合料时，由于矿料颗粒集中在级配范围的两端，缺少中间颗粒，所以一端的粗颗粒相互支撑嵌挤形成骨架，另一端较细的颗粒填充于骨架留下的空隙中间，使整个矿料结构呈现密实状态，形成所谓骨架密实结构。沥青玛𤧛脂碎石混合料（SMA）是一种典型的骨架密实型结构。

三种不同结构特点的沥青混合料，在路用性能上呈现不同的特点。其中骨架密实结构在沥青混合料中既有足够数量的粗集料形成骨架，对夏季高温防止沥青混合料变形，减缓车辙的形成起到积极的作用；同时又因具有数量合适的细集料以及沥青胶浆填充骨架空隙，形成高密实度的内部结构，不仅很好地提高了沥青混合料的抗老化性，而且在一定程度上还能减缓沥青混合料在冬季低温时的开裂现象。因而这种结构兼具了上述两种结构的优点，是一种优良的路用结构类型。

5.3.2 沥青混合料的技术性能

沥青混合料作为沥青路面材料，在使用过程中要承受行驶车辆荷载的反复作用以及环境因素的长期影响。因此，沥青混合料在具备一定的承载能力的同时，还必须具有良好的抵抗自然因素作用的耐久性，也就是说要能表现出足够的高温环境下的稳定性、低温状况下的抗裂性、良好的水稳定性、持久的抗老化性和利于安全的抗滑性等诸多技术特点，以保证沥青路面良好的服务功能。

1. 高温稳定性

沥青混合料的高温稳定性是指沥青混合料在高温（通常为 60℃）条件下，经车辆荷载长期重复作用后，不产生车辙和波浪等病害的性能。

对于沥青混合料的高温稳定性，通过马歇尔稳定度试验方法和车辙试验法进行测定和评价。

（1）马歇尔稳定度试验。该试验用来测定沥青混合料试样在一定条件下承受破坏荷载能力大小和承载时变形量多少。将沥青混合料制备成规定尺寸的圆柱体试件，试验时将试件横向置于两个半圆形的压模中，在规定温度和加载速度下，对试件施加压力，记录试件可承受的最大承载压力和与之相对应的变形，得出表征沥青混合料高温稳定性的马歇尔稳定度和流值指标。

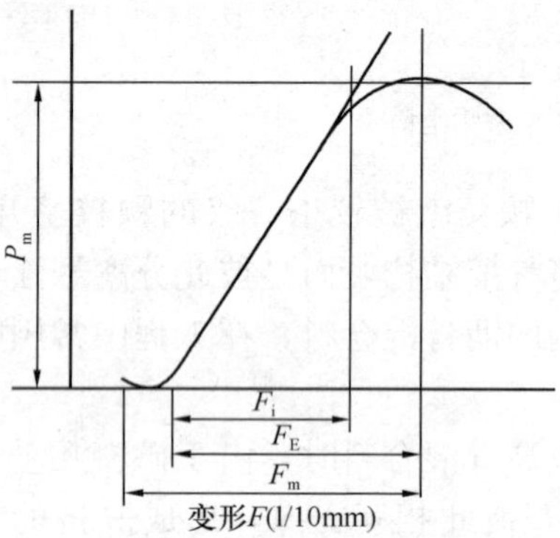

图 5-9　马歇尔试验曲线

稳定度是指试件受压至破坏时能承受的最大荷载（单位为 kN），而流值则是达到最大荷载时试件的垂直变形（单位为 mm）。

图 5-9 中纵坐标表示荷载，横坐标表示变形。曲线峰值对应的纵坐标位置就是马歇尔稳定度值，而变形量即流值有三个不同的结果。其中 F_m 表示总流值，F_E 表示中间流值，F_t 表示切线流值。中间流值作为所需流值。

（2）车辙试验：用模拟车辆轮胎在路面上行驶时所形成的车辙深度的多少，对沥青混合料高温稳定性进行评价的一种试验方法，见图 5-10。试验采用标准方法成型沥青混合料模型试件，在规定的试验温度和轮碾条件下，沿试件表面同一轨迹反复碾压行走，测定试件表面在试验过程中形成的车辙深度。以每产生 1mm 车辙变形所需要的碾压次数（称之为动稳定度）作为评价沥青混合料抗车辙能力大小的指标。动稳定度值越大，相应沥青混合料的高温稳定性越好。

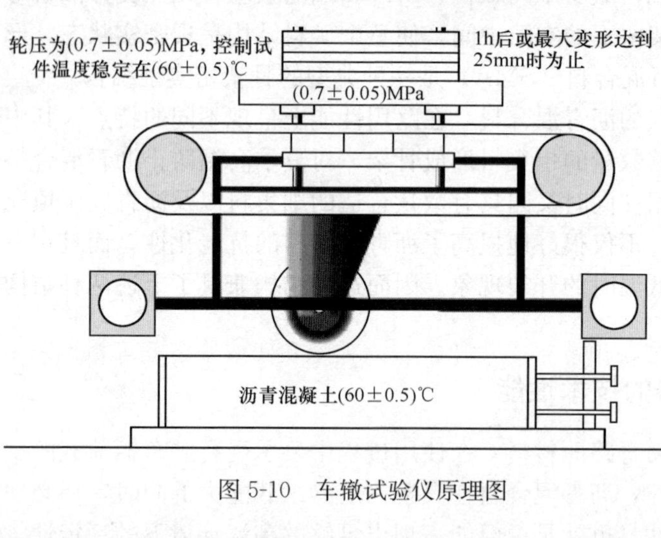

图 5-10　车辙试验仪原理图

这两种评价沥青混合料高温稳定性的方法各有特点，马歇尔试验设备简单、操作容易，是公路工程领域长期以来主要的试验方法。但多年应用表明，用马歇尔试验指标评价沥青混合料的高温性能存在一定的局限性，它不能确切反映沥青混合料永久变形产生的机理，与沥青路面的抗车辙能力相关性不好。实践证明，即使马歇尔稳定度和流值都满足技术要求，仍有相当一部分沥青混合料难以避免沥青路面出现车辙。而车辙试验效果在很大程度上改善了马歇尔方法的不足，试验结果与沥青路面车辙深度之间有良好的相关性，较真实地反映了沥青混合料抗车辙形成能力的大小，不足之处是试验设备较复杂。

2. 低温抗裂性

与高温变形相对应，冬季低温时沥青混合料将产生体积收缩，但在周围材料的约束下，沥青混合料不能自由收缩，从而在结构层内部产生温度应力。沥青材料具有一定的应力松弛能力，当降温速率较为缓慢时，所产生的温度应力会随时间逐渐松弛减小，不会对沥青路面产生明显的消极影响。但当气温骤降时，这时产生的温度应力就来不及松弛，当温度应力超过沥青混合料允许应力值时，沥青混合料被拉裂，导致沥青路面出现裂缝造成路面的破坏。因此，要求沥青混合料应具备一定的低温抗裂性能，即要求沥青混合料具有较高的低温强度或较大的低温变形能力。

目前，用于研究和评价沥青混合料低温性能方法可分为预估沥青混合料的开裂温度、评价沥青混合料的低温变形能力或应力松弛能力和评价沥青混合料断裂能力等。现行规范要求采用沥青混合料低温弯曲试验，通过低温破坏强度、破坏应变和破坏劲度模量等指标评价沥青混合料的低温性能。

3. 耐久性

耐久性是指沥青混合料在使用过程中抵抗环境不利因素的能力及承受行车荷载反复作用的能力，主要包括沥青混合料的抗老化性、水稳定性、抗疲劳性等。沥青混合料的老化主要是受到空气中氧、水、紫外线等因素的作用，引发沥青材料多种复杂的物理化学变化，逐渐使沥青变硬、发脆，最终导致沥青老化，产生裂纹或裂缝等与老化有关的病害。水稳定性问题是因为水的影响，促使沥青从集料表面剥离而降低沥青混合料的黏结强度，最终造成混合料松散被车轮带走，形成大小不等的坑槽等水损害现象。

影响沥青混合料耐久性的因素很多，一个很重要的因素是沥青混合料的空隙率。沥青混合料中的空隙率小，环境中易造成老化因素介入的机会就少，因此，从耐久性考虑，希望沥青混合料空隙率尽可能的小一些。但沥青混合料中还必须留有一定的空隙，以备夏季沥青材料的膨胀变形之需。另外，沥青含量的多少也是影响沥青混合料耐久性的一个重要因素。当沥青用量较正常用量减少时，沥青膜变薄，则混合料的延伸能力降低，脆性增加。同时因沥青用量偏少，混合料空隙率增大，沥青暴露于不利环境因素的可能性加大，加速老化，同时还增加了水侵入的机会，造成水损害。

综上所述，我国现行规范采用空隙率、饱和度和残留稳定度等指标来表征沥青混合料的耐久性。

4. 抗滑性

随着现代高速公路的发展，对沥青混合料路面的抗滑性提出更高的要求。我国现行标准对抗滑层集料提出了磨光值、道瑞磨耗值和冲击值等三项指标。沥青路面的抗滑能力与沥青混合料的粗糙度、级配组成、沥青用量和矿质集料的微表面性质等因素有关。面层集料应选用质地坚硬具有棱角的碎石。适当增大集料粒径、减少一些沥青用量及严格控制沥青的含蜡量等措施，均可提高路面的抗滑性。同时，沥青用量超过最佳用量的 0.5％就会使沥青路面的抗滑性指标有明显降低，所以对沥青路面表层的沥青用量要严格控制。

测定路面抗滑性的指标有路面摩擦系数和构造深度。摩擦系数和构造深度越大，说明路面的抗滑性越好。

5. 施工和易性

沥青混合料应具备良好的施工和易性。在施工中，尽可能使沥青混合料的集料颗粒以设计级配要求的状态分布，集料表面被沥青膜完整覆盖，并能被压实到规定的密实程度，这是保证沥青混合料实现上述路用性能的必要条件。影响沥青混合料施工和易性的因素首先是材料组成。当组成材料确定后，矿料级配和沥青用量都会对和易性产生一定影响。如采用间断级配的矿料，当粗细集料颗粒尺寸相差过大，缺乏中间尺寸颗粒时，沥青混合料容易离析。当沥青用量过少时，混合料疏松且不易压实；但当沥青用量过多时，则容易使混合料黏结成团，不易摊铺。另一个影响和易性的因素是施工条件的控制。例如施工时的温度控制，如温度不够，沥青混合料就难以拌和充分，而且不易达到所需的压实度；但温度偏高，则会引起沥青老化，严重时将会明显影响沥青混合料的路用性能，所以要求沥青混合料必须具有良好的施工和易性，保证施工质量。

5.3.3 热拌沥青混合料的技术标准

我国现行行业标准《公路沥青路面施工技术规范》（JTG F40—2004）针对各种沥青混合料分别提出了不同的技术标准。表 5-4 是常用密级配沥青混凝土混合料采用马歇尔方法时的技术标准。该标准根据道路等级、交通荷载和气候状况等因素提出不同的要求，其中包括稳定度、流值、空隙率、矿料间隙率和沥青饱和度等指标。

表 5-4 密级配沥青混凝土混合料马歇尔试验技术标准

试验指标		高速公路、一级公路				其他等级公路	行人道路
		夏炎热区（1-1、1-2、1-3、1-4 区）		夏热区及夏凉区（2-1、2-2、2-3、2-4、3-2 区）			
		中轻交通	重载交通	中轻交通	重载交通		
击实次数（次）（双面）		75				50	50
试件尺寸（mm）		ϕ101.6×63.5					
空隙率 VV（%）	深约 90mm 以内（%）	3～5	4～6	2～4	3～5	3～6	2～4
	深约 90mm 以下（%）	3～6		2～4	3～6	3～6	—
稳定度 MS（kN），不小于		8				5	3
流值 FL（mm）		2～4	1.5～4	2～4.5	2～4	2～4.5	2～5
矿料间隙率 VMA（%），不小于	设计空隙率（%）	相应于以下公称最大粒径（mm）的最小 VMA 及 VFA 技术要求（%）					
		26.5	19	16	13.2	9.5	4.75
	2	10	11	11.5	12	13	15
	3	11	12	12.5	13	14	16
	4	12	13	13.5	14	15	17
	5	13	14	14.5	15	16	18
	6	14	15	15.5	16	17	19
沥青饱和度 VFA（%）		55～70	65～75			70～85	

5.4　沥青混合料试验检测方法

5.4.1　沥青混合料取样方法

1. 试验目的

用于拌和厂及道路施工现场采集热拌沥青混合料或常温沥青混合料试样，供施工过程中的质量检验或在实验室测定沥青混合料的各项物理力学性质。

2. 试验仪器与材料

（1）铁锹。

（2）手铲。

（3）搪瓷盘或其他金属盛样容器、塑料编织袋。

（4）温度计：量程 0～300℃，分度值为 1℃。宜采用有金属插杆的插入式数显温度计，金属插杆的长度应不小于 150mm。

（5）其他：标签、溶剂（汽油）、棉纱等。

3. 试验方法与步骤

（1）确定取样数量。取样数量应符合下列要求：

① 试样数量根据试验目的确定，宜不少于试验用量的 2 倍。按现行规范规定进行沥青混合料试验的每一组代表性取样见表 5-5。平行试验应加倍取样。在现场取样直接装入试模成型时，也可等量取样。

② 取样材料用于仲裁试验时，取样数量除应满足上述方法规定外，还应保留一份有代表性的试样，直到仲裁结束。

表 5-5　常用沥青混合料试验项目的样品数量

试验项目	目　的	最少试样量（kg）	取样量（kg）
马歇尔试验、抽提筛分	施工质量检验	12	20
车辙试验	高温稳定性检验	40	60
浸水马歇尔试验	水稳定性检验	12	20
冻融劈裂试验	水稳定性检验	12	20
弯曲试验	低温性能检验	15	25

（2）取样方法。沥青混合料取样应是随机的，并具有充分代表性。用以检查拌和质量（如油石比、矿料级配）时，应从拌和机一次放料的下方或提升斗中取样，不得多次取样混合后使用。用以评定混合料质量时，必须分几次取样，拌和均匀后作为代表性试样。对热拌沥青混合料每次取样时，都必须用温度计测量温度，准确至 1℃。

① 在沥青混合料拌和厂取样。在拌和厂取样时，宜用专用的容器（一次可装 5～8kg）装在拌和机卸料斗下方，每放一次料取一次样，顺次装入试样容器中，每次倒在清扫干净的平板上，连续几次取样，混合均匀，按四分法取样至足够数量。

② 在沥青混合料运料车上取样。在运料汽车上取沥青混合料样品时，宜在汽车装料一

半后，分别用铁锹从不同方向的 3 个不同高度处取样，然后混在一起用手铲适当拌和均匀，取出规定数量。在施工现场的运料车上取样时，应在卸料一半后从不同方向取样，样品宜从 3 辆不同的车上取样混合使用。

③ 在道路施工现场取样。在道路施工现场取样时，应在摊铺后未碾压前，摊铺宽度两侧的 1/2～1/3 位置处取样，用铁锹取该摊铺层的料。每摊铺一车料取一次样，连续 3 车取样后，混合均匀按四分法取样至足够数量。

（3）常温条件下取样。

① 乳化沥青常温混合料试样的取样方法与热拌沥青混合料相同，但宜在乳化沥青破乳水分蒸发后装袋，对袋装常温沥青混合料亦可直接从储存的混合料中随机取样。取样袋数不少于 3 袋，使用时将 3 袋混合料倒出做适当拌和，按四分法取出规定数量试样。

② 液体沥青常温沥青混合料的取样方法同上。当用汽油稀释时，必须在溶剂挥发后方可封袋保存；当用煤油或柴油稀释时，可在取样后即装袋保存，保存时应特别注意防火安全。其余与热拌沥青混合料相同。

③ 从碾压成型的路面上取样时，应随机选取 3 个以上不同地点，钻孔、切割或刨取该层混合料。需重新制作试件时应加热拌匀按四分法取样至足够数量。

（4）试样的保存与处理。

① 热拌热铺的沥青混合料试样需送至中心实验室或质量检测机构做质量评定，由于二次加热会影响试验结果（如车辙试验）时，必须在取样后趁高温立即装入保温桶内，送实验室立即成型试件，试件成型温度不得低于规定要求。

② 热混合料需要存放时，可在温度下降至 60℃后装入塑料编织袋内，扎紧袋口，并宜低温保存，应防止潮湿、淋雨等，且时间不要太长。

③ 在进行沥青混合料质量检验或进行物理力学性质试验时，由于采集的热拌混合料试样温度下降或稀释沥青溶剂挥发而结成硬块已不符合试验要求时，宜用微波炉或烘箱适当加热重塑，且只允许加热一次，不得重复加热。用微波炉加热沥青混合料时不得使用金属容器和带有金属的物件。沥青混合料的加热温度以达到符合压实温度要求为度，控制最短的加热时间，通常用烘箱加热时不宜超过 4h。

（5）样品的标记。

① 取样后当场试验时，可将必要的项目一并记录在试验记录报告上。此时，试验报告必须包括取样时间、地点、混合料温度、取样数量、取样人等栏目。

② 取样后转送实验室试验或存放后用于其他项目试验时应附着样品标签，样品标签应记载下列事项：

a. 工程名称、拌和厂名称及拌和机型号。

b. 样品概况：包括沥青混合料种类及摊铺层次、沥青品种、标号、矿料种类、取样时混合料温度及取样位置或用以摊铺的路段桩号等。

c. 试样数量及试样单位。

d. 取样人、取样日期。

e. 取样目的或用途。

f. 其他应予注明的事项。

5.4.2　沥青混合料试件制作方法

1. 试验目的

采用标准击实法或大型击实法制作沥青混合料试件，用于进行马歇尔稳定度试验和进行劈裂强度试验，以供实验室进行沥青混合料物理力学性质试验使用。

2. 试验仪器与材料

（1）实验室用沥青混合料拌和机：要求能保证拌和温度并充分拌和均匀，可控制拌和时间，容量不少于 10L。

（2）标准击实仪：击实仪由击实锤、压实头和导向棒组成，分为标准击实仪和重型击实仪两类。

（3）试模：由高碳钢或工具钢制成。

（4）脱模器：电动或手动，可无破损地推出圆柱体试件。

（5）烘箱：大、中型各一台，装有温度调节器。

（6）天平或电子秤：用于称量矿料的，感量不大于 0.5g；用于称量沥青的，感量不大于0.1g。

（7）温度计：分度值为 1℃，量程为 0～300℃。

（8）其他：电炉或煤气炉、沥青熔化锅、拌和铲、标准筛、滤纸（或普通纸）、胶布、卡尺、秒表、粉笔、棉纱等。

3. 试验方法与步骤

（1）基本要求。

① 实验室沥青混合料试件制作时的条件与试件数量应符合如下规定：当集料公称最大粒径不大于 26.5mm 时，采用标准击实法；一组试件的数量不少于 4 个。当集料公称最大粒径大于 26.5mm 时，宜采用大型击实法；一组试件的数量不少于 6 个。

② 确定制作沥青混合料试件的拌和与压实温度。

根据沥青的黏度绘制黏-温曲线。按表 5-6 的要求确定适宜于沥青混合料拌和及压实的等黏温度。

表 5-6　沥青混合料拌和及压实的等黏温度

沥青结合料种类	黏度与测定方法	适宜于拌和的沥青结合料黏度	适宜于压实的沥青结合料黏度
石油沥青	表观黏度，T 0625	(0.17±0.02)Pa·s	(0.28±0.03)Pa·s

注：液体沥青混合料的压实成型温度按石油沥青要求执行。

当缺乏沥青黏度测定条件时，试件的拌和与压实温度可参照表 5-7 选用，并根据沥青品种和标号做适当调整。对改性沥青，应根据改性剂的品种和用量，适当提高混合料的拌和和压实温度；对大部分聚合物改性沥青，需要在基质沥青的基础上提高 10～20℃；掺加纤维时，尚需再提高 10℃左右。

表 5-7　沥青混合料拌和及压实温度参考表

沥青结合料种类	拌和温度（℃）	压实温度（℃）
石油沥青	140～160	120～150
改性沥青	160～175	140～170

（2）成型准备工作。

① 将各种规格的矿料置（105±5）℃的烘箱中烘干至恒重（一般不少于 4～6h）。根据需要，粗集料可先用水冲洗干净后烘干，也可将粗细集料过筛后用水冲洗再烘干备用。

② 将烘干分级的粗细集料按每个试件设计级配要求称其质量，在一金属盘中混合均匀，矿粉单独加热，置烘箱中预热至沥青拌和温度以上约 15℃（采用石油沥青时通常为 163℃，采用改性沥青时通常需 180℃）备用。一般按一组试件（每组 4～6 个）备料，但进行配合比设计时宜对每个试件分别备料。常温沥青混合料的矿料不应加热。

（3）拌制沥青混合料（以黏稠石油沥青为例）。

① 用蘸有少许黄油的棉纱擦净试模、套筒及击实座等，置于 100℃左右烘箱中加热 1h 备用。常温沥青混合料用试模不加热。

② 将沥青混合料拌和机预热至拌和温度以上 10℃左右备用。

③ 将每个试件预热的粗细集料置于拌和机中，用小铲子适当混合；然后加入需要数量的已加热至拌和温度的沥青（如沥青已称量在一专用容器内时，可在倒掉沥青后用一部分热矿粉将粘在容器壁上的沥青擦拭一起倒入拌和锅中），开动拌和机，一边搅拌一边将拌和叶片插入混合料中拌和 1～1.5min；暂停拌和，加入单独加热的矿粉，继续拌和至均匀为止，并使沥青混合料保持在要求的拌和温度范围内。标准的总拌和时间为 3min。

（4）试件成型。

① 将拌好的沥青混合料用小铲子适当拌和均匀，称取一个试件所需的用量（标准马歇尔试件约 1200g，大型马歇尔试件约 4050g）。当一次拌和几个试件时，宜将其倒入经预热的金属盘上，用小铲拌和均匀分成几份，分别取用。在试件制作过程中，为防止混合料温度下降，应连盘放在烘箱中保温。

② 从烘箱中取出预热试模及套筒，用蘸有少许黄油的棉纱擦拭套筒、底座及击实锤底面，将试模装在底座上，放一张圆形的吸油性小的纸，用小铲将混合料铲入试模中，用插刀或大螺丝刀沿周边插捣 15 次，中间 10 次。插捣后将沥青混合料表面整平。对大型击实法的试件，混合料分两次加入，每次插捣次数同上。

③ 插入温度计，至混合料中心附近，检查混合料温度。

④ 待混合料温度符合要求的压实温度后，将试模连同底座一起放在击实台上固定。在装好的混合料上面垫一张吸油性小的圆纸，再将装有击实锤及导向棒的压实头插入试模中。开动电机，使击实锤从 457mm 的高度自由落下击实规定的次数（75 次或 50 次）。对大型试件，击实次数为 75 次或 112 次。

⑤ 试件击实一面后，取下套筒，将试模翻面，装上套筒，然后以同样的方式和次数击实另一面。

⑥ 试件击实结束后，立即用镊子取掉下面的垫纸，用卡尺量取试件离试模上口的高度并由此计算试件高度。如高度不符合要求时，试件应作废，并调整试件的混合料数量，保证高度符合（63.5±1.3)mm（标准试件）或（95.3±2.5)mm（大型试件）的要求。调整后混合料质量＝要求试件的高度×原用混合料质量/所得试件的高度。

⑦ 卸去套筒和底座，将装有试件的试模横向放置冷却至室温后（不少于 12h），置脱膜机上脱出试件。将试件仔细置于干燥洁净的平面上，供试验用。

5.4.3　沥青混合料马歇尔稳定度试验

1. 试验目的

测定沥青混合料的稳定度和流值，表征其高温时的抗变形能力。根据沥青混合料的力学指标（稳定度和流值）和物理常数（密度、空隙率和沥青饱和度等），以及水稳定性（残留稳定度）和车辙（动稳定度）试验，确定沥青混合料的配合比设计或沥青路面施工质量检验。

2. 试验仪具

（1）沥青混合料马歇尔试验仪：可采用符合行业标准《马歇尔稳定度试验仪》（JT/T 119—2006）技术要求的产品，也可采用带数字显示或用 X-Y 记录仪记录荷载-位移曲线的自动马歇尔试验仪。试验仪最大荷载不小于 25kN，测定精度 100N。

（2）恒温水槽：能保持水温于测定温度 1℃的水槽，深度不小于 150mm。

（3）真空饱水容器：由真空泵和真空干燥器组成。

（4）烘箱。

（5）天平：感量不大于 0.1g。

（6）温度计：分度值为 1℃。

（7）卡尺或试件高度测定器。

（8）其他：棉纱、黄油。

3. 试验方法与步骤

（1）准备工作。

① 制备符合要求的马歇尔试件，一组试件的数量最少不得少于 4 个。

② 量测试件的直径和高度。用卡尺测量试件中部的直径，用马歇尔试件高度测定器或卡尺在十字对称的 4 个方向量测离试件边缘 10mm 处的高度，准确至 0.1mm，并以其平均值作为试件的高度。如试件高度不符合（63.5±1.3)mm 或（95.3±2.5)mm 要求或两侧高度差大于 2mm 时，此试件应作废。

③ 将恒温水槽调节至要求的试验温度，对黏稠石油沥青混合料为（60±1)℃，对煤沥青混合料为（33.8±1)℃。

（2）试验步骤。

① 将试件置于已达规定温度的恒温水槽中保温，保温时间对马歇尔试件需 30～40min，对大型马歇尔试件需 45～60min。试件之间应有间隔，底下应垫起，离水槽底部不小于 5cm。

② 马歇尔试验仪的上下压头放入水槽中达到同样的温度，将上下压头从水槽（或烘箱）中取出拭干净内面。为使上下压头滑动自如，可在下压头的导棒上涂少量黄油，再将试件取出置于下压头上，盖上上压头，然后装在加载设备上。

③ 在上压头的球座上放妥钢球，并对准荷载测定装置的压头。

④ 当采用自动马歇尔试验仪时，将马歇尔试验仪的压力传感器、位移传感器与计算机或 X-Y 记录仪正确连接，调整好适宜的放大比例，压力和位移传感器调零。

⑤ 当采用压力环和流值计时，将流值计安装于导棒上，使导向套管轻轻地压住上压头，同时将流值计读数调零。调整压力环中百分表，对零。

⑥ 启动加载设备，使试件承受荷载，加载速度为（50±5）mm/min。计算机或 X-Y 记录仪自动记录传感器压力和试件变形曲线并将数据存入计算机。

⑦ 当试验荷载达到最大值的瞬间，取下流值计，同时读取压力环中百分表读数和流值计的流值读数。

⑧ 从恒温水槽中取出试件至测出最大荷载值的时间，不应超过 30s。

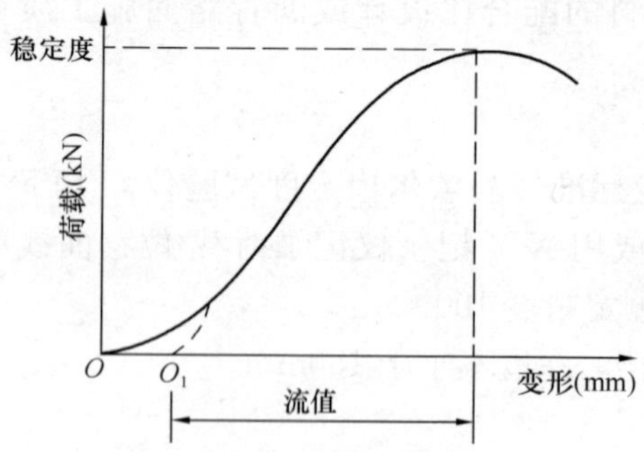

图 5-11 马歇尔试验结果的修正方法

4. 试验结果和计算

（1）稳定度及流值。

① 当采用自动马歇尔试验仪时，将计算机采集的数据绘制成压力和试件变形曲线，或由 X-Y 记录仪自动记录的荷载-变形曲线，按图 5-11 所示方法在切线方向延长曲线与横坐标相交于 O_1，将 O_1 作为修正原点，从 O_1 起量取相应于荷载最大值时的变形作为流值（FL），以 mm 计，准确至 0.1mm。最大荷载即为稳定度（MS），以 kN 计，准确至 0.01kN。

② 采用压力环和流值计测定时，根据压力环标定曲线，将压力环中百分表的读数换算为荷载值，或者由荷载测定装置读取的最大值即为试样的稳定度（MS），以 kN 计，准确至 0.01kN。由流值计及位移传感器测定装置读取的试件垂直变形，即为试件的流值（FL），以 mm 计，准确至 0.1mm。

（2）试件的马歇尔模数（T）按式（5-8）计算：

$$T = \mathrm{MS}/\mathrm{FL} \tag{5-8}$$

式中 MS——稳定度（kN）；

FL——流值（mm）。

5. 试验结果报告

（1）当一组测定值中某个测定值与平均值之差大于标准差的 k 倍时，该测定值应予舍弃，并以其余测定值的平均值作为试验结果。当试验数 n 为 3、4、5、6 时，k 值分别为 1.15、1.46、1.67、1.82。

（2）报告马歇尔稳定度、流值、马歇尔模数以及试件的尺寸、密度、空隙率、沥青用量、沥青体积百分率、沥青饱和度、矿料间隙率等各项物理指标。

5.4.4 沥青混合料车辙试验方法

1. 试验目的

用沥青混合料车辙试验测定动稳定度。动稳定度是评价沥青混凝土路面高温稳定性的一个指标，也是沥青混合料配合比设计时的一个辅助性检验指标。

2. 试验仪具

（1）车辙试验机（图 5-12）。它主要由下列部分组成：

① 试件台：可牢固地安装两种宽度（300mm 和 150mm）规定尺寸试件的试模。

② 试验轮：橡胶制的实心轮胎，采用曲柄连杆驱动加载轮往返运行方式。

③ 加载装置：使试验轮与试件的接触压强在 60℃时为（0.7±0.05）MPa，施加的总荷

载为 780N 左右，根据需要可以调整接触压强大小。

④ 试模：钢板制成，由底板及侧板组成。试模内侧尺寸长为 300mm，宽为 300mm，厚为 50～100mm，也可根据需要对厚度进行调整。

⑤ 变形测量装置：自动检测车辙变形并记录曲线的装置，通常用位移传感器 LVDT 或非接触位移计。

⑥ 温度检测装置：自动检测并记录试件表面及恒温室内温度的温度传感器，精度为 0.5℃。温度应能自动连续记录。

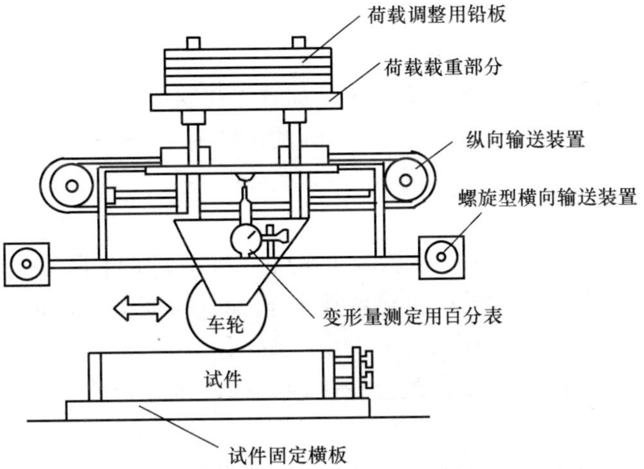

图 5-12　车辙试验机示意

（2）恒温室：车辙试验机必须整机放在恒温室内，装有加热器、气流循环装置及自动温度控制设备，同时恒温室还应有至少能保温 3 块试件并进行试验的条件。保持恒温室温度 (60±1)℃［试件内部温度 (60±0.5)℃］，根据需要也可为其他需要的温度。

（3）台秤：称量 15kg，感量不大于 5g。

3. 试验方法与步骤

（1）测定试验轮压强应符合 (0.7±0.05)MPa，将试件装于原试模中。

（2）将试件连同试模一起置于达到试验温度 (60±1)℃的恒温室中，保温不少于 5h，也不得超过 12h。在试件的试验轮不行走的部位上粘贴一个热电偶温度计，控制试件温度稳定在 (60±0.5)℃。

（3）将试件连同试模置于车辙试验机的试件台上，试验轮在试件的中央部位，其行走方向须与试件碾压方向一致。开动车辙变形自动记录仪，然后启动试验机，使试验轮往返行走，时间约 1h 或最大变形达到 25mm 时为止。试验时，记录仪自动记录变形曲线及试件温度。

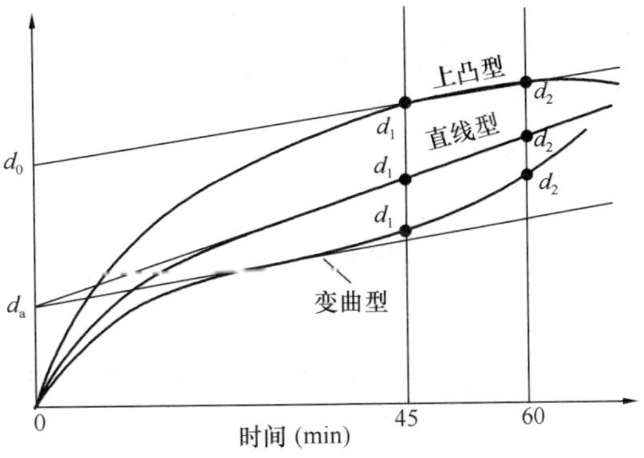

图 5-13　车辙试验自动记录的变形曲线

4. 结果计算

（1）从图 5-13 上读取 45min（t_1）与 60min（t_2）时的车辙变形 d_1、d_2，精确

至 0.01mm。

当变形过大，在未到 60min 变形已达 25mm 时，则以达到 25mm(d_2) 时的时间为 t_2，将其前 15min 为 t_1，此时的变形量为 d_1。

(2) 计算沥青混合料试件的动稳定度 (DS)，其计算公式如下：

$$DS=\frac{(t_2-t_1)\times N}{d_2-d_1}\times C_1\times C_2 \tag{5-9}$$

式中 DS——沥青混合料的动稳定度（次/mm）；

d_1——对应于时间 t_1 的变形量（mm）；

d_2——对应于时间 t_2 的变形量（mm）；

C_1——试验机类型系数，曲柄连杆驱动加载轮往返运行方式为 1.0；

C_2——试件系数，实验室制备宽 300mm 的试件为 1.0；

N——试验轮往返碾压速度，通常为 42 次/min。

5. 说明

(1) 同一沥青混合料，至少平行试验 3 个试件。当 3 个试件的动稳定度变异系数不大于 20%时，取其平均值作为试验结果；变异系数大于 20%时应分析原因，并追加试验。如计算动稳定值大于 6000 次/mm，记作：>6000 次/mm。

(2) 试验报告应注明试验温度、试验轮接地压强、试件密度、空隙率以及试件制作方法等。

(3) 精密度或允许误差：重复性试验动稳定变异系数不大于 20%。

5.4.5 沥青与矿料的黏附性试验方法

1. 试验目的

(1) 沥青与矿料的黏附性试验是根据沥青黏附在粗集料表面的薄膜在一定温度下受水的作用产生剥离的程度，以判断沥青与集料表面的黏附性能。

(2) 本试验方法适用于测定沥青与矿料的黏附性及评定集料的抗水剥离能力。对最大粒径大于 13.2mm 的集料应用水煮法进行试验，对最大粒径小于或等于 13.2mm 的集料应用水浸法进行试验。对同一种料源集料最大粒径既有大于又有小于 13.2mm 的集料时，取大于 13.2mm 水煮法试验为标准，对细粒式沥青混合料以水浸法试验为标准。

2. 仪具与材料

(1) 天平：称量 500g，感量不大于 0.01g。

(2) 恒温水槽：能保持温度 (80±1)℃。

(3) 拌和用小型容器：500mL。

(4) 烧杯：1000mL。

(5) 试验架。

(6) 细线：尼龙线或棉线、铜丝线。

(7) 铁丝网。

(8) 标准筛：方孔筛 9.5mm、13.2mm、19mm 各 1 个。

(9) 烘箱：装有自动温度调节器。

(10) 电炉、燃气炉。

（11）其他：玻璃板、搪瓷盘、拌和铲、石棉网、纱布、手套等。

3. 水煮法试验方法

（1）准备工作。

① 将集料过 13.2mm、19mm 筛，取粒径 13.2～19mm、形状接近立方体的规则集料 5 个，用洁净水洗净，置于温度为（105±5）℃的烘箱中烘干，然后放在干燥器中备用。

② 将大烧杯中盛水，并置加热炉的石棉网上煮沸。

（2）试验步骤。

① 将集料逐个用细线在中部系牢，再置于（105±5）℃烘箱内 1h。按《公路工程沥青及沥青混合料试验规程》（JTG E20—2011）T 0602 的要求准备沥青试样。

② 逐个用线提起加热的矿料颗粒，浸入预先加热的沥青（石油沥青 130～150℃）试样中 45s 后，轻轻拿出，使集料颗粒完全为沥青膜所裹覆。

③ 将裹覆沥青的集料颗粒悬挂于试验架上，下面垫一张纸，使多余的沥青流掉，并在室温下冷却 15min。

④ 待集料颗粒冷却后，逐个用线提起，浸入盛有煮沸水的大烧杯中央，调整加热炉，使烧杯中的水保持微沸状态，但不允许有沸开的泡沫。

⑤ 浸煮 3min 后，将集料从水中取出，适当冷却，然后放入一个盛有常温水的纸杯容器中，在水中观察矿料颗粒上沥青膜的剥落程度，评定其黏附性等级，见表 5-8。

表 5-8　沥青与集料黏附性的等级评定

试验后集料表面上沥青膜剥落情况	黏附等级
沥青膜完全保存，剥离面积百分率接近于 0	5
沥青膜少部分被水所移动，厚度不均匀，剥离面积百分率少于 10%	4
沥青膜局部明显地被水所移动，基本保留在集料表面，剥离面积百分率少于 30%	3
沥青膜大部分被水所移动，局部保留在集料表面，剥离面积百分率大于 30%	2
沥青膜完全被水所移动，集料基本裸露，沥青全部浮在水面	1

⑥ 同一试样应平行试验 5 个集料颗粒，并由两名以上经验丰富的试验人员分别评定后，取平均等级作为试验结果。

4. 水浸法试验方法

（1）准备工作。

① 将集料过 9.5mm、13.2mm 筛，取粒径 9.5～13.2mm、形状规则的集料 200g 用洁净水洗净，并置温度为（105±5）℃的烘箱中烘干，然后放在干燥器中备用。

② 按《公路工程沥青及沥青混合料试验规程》（JTG E20—2011）T 0602 的要求准备沥青试样，加热至要求的拌和温度。

③ 将煮沸过的热水注入恒温水槽中，并维持温度（80±1）℃。

（2）试验步骤。

① 按四分法称取集料颗粒（9.5～13.2mm）100g 置搪瓷盘中，连同搪瓷盘一起放入已升温至沥青拌和温度以上 5℃的烘箱中持续加热 1h。

② 按每 100g 集料加入沥青（5.5±0.2）g 的比例称取沥青，准确至 0.1g。放入小型拌和容器中，一起置入同一烘箱中加热 15min。

③ 将搪瓷盘中的集料倒入拌和容器的沥青中后，从烘箱中取出拌和容器，立即用金属铲均匀拌和 1～1.5min，使集料完全被沥青膜裹覆；然后立即将裹有沥青的集料取 20 个，用小铲移至玻璃板上摊开，并置室温下冷却 1h。

④ 将放有集料的玻璃板浸入温度为（80±1)℃的恒温水槽中，保持 30min，并将剥离及浮于水面的沥青用纸片捞出。

⑤ 由水中小心取出玻璃板，浸入水槽内的冷水中，仔细观察裹覆集料的沥青薄膜的剥落情况。由两名以上经验丰富的试验人员分别目测，评定剥离面积的百分率，评定后取平均值。

5. 报告

试验结果应报告采用的方法及集料粒径。

5.5 热拌沥青混合料配合比组成设计

5.5.1 沥青混合料组成材料的技术要求

沥青混合料的技术性质取决于组成材料的性质、合适的配合比例以及合理的拌和施工工艺，其中组成材料自身质量是沥青混合料技术性质保证的基础。

1. 沥青

沥青路面所用沥青标号应根据气候条件和沥青混合料类型、道路等级、交通性质、路面类型、施工方法以及当地使用经验等因素，经技术论证后确定。针对气候环境条件选择黏稠性合适的沥青，是沥青混合料配合比设计过程中的重要一步。通常在较热的气候区，针对较繁重的交通，使用细粒式或砂粒式的混合料应选用稠度较高的沥青。同样，对于渠化交通的道路，或位于路面顶层的沥青混合料也应选择稠度较高的沥青。采用稠度较低的沥青所配制的混合料在低温时具有较好的变形能力，有益于减缓路面裂缝的形成。但在夏季高温时往往会由于热稳定性不足使沥青路面产生较大的变形。为此，在选择沥青等级时，必须考虑环境温度对沥青混合料的影响作用。

2. 粗集料

（1）粗集料的物理力学性质要求。沥青混合料用粗集料，可以采用碎石、破碎砾石、筛选砾石、矿渣等。用于高速公路、一级公路、城市快速道路、主干路沥青路面表层的粗集料应该选用坚硬、耐磨、抗冲击性好的碎石或破碎砾石，不得使用筛选砾石、矿渣以及软质集料。粗集料应该洁净、干燥、表面粗糙、形状接近立方体，且无风化、不含杂质，并具有足够的强度、耐磨耗性。沥青混合料用粗集料的质量应符合表 5-9 的要求。

表 5-9 沥青混合料用粗集料的质量要求

指标	高速公路及一级公路		其他等级公路	试验方法
	表面层	其他层次		
石料压碎值（%），不大于	26	28	30	T 0316
洛杉矶磨耗损失（%），不大于	28	30	35	T 0317
表观相对密度（t/m³），不小于	2.60	2.50	2.45	T 0304
吸水率（%），不大于	2.0	3.0	3.0	T 0304

续表

指标	高速公路及一级公路		其他等级公路	试验方法
	表面层	其他层次		
坚固性（%），不大于	12	12	—	T 0314
针片状颗粒含量（混合料）（%），不大于 其中颗粒大于 9.5mm（%），不大于 其中颗粒小于 9.5mm（%），不大于	15 12 18	18 15 20	20 — —	T 0312
水洗法＜0.075mm 颗粒含量（%），不大于	1	1	1	T 0310
软石含量（%），不大于	3	5	5	T 0320

注：1. 坚固性试验可根据需要进行。

2. 用于高速公路、一级公路时，多孔玄武岩的表观密度可放宽至 2.45t/m³，吸水率可放宽至 3%，但必须得到建设单位的批准，且不得用于 SMA 路面。

3. 对于 S14 即 3～5 规格的粗集料，针片状颗粒含量可不予要求，小于 0.075mm 含量可放宽到 3%。

（2）集料与沥青的黏附性要求。在高速公路、一级公路、城市快速路和主干路沥青路面中，需要使用坚硬的粗集料，当使用花岗岩、石英岩等酸性岩石轧制的粗集料时，若达不到表面对粗集料与沥青黏附性等级的要求，必须采取抗剥落措施。工程中常用的抗剥落方法包括：使用高黏度沥青；在沥青中掺加抗剥落剂；用干燥的生石灰、消石灰粉或水泥作为填料的一部分；将粗集料用石灰浆处理后使用等。

（3）粗集料的粒径规格。粗集料的粒径规格应按表 5-10 进行生产和选用。如某一档粗集料的规格不符合表 5-10 的规定，但确认与其他集料配后合成级配符合设计级配要求时，也可以使用。

表 5-10　沥青混合料用粗集料的规格

规格名称	公称粒径（mm）	通过下列筛孔（mm）的质量百分率（%）												
		106	75	63	53	37.5	31.5	26.5	19.0	13.2	9.5	4.75	2.36	0.6
S1	40～75	100	90～100	—	—	0～15	—	0～5						
S2	40～60		100	90～100	—	0～15	—	0～5						
S3	30～60		100	90～100	—	—	0～15	—	0～5					
S4	25～50			100	90～100	—	—	0～15	—	0～5				
S5	20～40				100	90～100	—	—	0～15	—	0～5			
S6	15～30					100	90～100	—	—	0～15	—	0～5		
S7	10～30					100	90～100	—	—	—	0～15	0～5		

续表

规格名称	公称粒径（mm）	通过下列筛孔（mm）的质量百分率（%）												
		106	75	63	53	37.5	31.5	26.5	19.0	13.2	9.5	4.75	2.36	0.6
S8	10～25						100	90～100	—	0～15	—	0～5		
S9	10～20							100	90～100	—	0～15	0～5		
S10	10～15								100	90～100	0～15	0～5		
S11	5～15								100	90～100	40～70	0～15	0～5	
S12	5～10									100	90～100	0～15	0～5	
S13	3～10									100	90～100	40～70	0～20	0～5
S14	3～5										100	90～100	0～15	0～3

3. 细集料

（1）细集料的物理力学性质要求。用于拌制沥青混合料的细集料，可以采用天然砂、机制砂或石屑。细集料应洁净、干燥、无风化、不含杂质，并有适当的级配范围。沥青混合料用细集料的质量要求见表5-11。细集料应与沥青有良好的黏结能力，在高速公路、一级公路、城市快速路、主干路沥青面层用沥青黏结性能差的天然砂或用花岗岩、石英岩等酸性岩石破碎的人工砂及石屑时，应采取抗剥离措施对细集料进行处理。所用石屑总量不宜超过天然砂或机制砂的用量。

表5-11　沥青混合料用细集料的质量要求

项目	高速公路、一级公路	其他等级公路	试验方法
表观相对密度（t/m³），不小于	2.50	2.45	T 0328
坚固性（>0.3mm部分）（%），不小于	12	—	T 0340
含泥量（<0.075mm的含量）（%），不大于	3	5	T 0333
砂当量（%），不小于	60	50	T 0344
亚甲蓝值（g/kg），不大于	25	—	T 0346
棱角性（流动时间）（s），不小于	30	—	T 0345

（2）细集料的粒径规格。

① 天然砂。天然砂宜采用河砂或海砂，当使用山砂时应经过清洗。天然砂的规格应符合表5-12的规定，经筛洗法测定的砂中小于0.075mm颗粒含量，对于高速公路、一级公路、城市快速路、主干路不得大于3%，其他等级公路不大于5%。

② 石屑。石屑是采石场破碎石料时通过4.75mm或2.36mm的筛下部分，它与机制砂

有着本质的不同，是石料加工破碎过程中表面剥落或撞下的边角，强度一般较低，且针片状含量较高。生产中应避免山体覆盖层或夹层的泥土混入石屑。

石屑和机制砂的规格应符合表 5-13 的要求。不得使用泥土、细粉、细薄碎片颗粒含量高的石屑，砂当量应符合表 5-11 的要求。对于高速公路、一级公路、城市快速路、主干路，应将石屑加工成 S14（3～5mm）和 S16（0～3mm）两档使用，在细集料中石屑含量不宜超过总量的 50%。

表 5-12　沥青混合料用天然砂的规格

筛孔尺寸（mm）	通过各孔筛的质量百分率（%）		
	粗砂	中砂	细砂
9.5	100	100	100
4.75	90～100	90～100	90～100
2.36	65～95	75～90	85～100
1.18	35～65	50～90	75～100
0.6	15～30	30～60	60～84
0.3	5～20	8～30	15～45
0.15	0～10	0～10	0～10
0.075	0～5	0～5	0～5

表 5-13　沥青混合料用石屑或机制砂的规格

规格	公称粒径（mm）	水洗法通过各筛孔的质量百分率（%）							
		9.5	4.75	2.36	1.18	0.6	0.3	0.15	0.075
S15	0～5	100	90～100	60～90	40～75	20～55	7～40	2～20	0～10
S16	0～3	—	100	80～100	50～80	25～60	8～45	0～25	0～15

4. 填料

常用填料大多是用石灰岩或岩浆岩中的强基性岩石等憎水性石料经磨细得到的矿粉，在沥青混合料中起着很重要的作用，通过沥青和填料之间相互作用形成的结构沥青和组成的沥青胶浆，使混合料中的矿料结合成为一体。因为只有碱性石料加工成的矿粉与沥青才能够形成较发达的结构沥青，所以用于沥青混合料的填料只能采用石灰岩一类的憎水性碱性石料加工磨细制成，且要求必须达到一定的细度。沥青混合料用矿粉的质量应符合表 5-14 的要求。

表 5-14　沥青混合料用矿粉的质量要求

项目		高速公路、一级公路	其他等级公路	试验方法
表观相对密度（t/m^3）		2.50	2.45	T 0352
含水量（%），不大于		1	1	T 0103 烘干法
粒度范围（%）	<0.6mm	100	100	T 0351
	<0.15mm	90～100	90～100	
	<0.075mm	75～100	70～100	
外观		无团粒结块		
亲水系数		<1		T 0353
塑性指数（%）		<4		T 0354
加热安定性		实测记录		T 0355

5.5.2 热拌沥青混合料配合比设计

1. 沥青混合料配合比设计内容

沥青混合料配合比设计的目的和任务是确定沥青混合料中组成材料品种、矿质集料级配和沥青用量。沥青混合料配合比设计包括三个阶段：目标配合比设计阶段、生产配合比设计阶段和生产配合比验证即试验路试铺阶段。只有通过三个阶段的配合比设计，才能真正提出工程上实际使用的沥青混合料组成配合比。由于后两个设计阶段是在目标配合比的基础上进行的，需借助于施工单位的拌和、摊铺和碾压设备来完成，所以主要介绍沥青混合料的目标配合比设计过程。无论是哪一个设计阶段，其工作的中心就是进行矿料的级配组成设计和最佳沥青用量确定两部分，也就是要设计出一个具有足够密实度，并具有较高内摩阻力的矿料组成，在此前提下确定相应的最佳沥青用量，从而获得一个能够满足特定交通要求、适应环境特点的沥青混合料。

2. 矿料级配组成设计及其要求

矿料级配组成设计的目的，是选配具有足够密实度并且有较高内摩阻力的矿质混合料。可以根据级配理论，计算出需要的矿质混合料的级配范围。

矿质混合料组成设计方法有两种：试算法和图解法。

配比设计中所确定的矿料级配范围应符合相关规范的要求，如密级配沥青混合料的级配范围根据《公路沥青路面施工技术规范》（JTG F40—2004）的要求，应在表 5-15 所列范围。其他类型混合料的级配也应按照相应规范要求来确定。

表 5-15 密级配沥青混凝土混合料矿料级配范围

级配类型		通过下列筛孔（mm）的质量百分比（%）												
		31.5	26.5	19	16	13.2	9.5	4.75	2.36	1.18	0.6	0.3	0.15	0.075
粗粒式	AC-25	100	90～100	75～90	65～83	57～76	45～65	24～52	16～42	12～33	8～24	5～17	4～13	3～7
中粒式	AC-20		100	90～100	78～92	62～80	50～72	26～56	16～44	12～33	8～24	5～17	4～13	3～7
	AC-16			100	90～100	76～92	60～80	34～62	20～48	13～36	9～26	7～18	5～14	4～8
细粒式	AC-13				100	90～100	68～85	38～68	24～50	15～38	10～28	7～20	5～15	4～8
	AC-10					90～100	90～100	45～75	30～58	20～44	13～32	9～23	6～16	4～8
砂粒式	AC-5						100	90～100	55～75	35～55	20～40	12～28	7～18	5～10

实践证明，同一种矿料级配针对不同的道路等级、气候和交通特点时，适宜的级配有粗型（C 型）和细型（F 型）之分。通常对夏季温度高、高温持续时间长、重载交通多的路段，宜选用粗型密级配，并取较高的设计空隙率；对冬季温度低且持续时间长的地区，或重载交通少的路段，宜选用细型密级配，并取较低的设计空隙率。粗型和细型密级配的划分和

粒径要求见表 5-16。

表 5-16　粗型和细型密级配沥青混凝土的关键性筛孔通过率

混合料类型	公称最大粒径（mm）	用以分类的关键性筛孔（mm）	粗型密级配		细型密级配	
			名称	关键性筛孔通过率（%）	名称	关键性筛孔通过率（%）
AC-25	26.5	4.75	AC-25C	<40	AC-25F	>40
AC-20	19	4.75	AC-20C	<45	AC-20F	>45
AC-16	16	2.36	AC-16C	<38	AC-16F	>38
AC-13	13.2	2.36	AC-13C	<40	AC-13F	>40
AC-10	9.5	2.36	AC-10C	<45	AC-10F	>45

在级配类型确定之后，选取符合规范要求的不同规格的砂石材料进行级配设计。在有条件时，高速公路和一级公路沥青路面矿料配合比设计宜借助计算机的电子表格采用试配法进行。

对高速公路和一级公路，宜在工程选定的设计级配范围内计算 1～3 组粗细不同的配合比，绘制设计级配曲线，要求这些合成级配曲线在设计级配范围的上方、中值和下方。设计合成级配不得有太多的锯齿形交错，且在 0.3～0.6mm 范围内不出现“驼峰”。

如果经过反复调整仍不能达到设计要求，宜更换材料重新设计。根据当地工程实践经验选择适宜的沥青用量，分别制作几组不同级配的马歇尔试件，测定沥青混合料矿料间隙率（VMA），根据结果选取其中满足或接近设计要求的级配作为设计级配。

3. 最佳沥青用量的确定（沥青混合料马歇尔试验）

现行规范采用马歇尔试验确定沥青混合料的最佳沥青用量（OAC）。沥青用量可以通过各种理论公式计算得到，但由于实际材料性质的差异，计算得到的最佳沥青用量仍然要通过试验进行修正，因此，采用马歇尔试验是沥青混合料配合比设计的基础。

（1）沥青用量表示方法。沥青用量可以采用沥青含量或油石比两种方式来表达，前者是指沥青质量占沥青混合料质量的百分数，后者是指沥青质量占矿料质量的百分数，在配合比设计过程中采用油石比更为方便一些。

（2）制备试样。

① 马歇尔试件制备过程是针对选定混合料类型，根据经验确定沥青预估用量，该用量可以采用式（5-10）、式（5-11）来确定：

$$p_a = \frac{p_{a1} \times \gamma_{sb1}}{\gamma_{sb}} \times 100 \tag{5-10}$$

$$p_b = \frac{p_a}{100 + \gamma_{sb}} \times 100 \tag{5-11}$$

式中　p_a——预估的最佳油石比（%）；

p_b——预估的最佳沥青含量（%）；

p_{a1}——已建类似工程沥青混合料所采用的油石比（%）；

γ_{sb1}——已建类似工程集料的合成毛体积相对密度；

γ_{sb}——集料的合成毛体积相对密度。

以预估沥青用量为中值，按一定间隔（对密级配沥青混合料通常为0.5%，对沥青碎石混合料可适当缩小间隔为0.3%～0.4%），取5个或5个以上不同的油石比分别成型马歇尔试件。每一组试件的试样数按现行规程的要求确定（通常5个），对粒径较大的沥青混合料宜增加试件数量。当缺少可参考的预估沥青用量时，可考虑以5.0%的沥青用量为基准，从两侧等间距地扩展沥青用量，直至在所选的沥青用量范围中能够确定出最佳沥青用量。

② 按已确定的矿质混合料级配类型，计算某个沥青用量条件下一个马歇尔试件或一组试件中各种规格集料的用量（实践中大多是一个标准马歇尔试件矿料总量1200g左右）。

③ 确定一个或一组马歇尔试件的沥青用量（通常采用油石比），按要求将沥青和矿料拌制成沥青混合料，以规定的击实次数和操作方法成型马歇尔试件。

（3）测定试件的物理力学指标。首先，通过试验测定沥青混合料试件的最大理论密度和密度，并计算试件的空隙率、沥青饱和度、矿料间隙率等参数。在测试沥青混合料密度时，应根据沥青混合料类型、吸水率的大小及密实程度选择密度测试方法。在工程中，吸水率小于0.5%的密实型沥青混合料试件应采用水中重法测定；吸水率小于2%较密实的沥青混合料试件应采用表干法测定；吸水率大于2%的沥青混合料、沥青碎石混合料等不能用表干法测定的试件应采用蜡封法测定；空隙率较大的沥青碎石混合料、开级配沥青混合料试件采用体积法测定。除了水中重法测得的是混合料试件的表观密度之外，其他几种方法测得的是混合料的毛体积密度。随后，在马歇尔试验仪上，按照标准方法测定沥青混合料试件的马歇尔稳定度和流值。

（4）最佳沥青用量或油石比的确定

① 绘制沥青用量（或油石比）与物理-力学指标关系图。以沥青用量（或油石比）为横坐标，以沥青混合料试件的密度、空隙率、沥青饱和度、马歇尔稳定度和流值等指标为纵坐标，将试验结果绘制成关系曲线如图5-14所示。

② 确定最佳沥青用量的初始值OAC_1。

a. 根据图5-14，求取相应于密度最大值、稳定度最大值、目标空隙率（或中值）、沥青饱和度范围中值的沥青用量a_1、a_2、a_3、a_4，由式（5-12）计算它们的平均值作为最佳沥青用量的初始值OAC_1。

$$OAC_1 = \frac{(a_1 + a_2 + a_3 + a_4)}{4} \tag{5-12}$$

b. 如果所选择的沥青用量范围内未涵盖沥青饱和度的要求范围，按式（5-13）求取三者的平均值作为最佳沥青用量的初始值OAC_1。

$$OAC_1 = \frac{(a_1 + a_2 + a_3)}{3} \tag{5-13}$$

c. 如果在所选择的沥青用量范围内，密度或稳定度没有出现峰值，可直接以目标空隙率所对应的沥青用量a_3作为OAC_1，但OAC_1必须介于OAC_{min}～OAC_{max}的范围内。

③ 确定沥青最佳用量的初始值OAC_2。根据沥青混合料的马歇尔试验技术标准，在图5-14上求出各项指标均符合技术标准（不含VMA）的沥青用量范围OAC_{min}～OAC_{max}，由式（5-14）计算沥青最佳用量的初始值OAC_2。

$$OAC_2 = \frac{OAC_{min} + OAC_{max}}{2} \tag{5-14}$$

④ 根据OAC_1和OAC_2综合确定最佳沥青用量OAC。首先检查在沥青用量为初始值

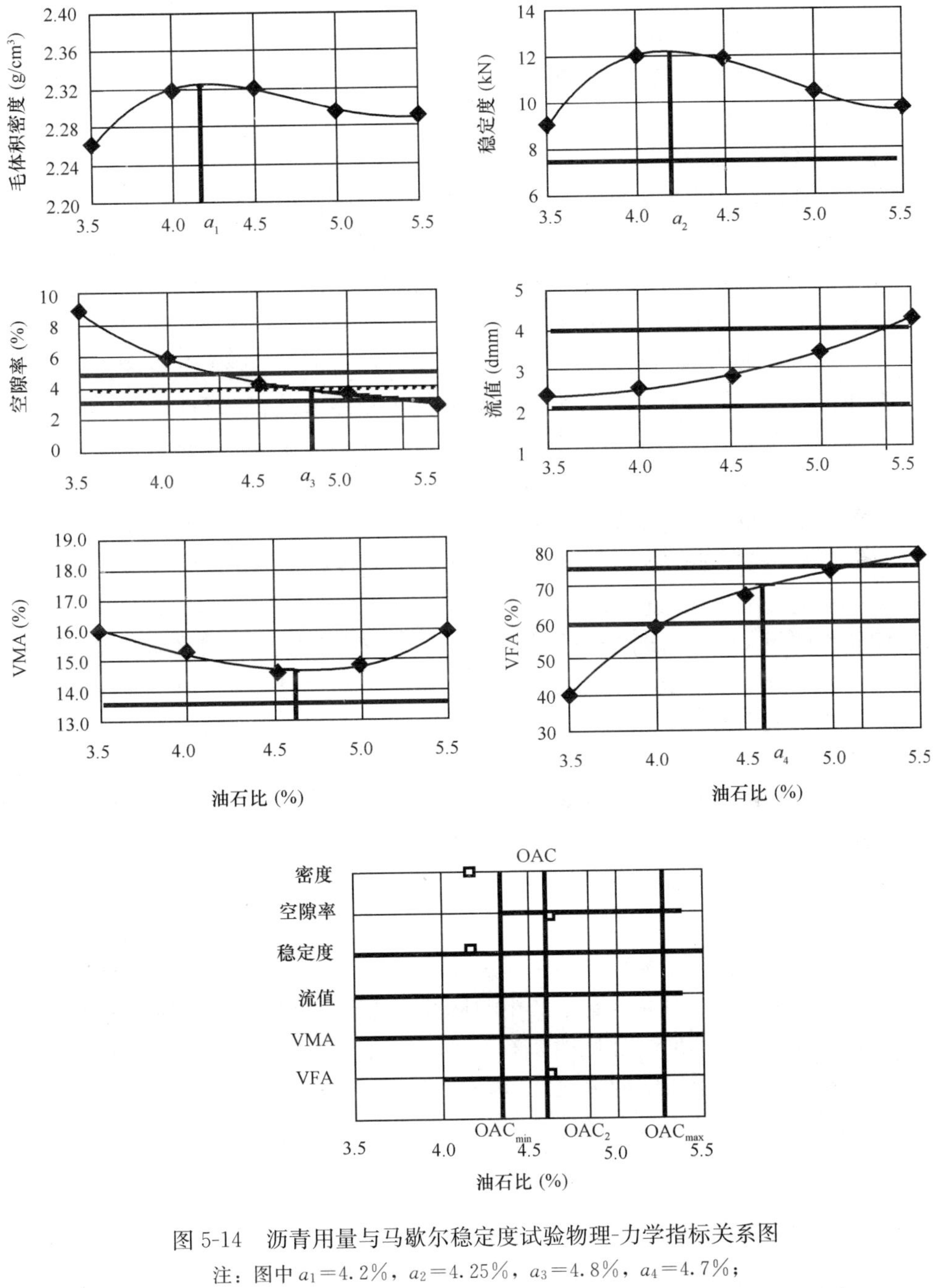

图 5-14 沥青用量与马歇尔稳定度试验物理-力学指标关系图

注：图中 a_1=4.2%，a_2=4.25%，a_3=4.8%，a_4=4.7%；

OAC_1=4.49%，OAC_{min}=4.3%，OAC_{max}=5.3%，OAC_2=4.8%；OAC=4.64%

OAC_1时，沥青混合料的各项指标是否满足设计要求。当符合要求时，由OAC_1和OAC_2综合确定最佳沥青用量 OAC。否则应调整级配，重新进行马歇尔试验配合比设计，直至各项指标均能符合要求为止。

a. 通常情况下，可取OAC_1及OAC_2的平均值作为最佳沥青用量 OAC。

b. 对炎热地区公路以及高速公路、一级公路的重载交通路段，山区公路的长大坡度路段，预计有可能产生较大车辙时，宜在空隙率符合要求的范围内将计算的最佳沥青用量减小0.1%～0.5%作为设计沥青用量。

c. 对寒区公路、旅游公路、交通量很少的公路，最佳沥青用量可以在OAC的基础上增加0.1%～0.3%，以适当减小设计空隙率，但不得降低压实度的要求。

4. 沥青混合料的性能检验

通过马歇尔试验和结果分析，得到的最佳沥青用量OAC（必要时应包括OAC_1和OAC_2），还需要进一步的试验检验，以验证沥青混合料的关键性能是否满足路用技术要求。

（1）沥青混合料的水稳定性检验。按最佳沥青用量OAC制作马歇尔试件进行浸水马歇尔试验或冻融劈裂试验，检验试件的残留稳定度或冻融劈裂强度比是否满足要求。

（2）沥青混合料的高温稳定性检验。按最佳沥青用量OAC制作车辙试验试件，用规定方法进行车辙试验，检验设计沥青混合料的高温抗车辙能力是否达到规定的动稳定度指标。当其动稳定度不符合要求时，应对矿料级配或沥青用量进行调整，重新进行配合比设计。

（3）沥青混合料低温抗裂性检验。对改性沥青混合料，应按照最佳沥青用量制成车辙试验试件，再用切割机将试件锯成规定尺寸的棱柱体试件，按照规定方法进行低温弯曲试验，检验其破坏应变是否符合规范要求，否则应对矿料级配或沥青用量进行调整，必要时更换改性沥青品种重新进行配合比设计。

当最佳沥青用量OAC与两个初始值OAC_1、OAC_2相差甚大时，宜按OAC与OAC_1（或OAC_2）分别制成试件，进行上述性能检验，并根据试验结果对OAC进行适当调整。

5. 生产配合比设计

对间歇式拌和机，应从二次筛分后进入各热料仓的材料中取样，并进行筛分，确定各热料仓的材料比例，供拌和机控制室使用。同时应反复调整冷料仓进料比例，使供料均衡。并取目标配合比设计的最佳沥青用量、最佳沥青用量加0.3%和最佳沥青用量减0.3%等三个沥青用量进行马歇尔试验，确定生产配合比的最佳沥青用量。

6. 生产配合比验证

拌和机应采用生产配合比进行试拌，铺筑试验段，并用拌和的沥青混合料进行马歇尔试验及路上钻取的芯样检验，由此确定生产用的标准配合比。标准配合比应作为生产上控制的依据和质量检验的标准。标准配合比的矿料合成级配中，0.075mm、2.36mm、4.75mm三档筛孔的通过率应接近要求级配的中值。

沥青混合料配合比设计，只有经过目标配合比设计、生产配合比设计、生产配合比验证三个阶段才算完成一个沥青混合料组成设计。

5.5.3 GTM组成设计方法介绍

GTM（旋转压实剪切试验机，gyratory testing machine）方法是沥青混合料的一种设计方法。GTM把混合料成型压实试验机、力学剪切试验机和车辆模拟机合并成为一台试验机，一旦试件成型完毕，根本不用进行另外的强度试验即可得到混合料的设计密度和沥青用量。GTM方法可较真实地模拟实际路面材料的受力状况以及预测材料到服务期限末的应力应变力学性质，从而避免了路面材料的早期破坏。

GTM采用类似施工中压路机作用的搓揉方法压实沥青混合料，很大程度上模拟了现场压实设备与随后交通的作用，并具有改变垂直压力的灵活性。试件成型过程中，仪器自动采集试件的应力（抗剪强度）、应变（机器角）数据。采用了和应力有关的推理方法进行混合料的力学分析和设计，克服了马歇尔等试验方法的不足。GTM除了能设计沥青混合料外，还可用于基层、土基的材料组成设计。

1. GTM的特点

（1）应用推理的方法，按力学原理进行设计，采用力学参数GSI、GSF确定最佳沥青用量，使得最佳油石比的确定与混合料力学性能联系起来，相对于马歇尔方法，设计思想更为先进。

（2）采用搓揉压实成型方法，真实地模拟现场碾压工况，从而能准确预测与控制现场工程质量。

（3）设计沥青混合料时，考虑行车荷载的实际状况，选择不同的设计压强，从而使设计方法更为合理。

（4）GTM不固定压实功，而是以极限平衡状态作为旋转结束条件，以避免路面出现因交通荷载作用产生的二次追密。

2. GTM的设计参数

（1）GSI（旋转稳定系数）。指试验结束时的机器角与压实过程中的最小机器角的比值，是表征试件受剪应力作用变形稳定程度的设计参数。以GSI突变点（或接近1.0时）所对应的沥青用量为混合料的最大沥青用量。

（2）GSF（安全系数）。指抗剪强度与最大剪应力的比值，表征试件抵抗剪应力的能力。

3. GTM的设计原则

（1）GTM设计荷载采用的是轮胎与地面的接触压强，它不是轮胎气压，也不等效于标准轴载累计作用次数。设计荷载与车的载重、轮胎接地面积、轮胎硬度有关。因此，GTM混合料试验中所使用的是轮胎与路面的直接接触压强。这样更接近于沥青路面的实际受力状态。

（2）GTM混合料设计的密度为压实到设计荷载下的最终密度。如果混合料达到设计荷载下的最终密度，那么它的受力状态与最终受力状态是一致的，在这种状态下所体现出来的力学性能应该与实际很接近，而且在使用过程中也不会产生压缩变形和体积指标的较大变化，始终维持一个较为稳定的状态。

（3）沥青混合料在应力作用下产生的形变不宜过大。体现这一指标的塑性形变稳定系数GSI应小于1.05。

（4）抗剪安全系数GSF应大于1，体现为材料应有一定的抗剪安全储备。

从上述沥青混合料的设计原则可以看出，GTM方法最适合于超载路面状态下的沥青混合料设计，它可以根据路面的荷载情况选择不同的试件成型垂直压强，而且可以得到最终的力学性能指标。

GTM设计注重了适合超载的路面设计，承载能力和抗变形能力大，解决了沥青混凝土路面的早期破坏问题。但是，GTM设计方法并未特别关注路面结构的耐久性、抗老化能力、施工和易性和抗疲劳开裂能力等，对集料级配的设计筛选也没有提出专门的程序，而只是沿用了传统的级配规范与确定方法。这种设计方法虽然在国内部分省市得到了研究推广，但还需要进一步总结和完善。

本章小结

本章主要讲述沥青的化学组分、胶体结构、技术性质和技术标准、沥青材料的试验检测技术、沥青混合料的技术性质和技术要求、沥青混合料试验检测技术及沥青混合料的配合比设计方法等。

思考题

1. 什么是石油沥青的三大主要技术指标？它们各表示石油沥青的什么技术性质？
2. 什么是针入度？如何测定？
3. 工程中常用的石油沥青的技术性质有哪些？
4. 沥青混合料的技术性质包括哪几方面的内容？
5. 沥青中含蜡量过多对沥青性能产生哪些不利影响？
6. 沥青混合料的耐久性用什么指标表示？如何评定沥青混合料的高温稳定性和低温抗裂性？
7. 试述沥青用量的变化对沥青混合料马歇尔试验结果有何影响。
8. 沥青混合料的组成结构有哪几类？各有什么优缺点？
9. 简述石油沥青延度试验的试验条件及注意事项。
10. 用马歇尔法确定沥青用量的指标（常规指标）包括哪几个？各自的含义是什么？分别表征沥青混合料的什么性质？
11. 沥青混合料配合比设计包括哪三个阶段？每个阶段的目的是什么？
12. 成型马歇尔试件时，如何选择和控制沥青混合料的搅拌与击实？

第 6 章　水泥和水泥混凝土试验检测技术

学习目标

通过本章学习应熟知水泥及水泥混凝土的基本概念和基本性质，掌握水泥细度、凝结时间、体积安定性、胶砂强度等技术性能的测试方法和步骤；掌握水泥混凝土的组成材料、水泥混凝土配合比设计方法、新拌混凝土和易性的内容和测试方法、硬化后水泥混凝土的强度指标和测试方法，以正确评价水泥混凝土的工程性质和应用。

6.1　水泥材料的技术性质和技术标准

6.1.1　水泥概述

水泥是指水泥和水拌和成塑性浆体后，能胶结砂、石等材料并能在空气和水中硬化的粉状水硬性胶凝材料。水泥既可用于地上工程，也可用于水中及地下工程。水泥是土木工程中最重要的建筑材料之一。

1. 常用水泥品种

水泥品种繁多，按其用途和性能可分为通用水泥和特种水泥两大类。用于一般土木工程中的水泥称为通用水泥，包括硅酸盐水泥、普通硅酸盐水泥、矿渣硅酸盐水泥、火山灰质硅酸盐水泥、粉煤灰硅酸盐水泥、复合硅酸盐水泥等品种。在道路工程中仍以硅酸盐水泥为主。凡由硅酸盐水泥熟料、0%～5%石灰石或粒化高炉矿渣、适量石膏磨细制成的水硬性胶凝材料，称为硅酸盐水泥。硅酸盐水泥分为两种类型：不掺混合材料的称Ⅰ型硅酸盐水泥，其代号为P·Ⅰ；在硅酸盐水泥熟料粉磨时掺入不超过水泥质量5%的石灰石或粒化高炉矿渣混合材料的称Ⅱ型硅酸盐水泥，其代号为P·Ⅱ。其他品种的硅酸盐水泥都是通过适当改变其矿物成分或在硅酸盐水泥熟料中加入一定量的混合材料而成的。

2. 通用硅酸盐水泥的生产工艺

（1）生料制备与磨细。生产硅酸盐水泥的原料，主要是石灰质和黏土质两类原料。为了补充铁质及改善煅烧条件，还可加入适量铁粉、萤石等。各种原料按一定的比例配制，并经磨细成一定的细度，混合均匀，制备成“生料”。生料的制备可分为干法和湿法两种。

（2）生料煅烧。制备好的生料在立窑或回转窑中煅烧，使生料中的 CaO、SiO_2、Al_2O_3 及 Fe_2O_3 发生化学反应，直至煅烧到1450℃左右生成以硅酸钙为主要成分的硅酸盐水泥熟料。

（3）熟料磨细。熟料细度直接影响着水泥水化反应速度的快慢。为了调节水泥的凝结速度，避免发生急凝现象，要加入适量的二水石膏与熟料共同磨细而制成硅酸盐水泥。

因此，通用硅酸盐水泥的生产工序可以概括为：“两磨一烧”。

3. 水泥中掺入的混合材料

为了改善硅酸盐水泥的某些性能，增加水泥品种，扩大水泥使用范围，并达到降低成本、增加产量的目的，可以在硅酸盐水泥熟料中掺入适量的混合材料，与石膏共同磨细制成不同品种的硅酸盐水泥。掺入的混合材料大致可分为活性混合材料和非活性混合材料两种类型。活性混合材料是指将混合材料磨成细粉掺入水泥后，其成分能在常温下与水泥中的矿物成分起化学反应，生成具有胶凝能力的水化产物，并能在水中硬化的混合材料。常用的活性混合材料有粒化高炉矿渣、火山灰质混合材料、粉煤灰等。非活性混合料是指混合材料经磨细后不与水泥起化学反应，仅起提高产量、调节水泥强度等级、节约水泥熟料、降低水化热、改善新拌混凝土的和易性等作用的混合材料，如石英砂、石灰石、黏土等。

6.1.2 水泥的技术性质

1. 化学性质

这里所说的水泥的化学性质主要是指对水泥物理力学性能造成不利影响的有害成分。水泥中有害的化学成分含量如果超过最大允许限量，即意味着对水泥性能和质量可能产生有害或潜在的影响。

（1）氧化镁含量。在水泥熟料中，常含有少量未与其他矿物结合的游离氧化镁，它水化为氢氧化镁的速度很慢，常在水泥硬化以后才开始水化，产生体积膨胀，可导致水泥石结构产生裂缝甚至破坏。因此，氧化镁是引起水泥安定性不良的原因之一。

（2）三氧化硫含量。水泥中的三氧化硫主要是在生产时为调节凝结时间加入石膏而产生的，石膏超过一定限量后，水泥性能会变坏，甚至引起硬化后水泥石体积膨胀，导致结构物破坏。

（3）烧失量。水泥煅烧不佳或受潮后，均会导致烧失量增加。烧失量测定是以水泥试样在950～1000℃下灼烧15～20min冷却至室温称量，如此反复灼烧，直至恒重，计算灼烧后质量损失率。

（4）不溶物。水泥中的不溶物来自原料中的黏土和氧化硅，由于煅烧不良、化学反应不充分而未能形成熟料矿物，这些物质的存在将影响水泥的有效成分含量。因此要控制其含量不超过规范的规定。

2. 物理性质

（1）细度。细度是水泥颗粒的粗细程度。细度的大小反映了水泥颗粒的粗细程度及水泥的分散程度，它对水泥的水化速度、需水量、和易性、放热速度和强度的形成有一定的影响。水泥颗粒越细，水化时与水的接触面积越大，水化速度越快，早期强度越高，凝结速度也越快，但颗粒过细，生产成本高，在空气中硬化收缩大，不易保存。因此，对水泥细度必须加以合理控制。水泥细度常用的测定方法是筛析法，它以80μm标准筛上的存留量来表示；操作方法又分为水筛和负压筛两种方式，当两种方式所得结果有争议时，以负压筛为准。另一种测定方法是比表面积法，它以单位质量水泥材料表面积的大小来表示细度。

（2）水泥净浆标准稠度用水量。水泥净浆是指水泥加水拌和而成的均匀浆体。稠度是水泥浆达到一定流动度时的需水量。为使水泥凝结时间和安定性的测定结果具有可比性，国家标准规定检验水泥的凝结时间和体积安定性时需用同一稠度的水泥净浆，该稠度称为标准稠度。按《公路工程水泥及水泥混凝土试验规程》（JTG E30—2005）的规定，水泥净浆标准稠度采用维卡仪测定，以试杆沉入净浆并距底板（6±1）mm的水泥浆为标准稠度净浆，此时的拌合水量为该品种水泥标准稠度用水量。代用法是以稠度仪的试锥贯入深度正好为（28±2）mm的水泥浆为标准稠度净浆，此时的拌合水量即为该水泥的标准稠度用水量。

（3）凝结时间。水泥从加水开始到失去其流动性，即从液体状态发展到较致密的固体状态的过程称为水泥的凝结过程。这个过程所需要的时间称为凝结时间。因此，凝结时间是水泥从加水开始到水泥浆失去可塑性所需的时间。凝结时间分初凝时间和终凝时间。初凝时间是水泥从加水开始到水泥浆开始失去可塑性所需的时间；终凝时间是水泥从加水开始到水泥浆完全失去可塑性所需的时间。水泥凝结时间对水泥混凝土施工有重要意义。初凝时间太短，将影响混凝土拌合物的运输、浇筑和振捣等各工序的操作；终凝时间过长，则影响混凝土的施工进度。因此，水泥凝结时间要求初凝时间不宜太短，终凝时间不宜过长。

（4）体积安定性。水泥浆体硬化后体积变化的均匀性称为水泥的体积安定性，即水泥硬化浆体能保持一定形状，不开裂、不变形、不溃散的性质。水泥在凝结硬化过程中，如果水泥产生不均匀变形或在水泥硬化后变形较大，会使混凝土构件产生变形、膨胀，严重时造成开裂，从而影响混凝土的质量。当不均匀体积变化形成的应力超出水泥结构所能承受的极限时，将会给整个结构造成极为不利的影响，严重时引起结构的破坏。导致水泥安定性不良的主要原因一般是熟料中的游离氧化钙、游离氧化镁或掺入石膏过多等。水泥安定性的测定方法有两种，即雷氏夹法（标准法）和试饼法（代用法），有争议时以雷氏夹法为准。雷氏夹法是测定水泥净浆在雷氏夹中沸煮后的膨胀值；试饼法通过观察水泥净浆试饼煮后的外形变化来检验水泥的体积安定性。

3. 力学性质

（1）强度。水泥的力学性质主要是指水泥的强度性质。强度是评价水泥质量的一个重要指标。水泥的强度越高，其承受荷载的能力越强，胶结能力也越大。我国采用胶砂法检验水泥的强度。此方法是按照 1∶3 的水泥和中国 ISO 标准砂，水灰比 $W/C=0.5$，用标准方法制成边长为 40mm×40mm×160mm 的标准试件，在标准养护条件下，养护到规定龄期（3d 和 28d）时，测定其抗压强度和抗折强度，根据 28d 抗压强度确定水泥的强度等级。

（2）强度等级。水泥的强度等级是根据规定龄期测定的抗压强度和抗折强度来划分的，各强度等级水泥在各个龄期的强度不得低于表 6-1 中规定的数值。按照测定结果，将硅酸盐水泥分为 42.5、42.5R、52.5、52.5R、62.5、62.5R 六个强度等级；普通硅酸盐水泥分为 42.5、42.5R、52.5、52.5R 四个强度等级，其中，R 型属早强型。各等级硅酸盐水泥在不同龄期的强度要求见表 6-1。

表 6-1　硅酸盐水泥、普通硅酸盐水泥各龄期强度值

品种	强度等级	抗压强度（MPa）≥		抗折强度（MPa）≥	
		3d	28d	3d	28d
硅酸盐水泥	42.5	17.0	42.5	3.5	6.5
	42.5R	22.0	42.5	4.0	6.5
	52.5	23.0	52.5	4.0	7.0
	52.5R	27.0	52.5	5.0	7.0
	62.5	28.0	62.5	5.0	8.0
	62.5R	32.0	62.5	5.5	8.0
普通硅酸盐水泥	42.5	17.0	42.5	3.5	6.5
	42.5R	22.0	42.5	4.0	6.5
	52.5	23.0	52.5	4.0	7.0
	52.5R	27.0	52.5	5.0	7.0

6.1.3 硅酸盐水泥的技术标准

我国现行国家标准《通用硅酸盐水泥》（GB 175—2007）规定：游离氧化镁、三氧化硫、初凝时间、安定性和强度指标中任何一项指标不符合相关规定，均判定为不合格水泥。与常规试验相关的物理力学指标有细度、标准稠度、凝结时间、体积安定性、抗压强度和抗折强度。硅酸盐水泥的技术要求应符合我国现行国家标准《通用硅酸盐水泥》（GB 175—2007）的有关规定，见表 6-2。

表 6-2 硅酸盐水泥、普通硅酸盐水泥的技术要求

序号	技术品质			指标
1	不溶物	Ⅰ型，不大于		0.75%
		Ⅱ型，不大于		1.50%
2	氧化镁	不大于		5.0%
		经压蒸安定性合格，允许放宽到		6.0%
3	三氧化硫	不大于		3.5%
4	烧失量	Ⅰ型，不大于		3.0%
		Ⅱ型，不大于		3.5%
		普通水泥，不大于		5.0%
5	细度	硅酸盐比表面积，大于		$300m^2/kg$
		普通水泥80μm 方孔筛，不得超过		10.0%
6	凝结时间	硅酸盐水泥	初凝，不得早于	45min
			终凝，不得迟于	390min
		普通硅酸盐水泥	初凝，不得早于	45min
			终凝，不得迟于	600min
7	安定性煮沸检验			合格
8	强度，各龄期不得低于规定数值			
9	碱含量，水泥中碱按 $Na_2O+0.658K_2O$ 计算表示，不大于			0.60%
	若使用活性集料，用户要求提供低碱水泥时，水泥中碱含量不得大于 0.60%，或供需双方商定			

6.2 水泥材料试验检测

6.2.1 水泥细度检验方法（筛析法）

1. 目的与适用范围

采用 45μm 方孔标准筛和 80μm 方孔标准筛的水泥细度筛析试验方法适用于硅酸盐水泥、普通硅酸盐水泥、矿渣硅酸盐水泥、火山灰质硅酸盐水泥、粉煤灰硅酸盐水泥、复合硅酸盐水泥以及指定采用本方法的其他品种水泥和粉状物料。

2. 仪器设备

（1）试验筛：试验筛由圆形筛框和筛网组成，筛网符合 GB/T 6005 R20/3 80μm、GB/T 6005 R20/3 45μm 的要求，分负压筛、水筛和手筛三种，负压筛应附有透明筛盖，筛盖与筛上口应有良好的密封性。手工筛结构符合 GB/T 6003.1 的要求，其中筛框高度为 50mm，筛子的直径为 150mm。筛网应紧绷在筛框上，筛网和筛框接触处，应用防水胶密封，防止水泥嵌入。筛孔尺寸的检验方法按 GB/T 6003.1 进行。由于物料会对筛网产生磨损，试验筛每使用 100 次后需要重新标定。

（2）负压筛析仪：由筛座、负压筛、负压源及收尘器组成，其中筛座由转速为（30±2）r/min 的喷气嘴、负压表、控制板、微电机及壳体等构成。筛析仪负压可调范围为 4000～6000Pa。喷气嘴上口平面与筛网之间距离为 2～8mm。负压源和收尘器，由功率≥600W 的工业吸尘器和小型旋风收尘筒组成或用其他具有相当功能的设备。

（3）水筛架和喷头：水筛架和喷头的结构尺寸应符合 JC/T 728 的规定，但其中水筛架上筛座内径为 140mm。

（4）天平：最小分度值不大于 0.01g。

3. 试验方法与步骤

试验前所用试验筛应保持清洁，负压筛和手工筛应保持干燥。试验时，80μm 筛析试验称取试样 25g，45μm 筛析试验称取试样 10g。

（1）负压筛析法。

① 筛析试验前，应把负压筛放在筛座上，盖上筛盖，接通电源，检查控制系统，调节负压至 4000～6000Pa 范围内。

② 称取试样精度至 0.01g，置于洁净的负压筛中，放在筛座上，接通电源，开动筛析仪连续筛析 2min，在此期间如有试样附着在筛盖上，可轻轻地敲击筛盖使试样落下。筛毕，用天平称量全部筛余物。

（2）水筛法。

① 筛析试验前，应检查水中无泥、砂，调整好水压及水筛的位置，使其能正常运转，并控制喷头底面和筛网之间距离为 35～75mm。

② 称取试样精度至 0.01g，置于洁净的水筛中，立即用淡水冲洗至大部分细粉通过后，放在水筛架上，用水压为（0.05±0.02）MPa 的喷头连续冲洗 3min。筛毕，用少量水把筛余物冲至蒸发皿中，等水泥颗粒全部沉淀后，小心倒出清水，烘干并用天平称量全部筛余物。

（3）手工筛析法。

① 称取试样精度至 0.01g，倒入手工筛内。

② 用一只手持筛往复摇动，另一只手轻轻拍打，往复摇动和拍打过程应保持近于水平。拍打速度每分钟约 120 次，每 40 次向同一方向转动 60°，使试样均匀分布在筛网上，直至每分钟通过的试样量不超过 0.03g 为止。称量全部筛余物。

（4）对其他粉状物或采用 45～80μm 以外规格方孔筛进行筛析试验时，应指明筛子的规格、称样量、筛析时间等相关参数。

（5）试验筛的清洗。

试验筛必须经常保持洁净，筛孔通畅。使用 10 次后要进行清洗。金属框筛、铜丝网筛清洗时应用专门的清洗剂，不可用弱酸浸泡。

4. 结果计算及处理

（1）计算。水泥试样筛余百分数按式（6-1）计算：

$$F=R_t/W\times 100 \tag{6-1}$$

式中 F——水泥试样的筛余百分数（%）；

R_t——水泥筛余物的质量（g）；

W——水泥试样的质量（g）。

结果计算至0.1%。

（2）试验结果。

负压筛法、水筛法和手工筛析法测定的结果发生争议时，以负压筛析法为准。

6.2.2 水泥标准稠度用水量检验方法（标准法）

1. 试验目的

确定水泥标准稠度的目的是在进行水泥凝结时间和安定性试验时，对水泥净浆在标准稠度的条件下测定，使不同的水泥具有可比性。

2. 仪器设备

（1）标准法维卡仪：标准稠度测定用试杆的有效长度为（50±1）mm，由直径为（10±0.05）mm的圆柱形耐腐蚀金属制成。盛装水泥净浆的试模应由耐腐蚀的、有足够硬度的金属制成，见图6-1。

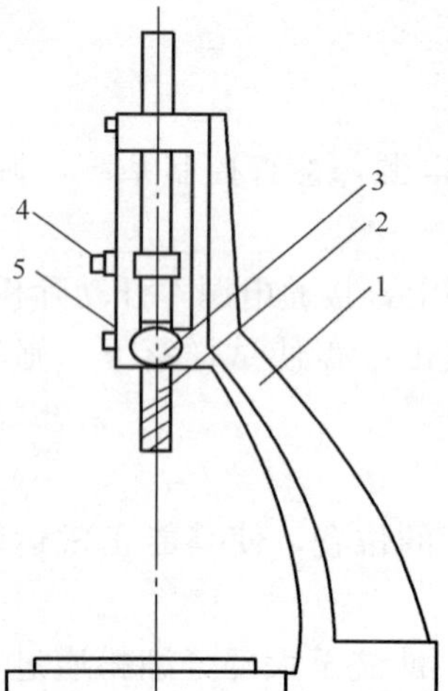

图6-1 标准法维卡仪构造

1—铁座；2—金属圆棒；3—松紧螺钉；4—指针；5—标尺

（2）水泥净浆搅拌机应符合《水泥净浆搅拌机》（JC/T 729—2005）的要求。它由搅拌翅和平底搅拌锅组成，搅拌翅转速为90r/min，搅拌锅的内径为130mm，深为95mm。

（3）量水器：精度为±0.5mL。

（4）天平：最大量程不小于1000g，分度值不大于1g。

（5）其他：0.9mm方孔筛、玻璃板、小刀、秒表、棉布等。

3. 试验方法与步骤

（1）试验前必须做到：

① 维卡仪的滑动杆能自由滑动。试模和玻璃板用湿布擦拭，将试模放在底板上。

② 维卡仪调整至试杆接触玻璃板时指针对准零点。

③ 水泥净浆搅拌机运行正常。

（2）水泥净浆拌制。用水泥净浆搅拌机搅拌，搅拌锅和搅拌叶片应先用湿棉布擦过，将拌合水倒入搅拌锅内，然后在5～10s内小心将称好的500g水泥加入水中，防止水和水泥溅出。拌和时，先将搅拌锅放到搅拌机的锅座上，升至搅拌位置，启动搅拌机，低速搅拌120s，停15s，同时将叶片和锅壁上的水泥浆刮入锅中，接着高速搅拌120s停机。

（3）标准稠度用水量的测定。

① 拌和结束后，立即取适量水泥浆一次性将其装入已置于玻璃底板上的试模中，浆体

超过试模上端，用宽约 25mm 的直边刀轻轻拍打超出试模部分的浆体 5 次以排除浆体中的孔隙，然后在试模上表面约 1/3 处，略倾斜于试模分别向外轻轻锯掉多余净浆，再从试模边沿轻抹顶部一次，使净浆表面光滑。在锯掉多余净浆和抹平的操作过程中，注意不要压实净浆。

② 抹平后迅速将试模和底板移到维卡仪上，并将其中心定在试杆下，降低试杆直到与水泥净浆表面接触，拧紧螺钉 1～2s 后，突然放松，使试杆垂直自由地沉入水泥净浆中。在试杆停止沉入或释放试杆 30s 时记录试杆到底板的距离，升起试杆后，立即擦净。

③ 整个操作应在搅拌后 1.5min 内完成。以试杆沉入净浆并距离底板（6±1）mm 的水泥净浆为标准稠度净浆。其拌和用水量为该水泥的标准稠度用水量（P），按水泥质量的百分比计。

6.2.3　水泥凝结时间检验方法

1. 试验目的

通过测定水泥从加水时刻起，到水泥开始失去塑性和完全失去塑性产生凝固所需要的时间，以此掌握水泥使用时的适宜施工过程。

2. 仪器设备

(1) 湿气养护箱：应能使温度控制在（20±1)℃，相对湿度大于 90%。

(2) 试针：测定凝结时间用试针，其有效长度，初凝针为（50±1）mm，终凝针为（30±1）mm，是直径为（1.13±0.05）mm 的圆柱体。

(3) 其他仪器设备同水泥净浆标准稠度用水量试验。标准维卡仪见图 6-2。

3. 试验方法与步骤

(1) 准备工作：调整凝结时间测定仪的试针接触玻璃板时指针对准零点。

(2) 试件制备：以标准稠度用水量制成标准稠度净浆，装模和刮平后，立即放入湿气养护箱中，记录水泥全部加入水中的时间作为凝结时间的起始时间。

(3) 初凝时间的测定。

① 试件在湿气养护箱养护至加水后 30min 时进行第一次测定。测定时，从湿气养护箱中取出试模放到试针下，降低试针与水泥净浆表面接触。拧紧螺钉 1～2s 后突然放松，使试针垂直自由沉入水泥净浆中。观察试针停止沉入或释放试针 30s 时指针的读数。

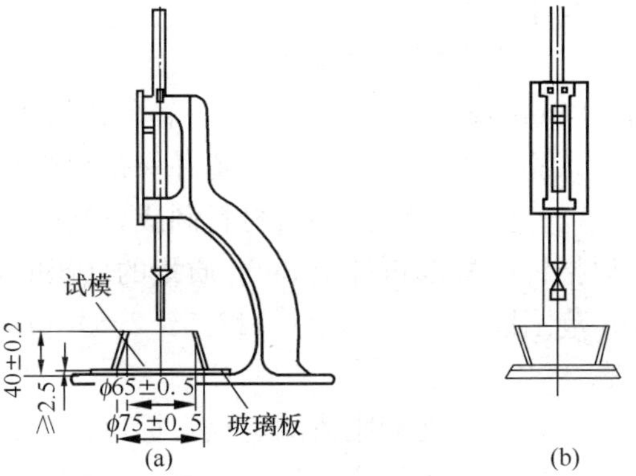

图 6-2　标准维卡仪

(a) 初凝时间测定时维卡仪侧视图；

(b) 终凝时间测定反转试模时维卡仪正视图

② 临近初凝时间时每隔 5min（或更短时间）测定一次。当试针沉至距底板（4±1）mm 时，即为水泥达到初凝状态。

③ 由水泥全部加入水中到初凝状态的时间作为初凝时间，用分钟（min）来表示。

(4) 终凝时间的测定。

① 为了准确观察试针沉入的状况，在终凝针上装了一个环形附件。在完成初凝时间测

定后，立即将试模连同浆体以平移的方式从玻璃板取下，翻转180°，直径大端向上、小端向下放在玻璃板上，再放入湿气养护箱中继续养护。

② 临近终凝时间时每隔15min（或更短时间）测定一次。当试针沉入试件0.5mm时，即环形附件开始不能在试件上留下痕迹时，为水泥达到终凝状态。

③ 由水泥全部加入水中至终凝状态的时间作为终凝时间，用分钟（min）来表示。

4. 测定注意事项

测定时应注意，在最初测定的操作时应轻轻扶持金属柱，使其徐徐下降，以防止试针撞弯，但结果以自由下沉为准；在整个测试过程中试针沉入的位置至少要距试模内壁10mm。临近初凝时间时每隔5min（或更短时间）测定一次，临近终凝时间时每隔15min（或更短时间）测定一次，到达初凝时应立即重复测一次，当两次结论相同时才能定为达到初凝状态。到达终凝时，需要在试件另外两个不同点测试，确认结论相同时才能确定到达终凝状态。每次测定不能让试针落入原针孔，每次测试完毕须将试针擦净并将试模放回湿气养护箱内，整个测试过程要防止试模振动。

6.2.4 水泥体积安定性检验方法

1. 试验目的

通过水泥体积安定性试验，检测一些有害成分（如游离的CaO、MgO以及SO_3等）对水泥在水化凝固过程中是否产生过量的体积上的变化，来判断该有害成分是否对水泥水化形成的结构造成破坏作用。

2. 仪器设备

（1）沸煮箱：符合《水泥安定性试验用沸煮箱》（JC/T 955—2005）的要求。有效容积为410mm×240mm×310mm，箱的内层由不锈钢金属材料制成，能在（30±5）min内将箱内的试验用水从室温升至沸腾并保持沸腾状态3h以上，整个试验过程中不需补充水。

（2）雷氏夹：由铜质材料制成，当一根指针的根部先悬挂在一根金属丝或尼龙丝上，另一根指针的根部再挂上300g质量的砝码时，两根指针的针尖距离增加值应在（17.5±2.5）mm范围以内，即$2x=(17.5\pm2.5)$mm，当去掉砝码后针尖的距离能恢复至挂砝码前的状态。

（3）雷氏夹膨胀值测定仪：标尺最小刻度为0.5mm。

（4）两块边长或直径约80mm、厚度4～5mm的玻璃板。

（5）其他仪器设备同水泥净浆标准稠度用水量试验。

3. 试验步骤

（1）雷氏夹法（标准法）。

① 测定前的准备工作。每个试样需成型两个试件，每个雷氏夹需配备两个边长或直径约80mm、厚度4～5mm的玻璃板，凡与水泥净浆接触的玻璃板和雷氏夹表面都要稍稍涂上一层油。

② 以标准稠度的用水量制成标准稠度净浆。

③ 雷氏夹试件的成型。将预先准备好的雷氏夹放在已稍涂油的玻璃板上，并立刻将已制好的标准稠度净浆装满雷氏夹，装浆时一只手轻轻扶持雷氏夹，另一只手用宽约25mm的直边刀在浆体表面轻轻插捣3次，然后抹平，盖上稍涂油的玻璃板，立刻将试模移至湿

气养护箱内养护（24±2)h。

④ 沸煮。调整好沸煮箱内的水位，使之在整个煮沸过程中水都能没过试件，不需中途添补试验用水，同时保证在（30±5)min 内水能沸腾。脱去玻璃板取下试件，先测量雷氏夹指针尖端间的距离（A），精确到 0.5mm，接着将试件放入沸煮箱水中的试件架上，指针朝上，试件之间互不交叉，然后在（30±5)min 内加热至沸并恒沸（180±5）min。

⑤ 结果判别。沸煮结束，即放掉箱中的热水，打开箱盖，等箱体冷却至室温，取出试件进行判别。测量雷氏夹指针尖端间的距离（C），准确到 0.5mm。当两个试件煮后增加距离（$C-A$）的平均值不大于 5.0mm 时，即认为该水泥安定性合格；当两个试件煮后增加距离（$C-A$）的平均值大于 5.0mm 时，应用同一样品立即重做一次试验，以复检结果为准。

（2）试饼法（代用法）。

① 测定前的准备工作。每个样品需准备两块边长约 100mm 的玻璃板，凡与水泥净浆接触的玻璃板都要稍稍涂上一层油。

② 以标准稠度的用水量制成标准稠度净浆。

③ 试饼的成型方法。将制好的标准稠度净浆取出一部分分成两等份，使之呈球形，放在预先准备好的玻璃板上，轻轻振动玻璃板并用湿布擦净的小刀由边缘向中央抹，做成直径 70～80mm、中心厚约 10mm、边缘渐薄、表面光滑的试饼，接着将试饼放入湿气养护箱内养护（24±2)h，见图 6-3。

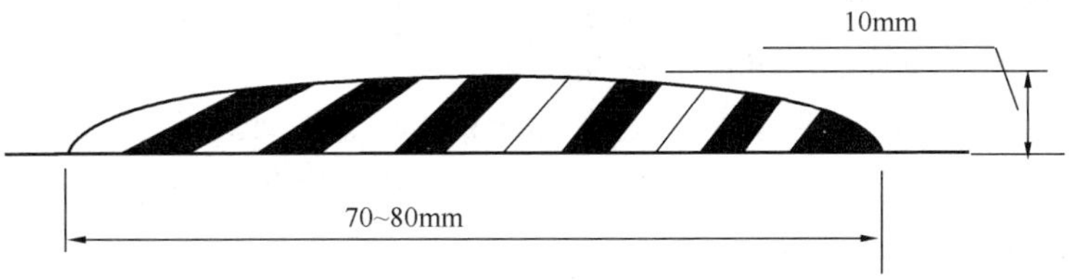

图 6-3　试饼

④ 沸煮。调整好沸煮箱内的水位，使之在整个煮沸过程中水都能没过试件，不需中途添补试验用水，同时又能保证在（30±5）min 内升至沸腾。脱去玻璃板取下试饼，在试饼无缺陷的情况下将试饼放在沸煮箱水中箅板上，在（30±5）min 内加热至沸并恒沸（180±5）min。

⑤ 结果判别。沸煮结束，立即放掉箱中的热水，打开箱盖，待箱体冷却至室温，取出试件进行判别。目测试饼未发现裂缝，用钢直尺检查也没有弯曲（使钢直尺和试饼底部紧靠，以两者间不透光为不弯曲）的试饼为安定性合格；反之为不合格。当两个试饼判别结果有矛盾时，该水泥的安定性为不合格。

4. 注意事项

（1）当雷氏夹法和试饼法试验结果有出入时，以雷氏夹法的结果为准。

（2）在雷氏夹沸煮过程中，要避免雷氏夹指针相互交叉，以免对试验结果造成不必要的影响。

6.2.5　水泥胶砂强度检验方法

1. 试验目的

通过试验确定水泥的强度等级。

2. 仪器设备

（1）胶砂搅拌机：供拌制水泥胶砂用，由搅拌叶和搅拌锅组成。

（2）胶砂振实台：供制备胶砂试体振实用。

（3）试模：试模为可装卸的三联模，由隔板、端板和底座组成，可同时成型三条截面为40mm×40mm×160mm的棱形试件。

（4）下料漏斗：由漏斗和模套组成。漏斗用厚0.5mm的白铁皮制作。

（5）抗折试验机和抗折夹具：抗折试验机采用电动机或手动双杠杆式，也可采用性能符合要求的其他试验机。抗折夹具应符合要求。

（6）抗压试验机和抗压夹具：抗压试验机的吨位以200～300kN为宜。抗压夹具由硬质钢材制成，加压面必须磨平。加压时上下压板应相互对准。

（7）天平：感量为1g。

3. 材料

（1）水泥试样从取样到试验要保持24h以上时，应将其储存在基本装满和气密的容器中，这个容器不能和水泥反应。

（2）ISO标准砂：中国ISO标准砂，符合要求。

（3）试验用水为饮用水。仲裁试验时用蒸馏水。

4. 温度和相对湿度

（1）试件成型实验室应保持实验室温度为（20±2）℃，相对湿度大于50%。水泥试样、ISO砂、拌合水以及试模等的温度应与室温相同。

（2）养护箱温度（20±1）℃，相对湿度大于90%，养护水的温度（20±1）℃。

（3）试件成型实验室的空气温度和相对湿度在工作期间每天应至少记录一次。养护箱或雾室温度和相对湿度至少每4h记录一次。

5. 试件成型

（1）成型前将试模擦净，四周的模板与底座的接触面上应涂黄油，紧密装配，防止漏浆。内壁均匀刷一层机油。

（2）水泥与ISO标准砂的质量比为1∶3，水灰比为0.5。

（3）每成型3条试件需称量的材料与用量：水泥（450±2）g；ISO标准砂（1350±5）g；水（225±1）mL。

（4）将水加入锅中，再加入水泥，把锅放在固定架上并升至固定位置。然后立即开动机器，低速搅拌30s后，在第二个30s开始的同时均匀将砂子加入。当砂是分级装时，应从最粗粒级开始，依次加入，再高速搅拌30s。停拌90s。在停拌的第一个15s内用胶皮刮具将叶片和锅壁上的胶砂刮入搅拌锅中。在高速下继续搅拌60s。各个阶段的时间误差应在±1s内。

（5）用振实台成型时，将空试模和模套固定在振实台上，用适当的勺子直接从搅拌锅中将胶砂分为两层装入试模。装第一层时，每个槽里约放300g砂浆，用大播料器垂直架在模套顶部，沿每个模槽来回一次将料层播平，接着振实60次。再装入第二层胶砂，用小播料器播平，再振实60次。移走模套，从振实台上取下试模，并用刮尺以90°的角度架在试模顶的一端，沿试模长度方向以横向锯割动作慢慢向另一端移动，一次将超出试模的胶砂刮去。并用同一直尺在近乎水平的情况下将试件表面抹平。

（6）在试模上做标记或加字条标明试件的编号和试件相对于振实台的位置。两个龄期以上的试件，编号时应将试模的 3 条试件分在两个以上的龄期内。

（7）试验前或更换水泥品种时，搅拌锅、叶片和下料漏斗需用湿布擦干净。

6. 试件养护

（1）试件编号后，将试模放入养护箱养护，养护箱内箅板必须水平。水平放置时刮平面应朝上。对于 24h 龄期的，应在破型试验前 20min 内脱模。对于 24h 以上龄期的，应在成型后 20～24h 内脱模。脱模时要非常小心。

（2）试件脱模后立即放入水槽中养护，试件之间间隙和试件上表面的水深不得小于 5mm。每个养护池中只能养护同类水泥试件，并应随时加水，保持恒定水位，不允许养护期间全部换水。

（3）除 24h 龄期或延迟 48h 脱模的试件外，任何到龄期的试件应在试验前 15min 从水中取出。抹去试件表面沉淀物，并用湿布覆盖。

7. 强度试验

（1）抗折强度试验。

① 以中心加荷法测定抗折强度。

② 采用杠杆式抗折试验机试验时，试件放入前，应使杠杆呈水平状态。将试件成型侧面朝上放入抗折试验机内。试件放入后调整夹具，使杠杆在试件折断时尽可能地接近水平位置。

③ 抗折试验加荷速度为（50±10）N/s，直至折断，并保持两个半截棱柱试件处于潮湿状态直至抗压试验。

④ 抗折强度计算公式如下：

$$R_{\mathrm{f}} = \frac{1.5F_{\mathrm{f}}L}{b^3} \tag{6-2}$$

式中　R_{f}——抗折强度（MPa）；

F_{f}——破坏荷载（N）；

L——支撑圆柱中心距（mm）；

b——试件断面正方形的边长，取 40mm。

抗折强度计算值精确到 0.1MPa。

⑤ 抗折强度结果取 3 个试件平均值，精确到 0.1MPa。当 3 个强度值中有超过平均值 ±10%的，应剔除后再平均，以平均值作为抗折强度试验结果。

（2）抗压强度试验。

① 抗折试验后的断块应立即进行抗压试验。抗压试验需用抗压夹具进行，试件受压面为试件成型时的两个侧面，面积为 40mm×40mm。试验前应清除试件受压面与加压板间的砂粒或杂物。试件的底面靠紧夹具定位销，断块试件应对准抗压夹具中心，并使夹具对准压力机压板中心，半截棱柱体中心与压力机压板中心差应在±0.5mm 内，棱柱体露在压板外的部分约为 10mm。

② 压力机加荷速度应控制在（2400±200）N/s 速率范围内，在接近破坏时更应严格掌握。

③ 抗压强度按式（6-3）计算：

$$R_c = \frac{F_c}{A} \tag{6-3}$$

式中 R_c——抗压强度（MPa）；

F_c——破坏荷载（N）；

A——受压面积，$40mm \times 40mm = 1600mm^2$。

抗压强度结果为一组 6 个断块试件抗压强度的算术平均值，精确至 0.1MPa。如果 6 个强度值中有一个值超过平均值±10%的，应剔除后以剩下 5 个值的算术平均值作为最后结果。如果 5 个值中再有超过平均值±10%的，则此组试件无效。

6.3 集料的技术性能和技术要求

集料是指在混合料中起骨架和填充作用的粒料，包括天然风化而成的漂石、砾石（卵石）、砂等，以及由人工轧制的不同尺寸的碎石、石屑。在工程上，一般将集料分为细集料和粗集料两类。下面分别介绍这两类集料的技术性质。

6.3.1 细集料的技术性质

1. 细集料的物理性质

集料的物理性质是集料结构状态的反映，它与集料的技术性质有着密切的联系。集料的内部结构主要由矿质实体、闭口孔隙（不与外界相通的）、开口孔隙（与外界相通的）和空隙（颗粒之间的）等四部分组成，如图 6-4 所示。

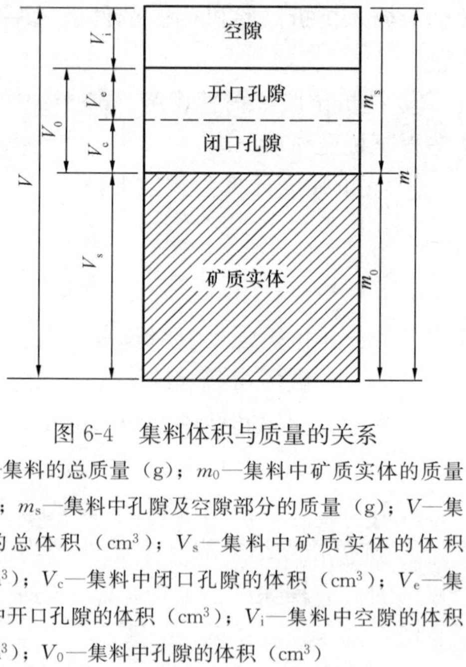

图 6-4 集料体积与质量的关系

m—集料的总质量（g）；m_0—集料中矿质实体的质量（g）；m_s—集料中孔隙及空隙部分的质量（g）；V—集料的总体积（cm^3）；V_s—集料中矿质实体的体积（cm^3）；V_c—集料中闭口孔隙的体积（cm^3）；V_e—集料中开口孔隙的体积（cm^3）；V_i—集料中空隙的体积（cm^3）；V_0—集料中孔隙的体积（cm^3）

$$\rho_a = \frac{m}{V_s + V_c} \tag{6-4}$$

式中 ρ_a——细集料的表观密度（g/cm^3）；

V_s——细集料实体体积（cm^3）；

V_c——细集料闭口孔隙体积（cm^3）；

m——干燥细集料的质量（g）。

（1）表观密度。细集料表观密度的大小，主要取决于细集料的种类和风化程度。风化严重细集料的表观密度小、强度低、稳定性差，所以表观密度是衡量细集料品质的主要技术指标之一。其测定方法是容量瓶法。

（2）堆积密度和紧装密度。堆积密度是指单位体积（含材料的实体矿物成分及其闭口孔隙、开口孔隙体积及颗粒间空隙体积）物质颗粒的含量，有干堆积密度与湿堆积密度之分。由图 6-4 可知：

$$\rho = \frac{m}{V} \tag{6-5}$$

式中　ρ——细集料的堆积密度（g/cm^3）；

m——细集料的质量（g）；

V——细集料的堆积体积（cm^3）。

堆积密度的大小与细集料颗粒组成及含水率有关。紧装密度与堆积密度是同一类物理概念，只是试验方法不同。

（3）空隙率。空隙率是指集料颗粒之间的空隙体积占集料总体积的百分率。

细集料的空隙率与其级配和颗粒形状有关。其计算公式见式（6-6）：

$$n = (1 - \frac{\rho}{\rho_a}) \times 100 \tag{6-6}$$

式中　n——细集料的空隙率（%）；

ρ——细集料的堆积密度或紧装密度（g/cm^3）；

ρ_a——细集料的表观密度（g/cm^3）。

（4）含水率。含水率是指细集料中所含水的质量占干细集料质量的百分率。施工现场自然堆放的细集料，其含水率是经常变化的，当细集料的含水率变化时，其体积与质量也随之变化。细集料从干到湿有四种含水状态，即完全干燥状态（烘干状态）、气干状态（风干状态）、饱和面干状态（表干状态）和湿润状态（潮湿状态）。细集料不同含水率的状态见图 6-5。

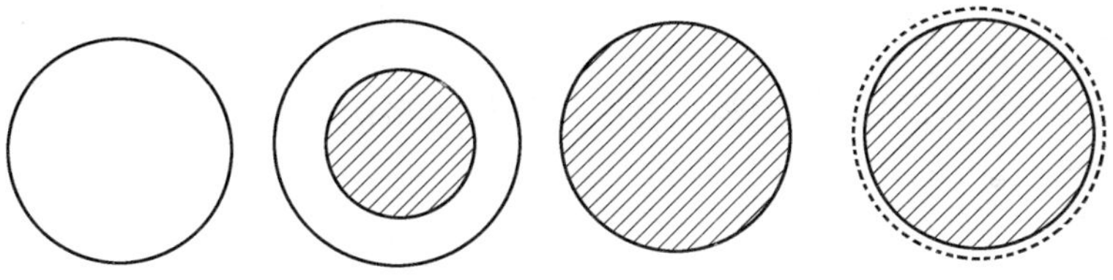

图 6-5　细集料不同含水率的状态

（a）完全干燥状态；（b）气干状态；（c）饱和面干状态；（d）潮湿状态

由于细集料含水率的大小对细集料的外观体积影响较大，因此，在施工现场按体积计算细集料的用量时，是以饱和面干时的体积为标准。细集料含水率的测定方法有烘干法、碳化钙气压法和酒精燃烧法，其中以烘干法为准。

（5）有害杂质的含量。细集料中含有的有害杂质，主要有泥土和泥块、云母、轻物质、硫酸盐和硫化物以及有机质等。

① 含泥量和泥块含量。含泥量是指细集料中粒径小于 0.075mm 的尘屑、淤泥和黏土的含量。泥块含量是指原粒径大于 1.18mm，经水浸洗、手捏后小于 0.6mm 的颗粒含量。这些颗粒在集料表面形成包裹层，妨碍集料与水泥黏附，或以松散颗粒存在，增加集料表面积，增大需水量，特别是黏土颗粒，体积不稳定，干燥时收缩、潮湿时膨胀，对混凝土有很大的破坏作用，影响混凝土的强度和耐久性。

② 云母含量。某些细集料中含有云母，云母呈薄片状，表面光滑且极易沿节理裂开，因此，它与水泥的黏附性较差。

2. 细集料的颗粒级配与细度

（1）细集料的颗粒级配。细集料的颗粒级配是指细集料中大小颗粒的相互搭配情况，如

图 6-6 所示。图 6-6（a）所示为采用相同粒径的细集料，其空隙最大；图 6-6（b）所示为采用两种不同粒径的细集料相互搭配，中粒径填充大粒径空隙，其细集料的空隙减小；图 6-6（c）所示为采用两种以上粒径的细集料相互搭配，小粒径填充中粒径空隙，中粒径填充大粒径空隙，细集料的空隙就会更小。如果细集料大小颗粒搭配得恰当，可得到密实的混凝土骨架，同时节省水泥浆用量。

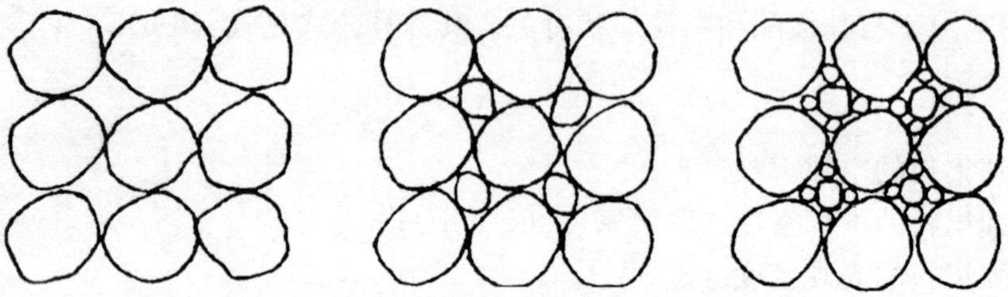
(a) (b) (c)

图 6-6 细集料颗粒级配示意

细集料的颗粒级配可通过细集料的筛分试验确定。筛分试验是将预先通过 9.50mm 筛的干细集料，称取 500g 置于一套标准筛上，分别求出试样存留在各筛上的质量，然后按下述方法计算其级配参数，即分计筛余百分率（a_i）、累计筛余百分率（A_i）和通过百分率（P_i）。

① 分计筛余百分率。各号筛上筛余量除以试样总量的百分率，按式（6-7）计算：

$$a_i = \frac{m_i}{m} \times 100 \tag{6-7}$$

式中 a_i——某号筛的分计筛余百分率（%）；

m_i——存留在某号筛上的质量（g）；

m——试样的总质量（g）。

② 累计筛余百分率。该号筛上分计筛余百分率与大于该号筛的各号筛上的分计筛余百分率总和，按式（6-8）计算：

$$A_i = a_1 + a_2 + \cdots + a_i \tag{6-8}$$

式中 A_i——累计筛余百分率（%）；

a_1，a_2，…，a_i——各筛分计筛余百分率（%）。

③ 通过百分率。通过某筛的质量占试样总质量的百分率，即 100 与累计筛余百分率之差，按式（6-9）计算：

$$P_i = 100 - A_i \tag{6-9}$$

式中 P_i——通过百分率（%）；

A_i——累计筛余百分率（%）。

用累计筛余百分率绘制级配曲线，表示细集料的颗粒级配情况。

（2）细度。细度是指不同粒径的砂搭配后总体的粗细程度，它是评价砂粗细程度的一种指标，通常用细度模数指标来表示。

根据累计筛余百分率计算细度模数。细集料的细度模数按式（6-10）计算：

$$M_x = \frac{(A_2 + A_3 + A_4 + A_5 + A_6) - 5A_1}{100 - A_1} \quad (6\text{-}10)$$

式中　M_x——砂的细度模数；

A_1、A_2、A_3、A_4、A_5、A_6——分别为 4.75mm、2.36mm、1.18mm、0.6mm、0.3mm、0.15mm 筛的累计筛余百分率（%）。

砂按其细度模数分为三大类，见表 6-3。

表 6-3　砂分类表

分类	粗砂	中砂	细砂
细度模数 M_x	3.7～3.1	3.0～2.3	2.2～1.6

细度模数越大，表示砂越粗。要全面表征细集料的颗粒性质，必须同时使用细度模数和级配两个指标。

6.3.2　粗集料的技术性质

1. 粗集料的物理性质

（1）物理常数。粗集料的物理常数包括不同密度以及与密度有关的空隙率等内容。

① 表观密度（又称视密度）：粗集料在规定条件下单位表观体积（指矿质实体体积和闭口孔隙体积之和）的质量。其计算公式为

$$\rho'_t = \frac{m_s}{V_s + V_n} = \frac{M}{V_s + V_n} \quad (6\text{-}11)$$

式中　ρ'_t——集料的表观密度（g/cm^3）；

m_s——集料自身实体质量（g），由于在空气中称重，孔隙中的气体质量为 0，所以该质量就等于集料的质量，即 $m_s = M$；

V_s——集料实体体积（cm^3）；

V_n——集料闭口孔隙体积（cm^3）。

② 毛体积密度：在规定条件下，单位毛体积（包括集料自身实体体积、闭口孔隙体积和开口孔隙体积之和）粗集料的质量。其计算公式为

$$\rho_h = \frac{m_s}{V_s + V_n + V_i} = \frac{M}{V_h} \quad (6\text{-}12)$$

式中　ρ_h——集料的毛体积密度（g/cm^3）；

V_i——集料的开口孔隙体积（cm^3）；

V_h——集料的毛体积，即 $V_h = V_s + V_n + V_i$（cm^3）。

③ 表干密度：在规定条件下，单位毛体积粗集料的表干质量。其计算公式为

$$\rho_s = \frac{m_f}{V_s + V_n + V_i} = \frac{M}{V_h} \quad (6\text{-}13)$$

式中　ρ_s——粗集料的表干密度（g/cm^3）；

m_f——粗集料的表干质量（g）；

其他符号意义同上。

④ 堆积密度：粗集料按照一定方式装填于容器中，包括集料自身实体体积、孔隙（闭口和开口之和）以及颗粒之间的空隙体积在内的单位体积的质量。其计算公式为

$$\rho'_f = \frac{m_s}{V_s + V_p + V_v} = \frac{M}{V_f} \tag{6-14}$$

式中 ρ'_f——粗集料的堆积密度（g/cm^3）；

V_p——粗集料的孔隙体积（cm^3），包括闭口和开口孔隙，即 $V_p = V_n + V_i$；

V_v——空隙体积（cm^3）；

V_f——粗集料的堆积体积（cm^3），即 $V_f = V_s + V_p + V_v$。

⑤ 空隙率：粗集料按照一定方式堆积时空隙体积占试样总体积的百分率。其计算公式为

$$VV = \left(1 - \frac{\rho'_f}{\rho_t}\right) \times 100 \tag{6-15}$$

式中 VV——粗集料按照一定方式堆积所形成的空隙率（%）；

ρ'_f——粗集料的堆积密度（g/cm^3）；

ρ'_t——粗集料的表观密度（g/cm^3）。

（2）级配。粗集料中组成颗粒的分级和搭配状况称为级配，通过采用标准筛的筛析试验来确定粗集料的级配状况。各参数的定义和计算方法同细集料。

（3）坚固性。粗集料的坚固性是用来表征材料耐候性的一项指标，即集料抵抗多次由硫酸钠结晶膨胀循环后造成的破坏作用的性能。

2. 粗集料的力学性质

路用粗集料的力学性质主要指抗压碎能力和磨耗性两大指标，当粗集料用于表层路面时，还涉及磨光值、磨耗值和冲击值等指标。

（1）压碎值。粗集料的压碎值是指在连续施加荷载的试验条件下，集料抵抗压碎的能力，以此来评价路用粗集料的相对承载能力。其计算公式为

$$C_{ru} = \frac{m_1}{m_0} \times 100 \tag{6-16}$$

式中 C_{ru}——粗集料的压碎值（%）；

m_0——试验用粗集料总质量（g）；

m_1——试验中被压碎到小于一定粒径（2.36mm）的质量（g）。

（2）磨耗性。磨耗性是评价集料抵抗撞击、摩擦作用的能力。现行规范采用的检测评定方法是洛杉矶磨耗试验法。即通过专用洛杉矶磨耗仪，在一定条件下待测集料经受撞击、摩擦考验，检测出集料受综合作用后形成的小于一定粒径的质量占原试样质量的百分率，以此作为磨耗性评价结果。其计算公式为

$$Q_{ab} = \frac{m_1 - m_2}{m_1} \times 100 \tag{6-17}$$

式中 Q_{ab}——集料的磨耗率（%）；

m_1——试验用烘干集料试样质量（g）；

m_2——试验后在 1.7mm 筛上的筛余量（g）。

(3) 冲击值。车辆高速行驶过程中急制动或车辆产生颠簸时，都可能对路面产生冲击作用，集料抵抗连续重复冲击荷载作用的性能称为冲击韧性。集料的冲击韧性采用集料冲击值（AIV）表示。冲击值越小，表示集料的抗冲击性能越好。

(4) 磨耗值。磨耗值指标用来评定表层路面中的集料抵抗车轮磨耗的能力，采用道瑞磨耗试验机测定集料的磨耗值（AAV）。磨耗值越小，表示集料的抗磨耗性能越好。

(5) 磨光值。路用集料在使用过程中不仅要表现出较高的承载能力，还要有较高的耐磨光性，以满足长期使用时高速行驶车辆对路面抗滑性的要求。这种抗滑性用集料的磨光值（PSV）来表示，磨光值越高，抗滑性越好。

6.3.3 集料的技术要求

1. 粗集料的技术要求

根据《建设用卵石、碎石》（GB/T 14685—2011），将卵石和碎石等粗集料按技术要求分为Ⅰ、Ⅱ、Ⅲ类，见表 6-4。

表 6-4　卵石和碎石的技术要求

技术指标		技术要求		
		Ⅰ	Ⅱ	Ⅲ
碎石压碎指标（%）	≤	10	20	30
卵石压碎指标（%）	≤	12	16	16
针、片状颗粒总含量（按质量计）（%）	≤	5	10	15
含泥量（按质量计）（%）	≤	0.5	1.0	1.5
泥块含量（按质量计）（%）	≤	0	0.2	0.5
有机物		合格	合格	合格
硫化物及硫酸盐（按 SO_3 质量计）	≤	0.5	1.0	1.0
坚固性（%）	≤	5	8	12
岩石抗压强度（MPa）		在饱水状态下，火成岩不小于 80；变质岩不小于 60；水成岩不小于 30		
表观密度（kg/m^3）	≥	2600		
空隙率（%）	≤	43	45	47
碱集料反应		经碱集料反应试验后，由卵石、碎石、碎卵石配制的试件应无裂缝、酥裂、胶体外溢等现象，在规定的试验龄期膨胀率应小于 0.10%		

2. 细集料的技术要求

根据《建设用砂》（GB/T 14684—2011），按有关技术要求将砂分成Ⅰ、Ⅱ、Ⅲ类，见

表 6-5。

表 6-5　细集料的技术要求

项目					技术要求		
					Ⅰ	Ⅱ	Ⅲ
机制砂	压碎指标（%）			≤	20	25	30
机制砂	亚甲蓝试验	*MB* 值≤1.4 或合格	石粉含量（%）	≤	10.0	10.0	10.0
机制砂	亚甲蓝试验	*MB* 值≤1.4 或合格	泥块含量（%）	≤	0	1.0	2.0
机制砂	亚甲蓝试验	*MB* 值>1.4 或不合格	石粉含量（%）	≤	1.0	3.0	5.0
机制砂	亚甲蓝试验	*MB* 值>1.4 或不合格	泥块含量（%）	≤	0	1.0	2.0
天然砂	含泥量（按质量计）（%）			≤	1.0	3.0	5.0
天然砂	泥块含量（按质量计）（%）			≤	0	1.0	2.0
有害物质限量（%）	氯化物（按氯离子质量计）（%）			≤	0.01	0.02	0.06
有害物质限量（%）	云母（按质量计）（%）			≤	1.0	2.0	2.0
有害物质限量（%）	有机物				合格	合格	合格
有害物质限量（%）	硫化物及硫酸盐（按 SO_3 质量计）（%）			≤	0.5	0.5	0.5
有害物质限量（%）	轻物质（按质量计）（%）			≤	1.0	1.0	1.0
有害物质限量（%）	贝壳（按质量计）（%）			≤	3.0	5.0	8.0
质量损失（%）				≤	8	8	10
密度与空隙率					表观密度≥2500kg/m³；松散堆积密度≥1400kg/m³；空隙率≤44%		

6.3.4　岩石的技术性质

岩石的技术性质，主要从物理性质、力学性质和化学性质三个方面进行评价。

1. 物理性质

岩石的物理性质包括物理常数、吸水性和耐候性。

（1）物理常数。物理常数主要是指石料的密度和孔隙率，此类常数能够直接影响到石料的力学性质，也是将石料用于混合料配合比设计的参数之一。在路桥工程用块状石料中，常用的物理常数主要是真实密度、毛体积密度和孔隙率。通过这些指标可以间接预测岩石有关物理性质和力学性质。

① 真实密度：岩石在规定条件［(105±5)℃下烘干至恒重］下，烘干岩石矿质单位体积（不包括开口与闭口孔隙）的质量。

② 毛体积密度：在规定条件下，烘干岩石（包括孔隙在内）单位体积的质量。

③ 孔隙率：是指孔隙体积占石料总体积的百分率。

（2）吸水性。岩石的吸水性是岩石在规定条件下吸水的能力。岩石与水作用后，水很快湿润石料的表层并填充了石料的孔隙，因此水对岩石破坏作用的大小，主要取决于岩石造岩矿物性质及其组成结构状态。为此，我国《公路工程岩石试验规程》（JTG E41—2005）规定，采用吸水率和饱和吸水率两项指标来表征岩石的吸水性。

① 吸水率：指在室内常温（20±2）℃和标准大气压条件下，石料试件最大的吸水质量

占烘干石料试件质量的百分率。

② 饱和吸水率：指在室内常温（20±2)℃和真空抽气（抽至真空度为残压）后条件下，石料试件最大的吸水质量占烘干石料试件质量的百分率。

通常认为，在常压下测定的吸水率，此时水分只充填部分孔隙，当真空抽气后占据岩石孔隙内部的空气被排出，恢复常压时，水即进入具有稀薄残压的岩石孔隙中，此时水分几乎充满开口孔隙的全部体积，因此，饱和吸水率大于吸水率。

（3）耐候性。道路与桥梁都是暴露于大自然中无遮盖的建筑物，经常受到各种自然因素的影响，用于道路与桥梁建筑的岩石抵抗大气自然因素作用的性能称为耐候性。目前对道路与桥梁用岩石，在某些气候条件下，必须考虑其抗冻融耐久性（简称抗冻性）。岩石抗冻性是指岩石在吸水饱和状态下，抵抗多次冻结和融化作用而不发生显著破坏，同时也不严重降低强度的性质。测定方法有直接冻融法和坚固性法。

判断岩石抗冻性能好坏有两个指标：

① 质量损失：要求冻融后石料的质量损失不大于 5%。

② 冻融后强度变化：一般要求抗压强度降低不大于 25%。

2. 力学性质

岩石的力学性质主要指抗压强度和磨耗率两项性质。

（1）抗压强度。将岩石制备成（50±2.5）mm 的正立方体［或直径与高均为（50±2.5）mm 的圆柱体］试件，经吸水饱和后，在单轴受压及规定的加载条件下，达到极限破坏时，单位承压面积的强度称为单轴抗压强度。

岩石的抗压强度是岩石力学性质中最重要的一项指标，它是划分岩石等级的主要依据。岩石抗压强度值主要取决于岩石的组成结构（如矿物组成、结构和构造、裂隙的分布等），同时也取决于试验的条件（试件尺寸和形状、加荷速度、试验状态等）。

（2）磨耗率。它是指岩石抵抗撞击、剪切和摩擦联合作用的能力。

其测定方法有洛杉矶法（搁板式）和狄法尔法（双筒式）。

3. 化学性质

（1）酸碱性。二氧化硅（SiO_2）和氧化钙（CaO）是岩石组成最主要的两种化学成分，两者的比例决定了石料的酸碱性。通常按二氧化硅含量将岩石分为酸性、碱性及中性。SiO_2 含量大于 65%的岩石称为酸性岩石；SiO_2 含量在 52%～65%的岩石称为中性岩石；SiO_2 含量小于 52%的岩石称为碱性岩石。因此，在选择与沥青结合的岩石时，应考虑岩石的酸碱性对沥青与岩石黏结的影响。

（2）黏附性。黏附性直接影响石料与沥青黏结性能的好坏。

4. 岩石的技术要求

按路用岩石技术要求的不同，分为 4 个岩类：岩浆岩类；石灰岩类；砂岩与片岩类；砾岩类。

以上各岩石按其物理-力学性质（主要为饱水抗压强度和磨耗率）各分为下列 4 个等级：

1 级——最坚强的岩石；

2 级——坚强的岩石；

3 级——中等坚强的岩石；

4 级——较软的岩石。

6.4 集料试验检测

6.4.1 粗集料压碎值试验

1. 试验目的

测定粗集料抵抗压碎的能力，间接评价其相应的承载能力和强度，以评定集料在公路工程中的适应性。

2. 仪器设备

（1）石料压碎值试验仪：由内径150mm两端开口的钢制圆形试筒、压柱和底板三部分组成。

（2）金属捣棒。

（3）天平：称量2～3kg，感量不大于1g。

（4）标准筛：筛孔尺寸13.2mm、9.5mm、2.36mm方孔筛各一个。

（5）压力试验机：500kN，能够在10min内达到400kN。

（6）金属筒：圆柱形，内径112.0mm，高179.4mm，容积1767cm^3。

3. 试验准备

（1）风干试样用13.2mm和9.5mm标准筛过筛，取9.5～13.2mm的试样3组各3000g待用。

（2）每次试验时，按大致相同的数量将试样分3层装入金属量筒中，整平，每层用金属棒在整个层面均匀捣实25次。最后用金属棒将多出部分刮平，称取量筒中试样质量（m_0）。以相同质量的试样进行压碎值的平行试验。

4. 试验步骤

（1）将试筒安放在底板上。

（2）将要求质量的试样分3次（每次数量大体相同）均匀装入试模中，用金属棒在整个层面均匀捣实25次。最后用金属棒作为直刮刀将表面仔细整平。

（3）将装有试样的试模放到压力机上，同时加压头放入试筒内石料面上，注意使压头摆平，勿楔挤试模侧壁。

（4）开动压力机，均匀地施加荷载，在10min左右的时间内达到总荷载400kN。稳压5s，然后卸载。

（5）将试模从压力机上取下，取出试样。

（6）用2.36mm标准筛筛分经压碎的全部试样，可分几次筛分，均需筛到在1min内无明显筛出物为止。

（7）称取通过2.36mm筛孔的全部细料质量（m_1），准确至1g。

5. 试验结果计算

粗集料压碎值计算公式为

$$Q'_a = \frac{m_1}{m_0} \times 100 \tag{6-18}$$

式中　Q'_a——粗集料压碎值（%）；

m_0——加压试验前试样质量（g）；

m_1——加压试验后通过 2.36mm 筛的试样质量（g）。

以 3 个试样平行试验结果的算术平均值作为压碎值的测定值。

6.4.2　粗集料的针、片状颗粒含量试验

【试验 6-1】水泥混凝土用粗集料针、片状颗粒含量试验（规准仪法）

1. 试验目的

测定水泥混凝土使用的 4.75mm 以上的粗集料的针状及片状颗粒的含量，用于评价粗集料的形状，推测抗压碎能力，以评定其工程性质。

2. 试验仪器设备

（1）水泥混凝土集料针状和片状规准仪。

（2）天平或台秤：感量不大于称量值的 0.1%。

（3）标准筛：孔径分别为 4.75mm、9.5mm、16mm、19mm、26.5mm、31.5mm、37.5mm 的标准筛，试验时根据需要选用。

3. 试验准备

将来样在室内风干至表面干燥，并用四分法或分料器法缩分至满足表 6-6 规定的质量，称量（m_0），然后筛分成表 6-6 所规定的粒级备用。

表 6-6　针、片状颗粒试验所需的试样最小质量

公称最大粒径（mm）	9.5	16	19	26.5	31.5	37.5
试样最小质量（kg）	0.3	1	2	3	5	10

4. 试验步骤

（1）目测挑出接近立方体形状的规则颗粒，将目测有可能属于针、片状颗粒的集料按表 6-6所规定的粒级用规准仪逐粒对试样进行针状颗粒鉴定，挑出颗粒长度大于针状规准仪上相应间距而不能通过者，为针状颗粒。

（2）将通过针状规准仪上相应间距的非针状颗粒逐粒对试样进行片状颗粒鉴定，挑出厚度小于片状规准仪上相应孔宽能通过者，为片状颗粒。

（3）称量由各粒级挑出的针状颗粒和片状颗粒的质量，其总质量为 m_1。

5. 试验结果计算

水泥混凝土用碎石或卵石中针、片状颗粒含量计算公式为

$$Q_e = \frac{m_1}{m_0} \times 100 \tag{6-19}$$

式中　Q_e——试样针、片状颗粒含量（%）；

m_1——试样中所含针状颗粒与片状颗粒的总质量（g）；

m_0——试样总质量（g）。

【试验 6-2】沥青混合料用粗集料针、片状颗粒含量试验（游标卡尺法）

1. 试验目的

测定用于沥青混合料和基层材料的 4.75mm 以上的粗集料中针状和片状颗粒含量，用于评价粗集料的形状和推测抗压碎能力，以评定其工程性质。

2. 试验仪器设备

（1）游标卡尺：精密度为 0.1mm。

（2）天平：感量不大于 1g。

（3）标准筛：方孔筛 4.75mm。

3. 试验方法和步骤

（1）按规定方法采集粗集料试样。

（2）按分料器法或四分法选取 1kg 左右的试样。对每一种规格的粗集料，应按照不同的公称粒径，分别取样检验。

（3）用 4.75mm 标准筛将试样过筛，取筛上部分供试验用，称取试样的总质量（m_0），准确至 1g，试样数量不少于 800g，并不少于 100 颗。

（4）将试样平摊于桌面上，首先用目测的方式挑出接近立方体的颗粒，剩下可能属于针状（细长）和片状（扁平）的颗粒。

（5）将欲测量的颗粒放在桌面上呈一稳定的状态，颗粒平面方向的最大长度为 L，侧面厚度的最大尺寸为 t，将 $L/t \geqslant 3$ 的颗粒（即长度方向与最大厚度方向的尺寸之比大于 3 的颗粒）分别挑出作为针、片状颗粒。称取针、片状颗粒质量 m_1，准确至 1g。

4. 试验结果计算

沥青混合料或基层用粗集料中针、片状颗粒含量计算公式为

$$Q_e = \frac{m_1}{m_0} \times 100 \tag{6-20}$$

式中 Q_e——针、片状颗粒含量（%）；

m_1——针、片状颗粒的质量（g）；

m_0——试验用的集料总质量（g）。

5. 注意事项

（1）由于沥青路面对粗集料针、片状颗粒的要求更为严格，两种不同用途集料的针、片状颗粒检测方法采用不同的手段，因此不能用规准仪法替代游标卡尺法判定沥青混合料粗集料的形状。

（2）采用规准仪进行颗粒形状判断时，首先要通过标准筛将粗集料进行分级，不同粒级的颗粒要对应于规准仪相应的孔宽和间距来判定，不可错位。

6.4.3 细集料的筛分试验

1. 试验目的

通过试验测定水泥混凝土用砂的颗粒级配，并确定砂的粗细程度。

2. 试验仪器设备

（1）标准筛。

（2）天平：称量 1000g，感量不大于 0.5g。

（3）摇筛机。

（4）烘箱：能控温在（105±5）℃。

（5）其他：浅盘和硬、软毛刷等。

3. 试验步骤

（1）干筛法。

① 准确称取烘干试样约 500g（m_1），准确至 0.5g，置于套筛的最上面一只即 4.75mm 筛上，将套筛装入摇筛机，摇筛约 10min，然后取出套筛，再按筛孔大小顺序，从最大的筛号开始，在清洁的浅盘上逐个进行手筛，直到每分钟的筛出量不超过筛上剩余量的 0.1%时为止，将筛出通过的颗粒并入下一号筛，和下一号筛中的试样一起过筛，以此顺序进行，至各号筛全部筛完为止。

② 称量各筛筛余试样的质量，精确至 0.5g。所有各筛的分计筛余量和底盘中剩余量的总量与筛分前的试样总量，相差不得超过后者的 1%。

（2）水洗法。

① 准确称取烘干试样约 500g（m_1），准确至 0.5g。

② 将试样置一洁净容器中，加入足够数量的洁净水，将集料全部淹没。

③ 用搅棒充分搅动集料，将集料表面洗涤干净，使细粉悬浮在水中，但不得有集料从水中溅出。

④ 用 1.18mm 筛及 0.075mm 筛组成套筛，仔细将容器中混有细粉的悬浮液徐徐倒出，经过套筛流入另一容器中，但不得将集料倒出。

注：不可直接倒至 0.075mm 筛上，以免集料掉出损坏筛面。

⑤ 重复②～④步骤，直至倒出的水洁净且小于 0.075mm 颗粒全部倒出。

⑥ 将容器中的集料倒入搪瓷盘中，用少量水冲洗，使容器上沾附的集料颗粒全部进入搪瓷盘中，将筛子反扣过来，用少量的水将筛上集料冲入搪瓷盘中。操作过程中不得有集料散失。

⑦ 将搪瓷盘连同集料一起置于温度为（105±5)℃的烘箱中烘干至恒重，称取干燥集料试样的总质量（m_2），准确至 0.1%。m_1 与 m_2 之差即为通过 0.075mm 筛的部分。

⑧ 将全部要求筛孔组成套筛（但不需 0.075mm 筛），将已经洗去小于 0.075mm 部分的干燥集料置于套筛上（通常为 4.75mm 筛），将套筛装入摇筛机，摇筛约 10min，然后取出套筛，再按筛孔大小顺序，从最大的筛号开始，在清洁的浅盘上逐个进行手筛，直至每分钟的筛出量不超过筛上剩余量的 0.1%时为止，将筛出通过的颗粒并入下一号筛，和下一号筛中的试样一起过筛，这样顺序进行，直至各号筛全部筛完为止。

注：如为含有粗集料的集料混合料，套筛筛孔根据需要选择。

⑨ 称量各筛筛余试样的质量，精确至 0.5g。所有各筛的分计筛余量和底盘中剩余量的总质量与筛分前后试样总量（m_2）的差值不得超过后者的 1%。

4. 试验结果计算

（1）计算分计筛余百分率。各号筛的分计筛余百分率为各号筛上的筛余量除以试样总量（m_1）的百分率，精确至 0.1%。对沥青路面细集料而言，0.15mm 筛下部分即为 0.075mm 的分计筛余，由上述⑦测得的 m_1 与 m_2 之差即为小于 0.075mm 的筛底部分。

（2）计算累计筛余百分率。各号筛的累计筛余百分率为该号筛及大于该号筛的各号筛的分计筛余百分率之和，准确至 0.1%。

（3）计算质量通过百分率。各号筛质量通过百分率等于 100 减去该号筛累计筛余百分率，准确至 0.1%。

（4）根据各筛的累计筛余百分率或通过百分率，绘制级配曲线。

（5）天然砂的细度模数按式（6-10）计算，精确至 0.01。

（6）进行两次平行试验，以试验结果的算术平均值作为测定值。如两次试验所得的细度模数之差大于0.2，应重新进行试验。

6.4.4 细集料含泥量试验（筛洗法）

1. 试验目的

通过筛洗方法测定天然砂中粒径小于0.075mm的尘屑、淤泥和黏土的含量。

2. 试验仪器

（1）天平：称量1kg，感量不大于1g。

（2）标准筛：孔径0.075mm及1.18mm的方孔筛。

（3）烘箱：能控温在（105±5）℃。

（4）其他：筒、浅盘等。

3. 试验方法和步骤

（1）将待测砂样品通过四分法缩分至约1000g，在（105±5）℃烘箱中烘干至恒重，冷却至室温后，称取约400g（m_0）的试样两份备用。

（2）取烘干的试样一份置于筒中，注入洁净的水，要求水面高出砂样200mm。充分搅拌均匀，静置24h。然后用水充分淘洗砂样，使尘屑、淤泥和黏土与砂粒分离后，小心将浑浊液倒入1.18mm和0.075mm的套筛上，滤去小于0.075mm部分。再次加水于筒中，重复上述过程，直至筒内砂样洗出的水清澈为止。

（3）用水冲洗留存于筛上的细粒，并将0.075mm筛放在水中来回摇动，以保证充分洗除小于0.075mm的颗粒。然后将两筛上筛余的颗粒和筒中已洗净的试样一同转移到浅盘中，置于（105±5）℃烘箱中烘干至恒重，冷却至室温，称重（m_1）。

4. 试验结果计算

砂中含泥量按式（6-21）计算：

$$Q_n = \frac{m_0 - m_1}{m_0} \times 100 \tag{6-21}$$

式中 Q_n——砂的含泥量（%）；

m_0——试验前称取砂样的质量（g）；

m_1——试验后烘干砂样的质量（g）。

6.4.5 细集料砂当量试验

1. 试验目的

本试验适用于测定天然砂、机制砂、石屑等各种细集料中所含的黏性土或杂质的含量，以评定集料的洁净程度。砂当量用 *SE* 表示。本试验方法适用于公称最大粒径不超过4.75mm的集料。

2. 试验仪器与材料

（1）透明圆柱形试筒：透明塑料制，试筒口配有橡胶瓶口塞。

（2）冲洗管：由一根弯曲的硬管组成，不锈钢或冷锻钢制。

（3）透明玻璃或塑料桶：有一根虹吸管放置桶中，桶底面高出工作台约1m。

（4）橡胶管（或塑料管）：同冲洗管连在一起吸液用，配有金属夹，控制洗液流量。

（5）配重活塞：由长杆、底座、套筒和配重组成。配重为（1±5)g。

（6）机械振荡器：可使试筒产生横向的直线运动振荡。

（7）天平：称量 1kg，感量不大于 0.1g。

（8）烘箱：能使温度控制在（105±5)℃。

（9）秒表。

（10）标准筛：筛孔为 4.75mm。

（11）温度计。

（12）广口漏斗：玻璃或塑料制，口的直径 100mm 左右。

（13）钢板尺：长 50cm，刻度 1mm。

（14）其他：量筒（500mL）、烧杯（1L）、塑料桶（5L）、烧杯、刷子、盘子、刮刀、勺子等。

（15）试剂。

① 无水氯化钙（$CaCl_2$）：分析纯，含量 96%以上，分子量 110.99，纯品为无色立方结晶，在水中溶解度大，溶解时放出大量热，它的水溶液呈微酸性，具有一定的腐蚀性。

② 丙三醇（CHO）：又称甘油，分析纯，含量 98%以上，分子量 92.09。

③ 甲醛（HCHO）：分析纯，含量 36%以上，分子量 30.03。

④ 洁净水或纯净水。

3. 试验准备

（1）试样制备。

① 将样品通过孔径 4.75mm 筛，去掉筛上的粗颗粒部分，试样数量不少于 1000g，如样品过分干燥，可在筛分之前加少量水分润湿（含水率为 3%左右），用包橡胶的小锤打碎土块，然后过筛，以防止将土块作为粗颗粒筛除。当粗颗粒部分被在筛分时不能分离的杂质裹覆时，应将筛上部分的粗集料进行清洗，并回收其中的细粒放入试样中。

② 按 T 0332 的方法测定试样含水率。试验用的样品，在测定含水率和取样试验期间不要丢失水分。

由于试样是加水湿润过的，对试样含水率应按现行含水率测定方法进行，含水率以两次测定的平均值计，准确至 0.1%。已经过含水率测定的试样不得用于试验。

③ 称取试样的湿重。根据测定的含水率按式（6-22）计算相当于 120g 干燥试样的样品湿重，准确至 0.1g。

$$m_1 = \frac{120 \times (100 + w)}{100} \tag{6-22}$$

式中　w——集料试样的含水率（%）；

m_1——相当于干燥试样 120g 时的潮湿试样的质量（g）。

（2）配制冲洗液。

① 根据需要确定冲洗液的数量，通常一次配制 5L，约可进行 10 次试验。如试验次数较少，可以按比例减少，但不宜少于 2L，以减小试验误差。冲洗液的浓度以每升冲洗液中的氯化钙、甘油、甲醛含量分别为 2.79g、12.12g、0.34g 控制。称取配制 5L 冲洗液的各种试剂的用量：氯化钙 14.0g；甘油 60.6g；甲醛 1.7g。

② 称取无水氯化钙14.0g放入烧杯中，加洁净水30mL充分溶解，此时溶液温度会升高，待溶液冷却至室温，观察是否有不溶的杂质，若有杂质必须用滤纸将溶液过滤，以除去不溶的杂质。

③ 倒入适量洁净水稀释，加入甘油60.6g，用玻璃棒搅拌均匀后再加入甲醛1.7g，用玻璃棒搅拌均匀后全部倒入1L量筒中，并用少量洁净水分别对盛过3种试剂的器皿洗涤3次，每次洗涤的水均放入量筒中，最后加入洁净水至1L刻度线。

④ 将配制的1L溶液倒入塑料桶或其他容器中，再加入4L洁净水或纯净水稀释至(5±0.005) L。该冲洗液的使用期限不得超过2周，超过2周后必须废弃，其工作温度为(22±3)℃。

4. 试验步骤

(1) 用冲洗管将冲洗液加入试筒，直到最下面的100mm刻度处（约需80mL试验用冲洗液）。

(2) 把相当于（120±1)g干料重的湿样用漏斗仔细地倒入竖立的试筒中。

(3) 用手掌反复敲打试筒下部，以除去气泡，并使试样尽快润湿，然后放置10min。

(4) 在试样静止（10±1)min后，在试筒上塞上橡胶塞堵住试筒，用手将试筒横向水平放置，或将试筒水平固定在振荡器上。

(5) 开动机械振荡器，在（30±1)s的时间内振荡90次。用手振荡时，仅需手腕振荡，不必晃动手臂，以维持振幅（230±25)mm，振荡时间和次数与机械振荡器同。然后将试筒取下竖直放回试验台上，拧下橡胶塞。

(6) 将冲洗管插入试筒中，用冲洗液冲洗附在试筒壁上的集料，然后迅速将冲洗管插到试筒底部，不断转动冲洗管，使附着在集料表面的土粒杂质浮游上来。

(7) 缓慢匀速向上拔出冲洗管，当冲洗管抽出液面，且保持液面位于380mm刻度线时，切断冲洗管的液流，使液面保持在380mm刻度线处，然后开动秒表在没有扰动的情况下静置20min±15s。

(8) 在静置20min后，用尺量测从试筒底部到絮状凝结物上液面高度（h_1）。

(9) 将配重活塞徐徐插入试筒里，直至碰到沉淀物时，立即拧紧套筒上的固定螺钉。将活塞取出，用直尺插入套筒开口中，量取套筒顶面至活塞底面的高度（h_2），准确至1mm。同时记录试筒内的温度，准确至1℃。

(10) 按上述步骤进行2个试样的平行试验。

5. 计算

(1) 试样的砂当量值按式（6-23）计算：

$$SE = \frac{h_2}{h_1} \times 100 \tag{6-23}$$

式中 SE——试样的砂当量（%）；

h_2——试筒中用活塞测定的集料沉淀物的高度（mm）；

h_1——试筒中絮凝物和沉淀物的总高度（mm）。

(2) 一种集料应平行测定两次，取两个试样的平均值，并以活塞测得的砂当量为准，以整数表示。

6.4.6　细集料坚固性试验

1. 试验目的

本试验方法用以确定砂试样经饱和硫酸钠溶液多次浸泡与烘干循环，承受硫酸钠结晶而不发生显著破坏或强度降低的性能，以评定砂的坚固性能。

2. 试验仪器

（1）烘箱：能控温在（105±5）℃。

（2）天平：称量 200g，感量不大于 0.2g。

（3）标准筛：孔径为 0.3mm、0.6mm、1.18mm、2.36mm、4.75mm。

（4）容器：搪瓷盆或瓷缸，容量不小于 10L。

（5）三脚网篮：内径及高均为 70mm，由铜丝或镀锌铁丝制成，网孔的孔径不应大于所盛试样粒级下限尺寸的一半。

（6）试剂：无水硫酸钠或 10 水结晶硫酸钠（工业用）。

（7）波美比重计。

3. 试验准备

取一定数量的洁净水（多少取决于试样及容器大小），加温至 30～50℃，每 1000mL 洁净水加入无水硫酸钠（Na_2SO_4）300～350g 或 10 水硫酸钠（$Na_2SO_4 \cdot 10H_2O$）700～1000g，用玻璃棒搅拌，使其溶解并饱和，然后冷却至 20～25℃，在此温度下静置 48h，其相对密度应保持在 1.151～1.174（波美度为 18.9～21.4）范围内。试验时，容器底部应无结晶存在。

4. 试验方法和试验步骤

（1）将试样烘干，称取粒级为 0.3～0.6mm、0.6～1.18mm、1.18～2.36mm 和 2.36～4.75mm 的试样各约 100g（m_i），分别装入网篮并浸入盛有硫酸钠溶液的容器中。溶液体积应不小于试样总体积的 5 倍，其温度应保持在 20～50℃范围内。三脚网篮浸入溶液时应先上下升降 25 次以排除试样中的气泡，然后静置于该容器中。此时网篮底面应距容器底面约 30mm（由网篮脚高控制），网篮之间的间距应不小于 30mm。试样表面至少应在液面以下 30mm。

（2）浸泡 20h 后，从溶液中提出网篮，放在（105±5)℃的烘箱中烘烤 4h，至此完成了第一个试验循环。待试样冷却至 20～25℃后，即开始第二次循环。从第二次循环开始，浸泡及烘烤时间均为 4h。共循环 5 次。

（3）最后一次循环完毕后，将试样置于 25～30℃的清水中洗净硫酸钠，再在（105±5)℃的烘箱中烘干至恒重，取出冷却至室温后，用筛孔孔径为试样粒级下限的筛，过筛并称量各粒级试样试验后的筛余量（m'_i）。

注：试样中硫酸钠是否干净，可按下法检验：取洗试样的水数毫升，滴入少量氯化钡（BaCl）溶液，如无白色沉淀，即说明硫酸钠已被洗净。

5. 计算

（1）试样中各粒级颗粒的分计损失百分率按式（6-24）计算：

$$Q_i = \frac{m_i - m'_i}{m_i} \times 100 \tag{6-24}$$

式中 Q_i——试样中各粒级颗粒的分计损失百分率（%）；

m_i——每一粒级试样试验前烘干质量（g）；

m'_i——经硫酸钠溶液试验后，每一粒级筛余颗粒的烘干质量（g）。

（2）试样的坚固性损失总百分率按式（6-25）计算，精确至1%：

$$Q = \sum m_i Q_i / \sum m_i \tag{6-25}$$

式中 Q——试样的坚固性损失（%）；

m_i——不同粒级的颗粒在原试样总量中的分计质量（g）；

Q_i——不同粒级的分计质量损失百分率（%）。

6.4.7 岩石单轴抗压强度试验

1. 试验目的

单轴抗压强度试验是测定规则形状岩石试件单轴抗压强度的方法，主要用于岩石的强度分级和岩性描述。本方法采用饱和状态下的岩石立方体（或圆柱体）试件的抗压强度来评定岩石强度（包括碎石或卵石的原始岩石强度）。在某些情况下，试件含水状态还可根据需要选择天然状态、烘干状态或冻融循环后状态。试件的含水状态要在试验报告中注明。

2. 仪器设备

（1）压力试验机或万能试验机。

（2）钻石机、切石机、磨石机等岩石试件加工设备。

（3）烘箱、干燥器、游标卡尺、角尺及水池等。

3. 试件制备

建筑地基的岩石试验，采用圆柱体作为标准试件，直径为（50±2)mm，高径比为1∶1，每组试件共6个。

桥梁工程用的石料试验，采用立方体试件，边长为（70±2)mm，每组试件共6个。

路面工程用的石料试验，采用圆柱体或立方体试件，其直径或边长和高均为（50±2)mm，每组试件共6个。

4. 试验步骤

（1）用游标卡尺量取试件尺寸（精确至0.1mm)，对立方体试件在顶面和底面上各量取其边长，以各个面上相互平行的两个边长的算术平均值计算其承压面积；对圆柱体试件在顶面和底面分别测量两个相互正交的直径，并以其各自的算术平均值分别计算底面和顶面的面积，取其顶面和底面面积的算术平均值作为计算抗压强度所用的截面积。

（2）试件的含水状态可根据需要选择烘干状态、天然状态、饱和状态、冻融循环后状态。试件烘干和饱和状态应符合《公路工程岩石试验规程》（JTG E41—2005）T 0205中相关条款的规定，试件冻融循环后状态应符合T 0241中相关条款的规定。

（3）按岩石强度性质，选定合适的压力机。将试件置于压力机的承压板中央，对正上、下承压板，不得偏心。

（4）以0.5～1.0MPa/s的速率进行加荷直至破坏，记录破坏荷载及加载过程中出现的现象。抗压试件试验的最大荷载记录以N为单位，精度1%。

5. 结果整理

（1）岩石的抗压强度和软化系数分别按式（6-26）、式（6-27）计算：

$$R = P/A \tag{6-26}$$

式中　R——岩石的抗压强度（MPa）；

P——试件破坏时的荷载（N）；

A——试件的截面积（mm^2）。

$$K_p = R_w/R_d \tag{6-27}$$

式中　K_p——软化系数；

R_w——岩石饱和状态下的单轴抗压强度（MPa）；

R_d——岩石烘干状态下的单轴抗压强度（MPa）。

（2）单轴抗压强度试验结果应同时列出每个试件的试验值及同组岩石单轴抗压强度的平均值；有显著层理的岩石，分别报告垂直与平行层理方向的试件强度的平均值。计算值精确至 0.1MPa。

（3）软化系数计算值精确至 0.01，3 个试件平行测定，取算术平均值；3 个值中最大与最小之差不应超过平均值的 20%，否则应另取第 4 个试件，并在 4 个试件中取最接近 3 个值的平均值作为试验结果，同时在报告中将 4 个值全部给出。

（4）试验记录。单轴抗压强度试验记录应包括岩石名称、试验编号、试件编号、试件描述、试件尺寸、破坏荷载、破坏形态。

6.4.8　岩石抗冻性试验

1. 试验目的

岩石的抗冻性是用来评估岩石在饱和状态下经受规定次数的冻融循环后抵抗破坏的能力，岩石抗冻性对于不同的工程环境气候有不同的要求。冻融次数的规定：在严寒地区（最冷月的月平均气温低于－15℃）为 25 次；在寒冷地区（最冷月的月平均气温低于－15～－5℃）为 15 次。寒冷地区，均应采用本方法进行岩石的抗冻性试验。

2. 仪器设备

（1）切石机、钻石机及磨石机等岩石试件加工设备。

（2）冰箱：温度能控制在－15～－20℃。

（3）天平：感量 0.01g，称量大于 500g。

（4）放大镜。

（5）烘箱：能使温度控制在 105～110℃。

3. 试件制备

（1）试件应符合《公路工程岩石试验规程》（JTG 41—2005）T 0221 中 3.1 的规定。

（2）每组试件不少于 3 个，此外再制备同样试件 3 个，用于做冻融系数试验。

4. 试验步骤

（1）将试件编号，用放大镜详细检查，并做外观描述。然后量出每个试件的尺寸，计算受压面积。将试件放入烘箱，在 105～110℃下烘至恒量，烘干时间一般为 12～24h，待在干燥器内冷却至室温后取出，立即称其质量（m_s），精确至 0.01g（以下皆同此）。

（2）按吸水率试验方法，让试件自由吸水饱和，然后取出擦去表面水分，放在铁盘中，试件与试件之间应留有一定间距。

（3）待冰箱温度下降到－15℃以下时，将铁盘连同试件一起放入冰箱，并立即开始计时。冻结 4h 后取出试件，放入（20±5)℃的水中融解 4h，如此反复冻融至规定次数为止。

（4）每隔一定的冻融循环次数（如 10 次、15 次、25 次等）详细检查各试件有无剥落、裂缝、分层以及掉角等现象，并记录检查情况。

（5）称量冻融试验后的试件饱水质量（m'_f），再将其烘干至恒量，称其质量（m_f）。并按抗压强度试验方法测定冻融试验后的试件饱水抗压强度，另取 3 个未经冻融试验的试件测定其饱水抗压强度。

5. 结果整理

（1）按式（6-28）计算岩石冻融后的质量损失率，试验结果精确至 0.1%：

$$L = \frac{m_s - m_f}{m_s} \times 100 \tag{6-28}$$

式中 L——冻融后的质量损失率（%）；

m_s——试验前烘干试件的质量（g）；

m_f——试验后烘干试件的质量（g）。

（2）冻融后的质量损失率取 3 个试件试验结果的算术平均值。

（3）按式（6-29）计算岩石冻融后的吸水率，试验结果精确至 0.1%：

$$W'_{sa} = \frac{m'_f - m_f}{m_f} \times 100 \tag{6-29}$$

式中 W'_{sa}——岩石冻融后的吸水率（%）；

m'_f——冻融试验后的试件饱水质量（g）。

其他符号同前。

（4）按式（6-30）计算岩石的冻融系数，试验结果精确至 0.01：

$$K_f = \frac{R_f}{R_s} \tag{6-30}$$

式中 K_f——冻融系数；

R_f——经若干次冻融试验后的试件饱水抗压强度（MPa）；

R_s——未经冻融试验的试件饱水抗压强度（MPa）。

（5）试验记录。抗冻性记录应包括岩石名称、试验编号、试件编号、试件描述、冻融循环次数、冻融试验前后的烘干质量、冻融试验后的试件饱水抗压强度、未经冻融试验的试件饱水抗压强度。

6.5 水泥混凝土的技术性质和技术要求

水泥混凝土是以水泥为胶结材料与粗集料、细集料、水，必要时掺加适宜的外加剂、掺加料，按适当比例配合，经搅拌、成型、养护而成的复合材料。在水泥混凝土中，砂、石起骨架作用，称为骨料；水泥与水形成水泥浆，水泥浆包裹在骨料表面并填充其空隙。硬化前，水泥浆起润滑作用，赋予拌合物一定的和易性，便于施工。水泥浆硬化后，则将骨料胶结为一个坚实的整体。

水泥混凝土的技术性质主要包括：新拌混凝土的工作性（和易性）；硬化后混凝土的力

学性质和硬化后混凝土的耐久性。

6.5.1　新拌混凝土的工作性

1. 新拌混凝土工作性的概念

水泥混凝土的工作性，也称和易性，是指混凝土拌合物易于施工操作（拌和、运输、浇灌、捣实）且成型后质量均匀、密实的性能。和易性是一项综合的技术性质，包括流动性、黏聚性和保水性等三个方面的含义。

流动性是指混凝土拌合物在本身自重或施工机械振捣的作用下，能产生流动，并均匀密实地填满模板的性能。流动性的大小取决于混凝土拌合物中用水量或水泥浆含量的多少。

黏聚性是指混凝土拌合物在施工过程中其组成材料之间有一定的黏聚力，不致产生分层和离析的性能。黏聚性的大小主要取决于细集料的用量以及水泥浆的稠度等。

保水性是指混凝土拌合物在施工过程中，具有一定的保水能力，不致产生严重泌水的性能。保水性差的混凝土拌合物，由于水分分泌出来会形成容易透水的孔隙，从而降低混凝土的密实性。

2. 新拌混凝土工作性的测定方法

混凝土拌合物的工作性是一项极其复杂的综合指标，到目前为止尚无能够全面反映混凝土和易性的测定方法，通常通过测定流动性，再辅以其他直观观察或经验综合评定混凝土的和易性。最常用的测定方法有坍落度法和维勃稠度法。

（1）坍落度法。坍落度试验是用标准坍落度圆锥筒测定。试验时，将圆锥筒置于平板上，然后将搅拌好的混凝土拌合物分三层装入坍落度筒中，每层插捣 25 次，抹平后垂直提起坍落度筒，混凝土则在自重作用下坍落，测量筒高与坍落后混凝土试体最高点之间的高差（图 6-7），即为新拌混凝土拌合物的坍落度（单位为 mm）。坍落度越大，则混凝土拌合物的流动性越大。在做坍落度试验的同时，应观察混凝土拌合物的黏聚性、保水性以及含砂等情况，以更全面地评定混凝土拌合物的和易性。黏聚性通过观察坍落度测试后混凝土所保持的形状，或侧面用捣棒敲击后的形状判定。保水性是以水或稀浆从底部析出量的大小评定，析出量大，保水性差，严重时粗集料表面稀浆流失而裸露，析出量小则保水性好。

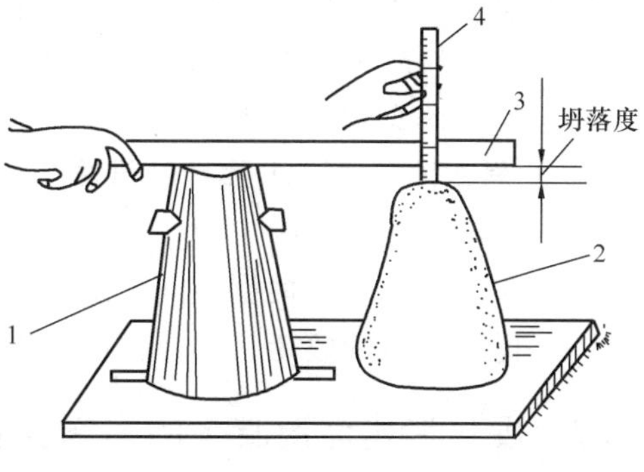

图 6-7　坍落度测定

1—坍落度筒；2—拌合物试体；3—木尺；4—钢尺

（2）维勃稠度法。对干硬性的混凝土拌合物通常采用维勃稠度仪测定其稠度。维勃稠度测试方法：在维勃稠度仪上的坍落度筒中按规定方法装满拌合物，垂直提起坍落度筒，在拌合物试体顶面放一透明圆盘，开启振动台，同时用秒表计时，在透明圆盘的底面完全为水泥浆所布满的瞬间，停止秒表，关闭振动台。此时可认为混凝土混合物已密实。读出秒表的秒数，称为维勃稠度，见图 6-8。

3. 影响水泥混凝土工作性的因素

（1）水泥浆的数量。在混凝土拌合物中，水泥浆包裹集料表面，填充集料空隙，使集料

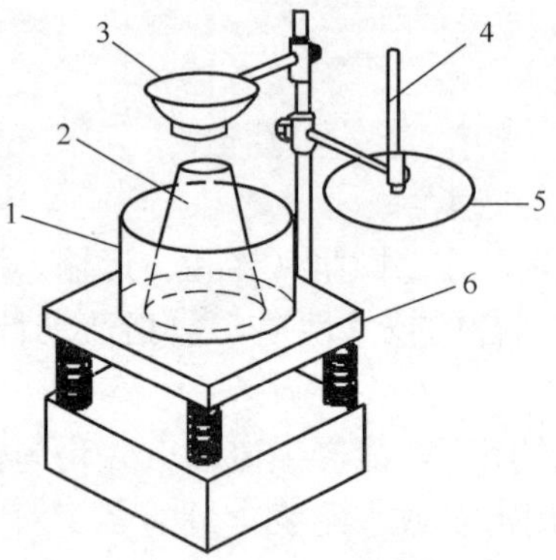

图 6-8　维勃稠度仪

1—圆柱形容器；2—坍落度筒；3—漏斗；4—测杆；5—透明圆盘；6—振动台

润滑，提高混合料的流动性。在水灰比不变的情况下，单位体积混合物随水泥浆的增多，流动性增大。混合物中水泥浆的数量以满足流动性要求为宜。

（2）水泥浆的稠度。水泥浆的稀稠，主要取决于水灰比的大小。水灰比较小，则水泥浆较稠，拌合物流动性就较小，即具有较好的黏聚性与保水性。若水灰比过小，混凝土过于干稠，不能保证施工的密实程度，影响混凝土最终的质量；若水灰比过大，又会造成混凝土拌合物的黏聚性和保水性不良，而产生流浆、离析现象。同时会降低混凝土的强度和耐久性。

（3）砂率。砂率是指混凝土中砂的用量占砂、石总用量的百分率。在水泥浆一定的条件下，若砂率过大，则集料的总表面积及空隙率增大，混凝土混合物就显得干稠，流动性小；若砂率过小，砂浆量不足，不能在粗集料的周围形成足够的砂浆层起润滑和填充作用，也会降低混合物的流动性。因此，砂率既不能过大，也不能过小，应通过试验找出最佳（合理）砂率。合理砂率：在水泥浆用量一定时，能使新拌混凝土获得最大流动性，又不产生离析、泌水时的砂率。

（4）其他影响因素。除上述影响因素外，水泥品种、集料种类、粒形和级配以及外加剂等，都对混凝土拌合物的和易性有一定影响。水泥的标准稠度用水量大，则拌合物的流动性小。集料的颗粒较大、形状圆整、表面光滑以及级配较好时，则拌合物的流动性较大。另外，在混凝土拌合物中加入外加剂能显著地改善和易性。

4. 改善新拌混凝土工作性的措施

（1）合理级配。根据工程条件的要求，设计合理的配合比，使之有较好的工作性。

（2）掺加外加剂。根据不同的配合比，合理地利用外加剂，改善混凝土的工作性。

（3）提高振捣的效能。加强振捣，提高机械振捣效能的作用。

6.5.2　硬化后水泥混凝土的力学性质

1. 强度

强度是硬化混凝土最重要的性质，混凝土的其他性能与强度密切相关。混凝土强度是配合比设计、施工控制和质量检验评定的主要技术指标。混凝土的强度主要有抗压强度、抗折强度、抗拉强度和抗剪强度等。其中抗压强度值最大，也是最主要的强度指标。

（1）抗压强度标准值和强度等级。在结构设计时，混凝土材料的强度是用强度等级作为依据的。强度等级是混凝土各种力学强度标准值的基础。

① 立方体抗压强度（f_{cu}）。按照标准的制作方法制成边长为 150mm 的正立方体试件，在标准养护条件［温度（20±2）℃、相对湿度 95%以上］下，养护至 28d 龄期，按照标准测定方法测定其抗压强度值，称为混凝土立方体试件抗压强度，简称立方体抗压强度。

② 立方体试件抗压强度标准值（$f_{cu,k}$）。混凝土“立方体试件抗压强度标准值”是按照标准方法制作养护的边长为 150mm 的立方体试件，在 28d 龄期，用标准试验方法测得的具

有 95%保证率的抗压强度（以 MPa 计），以 $f_{cu,k}$表示。立方体抗压强度（f_{cu}）只是一组混凝土试件抗压强度的算术平均值，并未涉及数理统计和保证率的概念。而立方体抗压强度标准值（$f_{cu,k}$）是按数理统计方法确定，具有不低于 95%保证率的立方体抗压强度。

③ 强度等级。混凝土的“强度等级”是根据“立方体抗压强度标准值”来确定的。我国现行行业标准《公路钢筋混凝土及预应力混凝土桥涵设计规范》（JTG D62—2012）规定，普通混凝土按立方体抗压强度标准值划分为 C15、C20、C25、C30、C35、C40、C45、C50、C55、C60、C65、C70、C75、C80 等强度等级。

（2）混凝土抗弯拉强度（f_{cf}）。混凝土抗弯拉强度是指处于受弯状态下混凝土抵抗外力的能力。由于混凝土的脆性，使其在断裂前无明显弯曲变形，称为抗弯拉强度，又称为抗折强度。道路路面或机场跑道用混凝土，是以抗弯拉强度（或称抗折强度）为主要设计指标，抗压强度作为参考指标。水泥混凝土的抗弯拉强度试验是以标准方法制备成 150mm×150mm×550mm 的梁形试件，在标准条件下养护 28d 后，按三分点加荷，测定其抗弯拉强度（f_{cf}）。

2. 影响水泥混凝土强度的因素

（1）水泥强度与水灰比。水泥是混凝土中的活性组分，其强度大小直接影响着混凝土强度的高低。在配合比相同的条件下，所用的水泥强度等级越高，制成的混凝土强度也越高。当用同一品种、同一强度等级的水泥时，混凝土的强度主要取决于水灰比的大小，水灰比越小，水泥混凝土的强度越高。

（2）集料的品种、质量与数量。水泥石与集料的黏结情况与集料的种类和集料表面性质有关，表面粗糙的碎石比表面光滑的卵石（砾石）的黏结力大。在其他条件相同情况下，碎石混凝土的强度比卵石混凝土强度高。集料强度过低，集料的有害杂质含量过多时会降低混凝土的强度。集浆比对混凝土特别是对高强度混凝土有一定影响。在水灰比相同的条件下，达到最优集浆比后，混凝土的强度随集浆比的减小而降低。

（3）养护条件。混凝土强度的增长是水泥水化、凝结和硬化的过程，必须在一定温度和湿度条件下进行。在保证足够湿度的情况下，不同养护温度，其结果也不相同。

（4）龄期。在正常养护条件下，混凝土强度的增长遵循水泥水化历程规律，即随着龄期时间的延长，强度也随之增长。最初 7～14d 内，强度增长较快，28d 以后增长较慢。但只要温湿度适宜，其强度仍随龄期增长。

（5）施工质量。施工质量包括配料准确、搅拌均匀、振捣密实、养护适宜等。任何一道工序忽视了规范管理和操作，都会导致混凝土强度的降低。

（6）试验条件。试验条件对混凝土强度的测定也有直接影响。如试件尺寸、表面的平整度、加荷速度以及温度、湿度等，测定时，要严格遵照试验规程的要求进行，保证试验的准确性。

6.6　水泥混凝土试验检测

6.6.1　水泥混凝土拌合物的拌和方法

1. 试验目的

掌握室内水泥混凝土拌合物的拌和方法，正确进行水泥混凝土的力学试验。

2. 仪器设备

（1）混凝土搅拌机：自由式或强制式。

（2）振动台：标准振动台，符合要求。

（3）磅秤：感量满足称量总量1%的磅秤。

（4）天平：感量满足称量总量0.5%的天平。

（5）其他：铁板、铁铲、量筒等。

3. 拌和步骤

（1）拌和时保持室温（20±5）℃。

（2）拌合物的总量至少应比所需量高20%以上。拌制混凝土的材料用量应以质量计。称量的精确度：集料为±1%；水、水泥、掺合料和外加剂为±0.5%。

（3）粗集料、细集料均以干燥状态为基准，计算用水量时应扣除粗集料、细集料的含水量。

（4）外加剂的加入。对于不溶于水或难溶于水且不含潮解型盐类，应先和一部分水泥拌和，以保证充分分散。对于不溶于水或难溶于水但含潮解型盐类，应先和细集料拌和。对于水溶性液体，应先和水拌和。其他特殊外加剂，应遵守有关规定。

（5）拌制混凝土所用各种用具，如铁板、铁铲、抹刀，应预先用水润湿，使用完后必须清洗干净。

（6）使用搅拌机前，应先用少量砂浆进行涮膛，再刮出涮膛砂浆，以避免正式拌和混凝土时，水泥砂浆黏附筒壁损失。涮膛砂浆的水灰比及砂灰比与正式的混凝土配合比相同。

（7）用搅拌机拌和时，拌和量宜在搅拌机公称容量的1/4～3/4之间。

（8）搅拌机搅拌。按规定称好原材料，往搅拌机内顺序加入粗集料、细集料、水泥。开动搅拌机，将材料拌和均匀，在拌和过程中徐徐加水，全部加料时间不宜超过2min。水全部加入后，继续拌和2min，然后将拌合物倾出在拌和板上。再经人工翻拌1～2min，务必使拌合物均匀一致。

（9）人工拌和。采用人工拌和时，先用湿布将铁板、铁铲润湿，再将称好的砂和水泥在铁板上拌匀，加入粗集料，再混合搅拌均匀。然后将此拌合物堆成长堆，中心扒成长槽，将称好的水倒入约一半，将其与拌合物仔细拌匀，再将材料堆成长堆，扒成长槽，倒入剩下的水，继续进行拌和，来回翻拌至少6遍。

（10）从试样制备完毕到开始做各项性能试验不宜超5min（不含成型试件）。

6.6.2 水泥混凝土拌合物稠度试验方法（坍落度仪法）

1. 试验目的

坍落度仪法用坍落度仪测定水泥混凝土拌合物稠度。本方法适用于坍落度大于10mm、集料公称最大粒径不大于31.5mm的水泥混凝土的坍落度测定。

2. 仪器设备

（1）坍落度筒：符合《混凝土坍落度仪》（JG/T 248—2009）中有关技术要求。

（2）捣棒：直径16mm、长约600mm并具有半球形端头的钢质圆棒。

（3）其他：小铲、钢尺、喂料斗、镘刀和钢平板等。

3. 试验步骤

（1）试验前将坍落度筒内外冲洗净，放在经水润湿过的平板上，踏紧踏脚板。

（2）将代表样分 3 层装入筒内，每层装入高度稍大于筒高的 1/3，用捣棒在每一层的横截面上均匀插捣 25 次。插捣在全部面积上进行，沿螺旋线由边缘至中心，插捣底层时插至底部，插捣其他两层时，应插透本层并插入下层 20～30mm，插捣棒须垂直压下（边缘部分除外），不得冲击。在插捣顶层时，装入的混凝土应高出坍落筒口。随插捣过程随时添加拌合物。当顶层插捣完毕后，将捣棒用锯和滚的动作清除掉多余的混凝土，用镘刀抹平筒口，刮净筒底周围的拌合物。而后立即垂直地提起坍落度筒，提筒在 5～10s 内完成，并使混凝土不受横向力及扭力作用。从开始装料到提起坍落度筒的整个过程，应在 150s 内完成。

（3）将坍落度筒放在锥体混凝土试样一旁，筒顶平放木尺，用小钢尺量出木尺底面至试样顶面最高点的垂直距离，即为该混凝土拌合物的坍落度，以毫米（mm）计，精确至 1mm。

（4）对坍落的拌合物做进一步的观察，用捣棒轻轻敲击拌合物，如在敲击过程中坍落的混凝土体逐渐下沉，表示黏聚性较好；如敲击时混凝土体突然折断，或崩解、石子散落，则说明混凝土黏聚性差。

（5）观察整个试验过程中是否有水从拌合物中析出，如混凝土体的底部少有水分析出，混凝土拌合物表面也无泌水现象，则说明混凝土的保水性较好；否则如果底部明显有水分流出，或混凝土表面出现泌水状况，则表示混凝土的保水性不好。

6.6.3　水泥混凝土拌合物稠度试验方法（维勃仪法）

1. 试验目的

维勃稠度试验方法用于检测集料公称最大粒径不大于 31.5mm 的水泥混凝土及维勃时间 5～30s 的干稠性水泥混凝土的工作性。

2. 仪器设备

（1）维勃稠度仪：主要由振动台、盛样容器、坍落度筒、透明圆盘组成。

（2）其他：捣棒、秒表、镘刀等。

3. 试验步骤

（1）将容器用螺母固定在振动台上，放入润湿的坍落筒，把漏斗转到坍落筒上口，拧紧螺钉，使漏斗对准坍落筒口上方。

（2）按坍落度试验步骤，分 3 层经漏斗装入拌合物，用捣棒每层捣 25 次，捣毕第三层混凝土后，拧松螺钉，把漏斗转回到原先的位置，并将筒模顶上的混凝土刮平，然后轻轻提起筒模。

（3）拧紧螺钉，使圆盘可定向地向下滑动，仔细转圆盘到混凝土上方，并轻轻与混凝土接触。检查圆盘是否可以顺利滑向容器。

（4）开动振动台并按动秒表，通过透明圆盘观察混凝土的振实情况，当圆盘底面刚为水泥浆布满时，立即按停秒表，关闭振动台，记下秒表所记录时间，精确至 1s。

（5）仪器每测试一次后，必须将容器、筒模及透明圆盘洗净擦干，并在滑棒等处涂薄层黄油，以备下次使用。

4. 试验结果

结果表示方法：秒表所记录时间即为混凝土拌合物稠度的维勃时间，精确至1s。以两次试验结果的平均值作为混凝土拌合物稠度的维勃时间。

6.6.4 水泥混凝土试件的制作与养护方法

1. 试验目的

通过试验掌握正确的混凝土试件制作方法和养护条件。

2. 试验仪器设备

（1）混凝土搅拌机：自由式或强制式。

（2）振动台：标准振动台，符合要求。

（3）混凝土试模。

（4）捣棒、铁锹、镘刀等。

3. 试件的制作

（1）将试模装配好，检查试模尺寸，避免使用变形试模。成型前给试模内部涂一薄层矿物油脂或其他脱模剂，注意勿使涂模油或脱模剂过多，否则会影响混凝土实际强度，然后将拌好的混合料装入试模，进行捣实工作。

（2）取拌合物的总量至少应比所需量高20%以上，并取出少量混凝土拌合物代表样，在5min内进行坍落度或维勃试验，认为品质合格后，应在15min内开始制作或做其他试验。

（3）对于坍落度小于25mm时，可采用ϕ25mm的插入式振捣棒成型。将混凝土拌合物一次装入试模，装料时应用抹刀沿各试模壁插捣，并使混凝土拌合物高出试模口；振捣时振捣棒距离底板为10～20mm，且不要接触底板。振捣直到表面出浆为止，且应避免过振，以防止混凝土离析，一般振捣时间为20s。振捣棒拔出时要缓慢，拔出后不得留有孔洞。用刮刀刮去多余的混凝土，在临近初凝时，用镘刀抹平，试件抹面与试模边缘的高低差不得超过0.5mm。

（4）当坍落度大于25mm且小于70mm时，用标准振动台成型。将试模放在振动台上夹牢，防止试模自由跳动，将拌合物一次装满试模并稍有富余，开动振动台至混凝土表面出现乳状水泥混凝土为止，振动过程中随时添加混凝土使试模常满，记录振动时间（为维勃秒数的2～3倍，一般不超过90s）。振动结束后，用金属直尺沿试模边缘刮去多余的混凝土，用镘刀将表面初次抹平，待试件收浆后，再次用镘刀将试件仔细抹平，试件抹面与试模边缘的高低差不得超过0.5mm。

（5）当坍落度大于70mm时，用人工成型。拌合物分厚度大致相等的两层装入试模。插捣时按螺旋方向从边缘向中心均匀地进行。插捣次数应符合规定。插捣底层混凝土时，捣棒应插到模底；插捣上层时，捣棒应贯穿上层后插入下层20～30mm处。插捣时应用力将捣棒压下，保持捣棒垂直，不得冲击，捣完一层后，用橡皮锤轻轻击打试模外端面10～15下，以填平插捣过程中留下的孔洞。每层插捣次数100cm^2截面积内不得少于12次。试件抹面与试模边缘的高低差不得超过0.5mm。

4. 养护方法

（1）试件成型后，用湿布覆盖表面（或采用其他保持湿度方法），以防止水分蒸发，并在室温（20±5)℃、相对湿度大于 50％的环境下静放一到两个昼夜，然后拆模并做第一次外观检查、编号，对有缺陷的试件应除去，或加工补平。

（2）将完好试件放入标准养护室进行养护，标准养护室温度为（20±2)℃，相对湿度在 95％以上，试件宜放在铁架或木架上，间距至少 10～20mm，试件表面应保持一层水膜，并避免用水直接冲淋。当无标准养护室时，将试件放入温度为（20±2)℃的不流动的饱和溶液中养护。

（3）标准养护龄期为 28d（从搅拌加水开始）。非标准的龄期为 1d、3d、7d、60d、90d、180d。

6.6.5　水泥混凝土立方体抗压强度试验方法

1. 试验目的

通过混凝土抗压强度试验，以确定水泥混凝土的强度等级，作为评定水泥混凝土品质的主要指标。

2. 试验仪器设备

（1）压力机或万能试验机：压力机的上、下承压板有足够的刚度，压力机应进行定期检查，以确保压力机读数的准确性。

（2）球座：钢质坚硬，研磨、转动灵活。

（3）混凝土强度等级≥C60 时，试验机上、下压板之间各垫一钢垫板，平面尺寸应不小于试件承压面，厚度至少为 25mm。试件周围应设置防崩裂网罩。

3. 试验步骤

（1）至试验龄期时，自养护室取出试件，应尽快试验，避免其湿度变化。

（2）取出试件，先检查其尺寸及形状，相对两面应平行。量出棱边长度，精确至 1mm。试件受力截面积按其与压力机上下接触面的平均值计算。在破型前，保持试件原有湿度，在试验时擦干试件，称出其质量。

（3）以成型时侧面为上下受压面，试件中心应与压力机几何对中。

（4）强度等级小于 C30 的混凝土取 0.3～0.5MPa/s 的加荷速度；强度等级大于 C30 小于 C60 时，则取 0.5～0.8MPa/s 的加荷速度；强度等级大于 C60 的混凝土取 0.8～1.0MPa/s 的加荷速度。当试件接近破坏而开始迅速变形时，应停止调整试验机油门，直至试件破坏，记下破坏极限荷载 F（N）。

4. 试验结果

（1）混凝土立方体抗压强度应按式（6-31）计算：

$$f_{cu}=\frac{F}{A} \tag{6-31}$$

式中　f_{cu}——混凝土立方体抗压强度（MPa）；

F——极限荷载（N）；

A——试件受压面积（mm^2）。

混凝土立方体抗压强度计算应精确至 0.1MPa。

（2）以 3 个试件测值的算术平均值为测定值，计算精确至 0.1MPa。3 个测值中的最大值或最小值中如有一个测值与中间值之差超过中间值的 15％，则取中间值为测定值；如最大值和最小值与中间值之差均超过中间值的 15％时，则该组试验结果无效。

（3）混凝土强度等级小于 C60 时，非标准试件的抗压强度应乘以尺寸换算系数（表 6-7），并应在报告中注明。当混凝土强度等级大于等于 C60 时，宜用标准试件，使用非标准试件时，换算系数由试验确定。

表 6-7　立方体抗压强度尺寸换算系数

试件尺寸（mm）	尺寸换算系数	试件尺寸（mm）	尺寸换算系数
100×100×100	0.95	200×200×200	1.05

6.6.6　水泥混凝土抗弯拉强度试验方法

1. 试验目的

通过试验测定水泥混凝土的抗弯拉极限强度，检查水泥混凝土施工品质和确定抗弯拉弹性模量试验加荷标准，为路面混凝土组成设计提供重要参数。

2. 仪器设备

（1）压力机或万能试验机：符合《公路工程水泥及水泥混凝土试验规程》（JTG E30—2005）T 0551 中的规定。

（2）抗弯拉强度试验装置，见图 6-9。

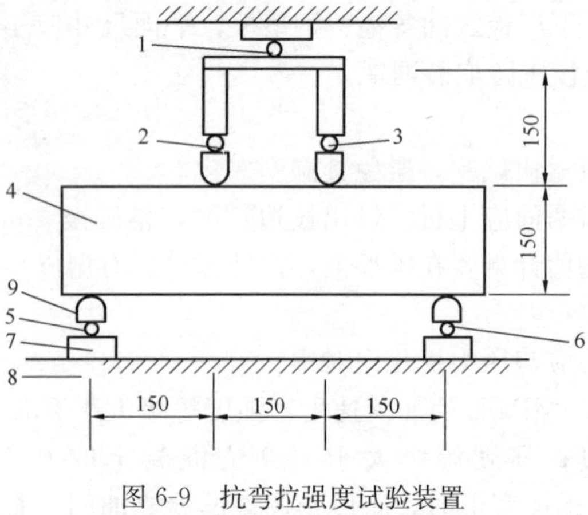

图 6-9　抗弯拉强度试验装置

1、2—两个钢球；3、5—两个钢球；4—试件；6—固定支座；7—活动支座；8—机台；9—活动船形垫

3. 试验步骤

（1）试件取出后，用湿毛巾覆盖并及时进行试验，保持试件干湿状态不变。在试件中部量出其宽度和高度，精确至 1mm。

（2）调整两个可移动支座，将试件安装在支座上，试件成型时侧面朝上，几何对中后，务使支座及承压面与活动船形垫块接触面平稳、均匀，否则应垫平。

（3）加荷时应保持平稳、连续。当混凝土的强度等级小于 C30 时，加荷速度为 0.02～0.05MPa/s；当混凝土的强度等级大于等于 C30 且小于 C60 时，加荷速度为 0.05～0.08MPa/s；当混凝土的强度等级≥ C60 时，加荷速度为 0.08～0.10MPa/s。当试件接近破坏而开始迅速变形时，不得调整试验机油门，直至试件破坏，记下破坏极限荷载 F（N）。

4. 试验结果

（1）当断面发生在两个加荷点之间时，抗弯拉强度按式（6-32）计算：

$$f_{cf} = \frac{FL}{bh^2} \tag{6-32}$$

式中　f_{cf}——混凝土抗弯拉强度（MPa）；

F——破坏荷载（N）；

L——支座间距（mm）；

b——试件截面宽度（mm）；

h——试件截面高度（mm）。

（2）以 3 个试件测值的算术平均值作为该组试件的抗弯拉强度值。3 个试件中的最大值或最小值中如有一个与中间值之差超过中间值的 15%，则把最大值和最小值一并舍除，取中间值作为该组试件的抗弯拉强度值。如最大值和最小值与中间值之差均超过中间值的 15%，则该组试验结果无效。

3 个试件中如有一个断裂面位于加荷点外侧，则混凝土抗弯拉强度按另外两个试件的试验结果计算。如果这两个测值的差值不大于这两个测值中较小值的 15%，则以两个测值的平均值为测试结果，否则结果无效。如果有两个试件均出现断裂面位于加荷点外侧，则该组结果无效。抗弯拉强度计算应精确至 0.01MPa。

（3）采用 100mm×100mm×400mm 非标准试件时，在三分点加荷的试验方法同前，但所取得的抗折强度值应乘以尺寸换算系数 0.85。当混凝土强度等级大于等于 C60 时，应采用标准试件。

5. 注意事项

（1）试验结果的数据处理：无论是抗压强度还是抗折强度，试验结果均以 3 个试件的算术平均值作为测定值。如任一个测定值与中值的差超过中值的 15%，取中值为测定结果；如两个测定值与中值的差都超过 15% 时，该组试验结果作废。

（2）压力机通常有若干加载量程，试验时应选择合适的压力机加载量程，一般要求达到的最大破坏荷载是在所选量程的 20%～80%之间，否则可能引起较大的误差。选择的思路是根据混凝土设计强度（或判断可能达到的强度），通过强度计算公式反算出在此强度状况下达到的最大荷载，而能够使该荷载进入某量程的 20%以上、80%以下的，则是合适的加载量程。

6.7　普通水泥混凝土组成设计

6.7.1　水泥混凝土对组成材料的技术要求

水泥混凝土是由水泥、水、粗细集料配制而成的。在配制混凝土时要合理地选择各种组成材料，以满足混凝土性能的要求。

1. 水泥

（1）水泥品种的选择。水泥是混凝土中最重要的成分。配制水泥混凝土时，一般可采用常用的五大品种水泥，特殊情况下也可采用其他品种的水泥。采用何种水泥，可根据工程结构特点、工程所处环境及施工条件等确定。特重、重交通路面宜采用旋窑道路硅酸盐水泥，也可采用旋窑硅酸盐水泥或普通硅酸盐水泥；中、轻交通的路面可采用矿渣硅酸盐水泥；低温天气施工或有快通要求的路段可采用 R 型水泥，此外宜采用普通型水泥。各交通等级路面水泥的抗折强度、抗压强度应符合规范规定。选用水泥时，还应通过混凝土配合比试验，根据其配制弯拉强度，耐久性和工作性选适宜的水泥品种、强度等级。

（2）水泥强度等级的选择。水泥强度等级的选择应当与要求配制的混凝土强度等级相适应。混凝土强度等级越高，则水泥强度等级也宜越高；混凝土强度等级低，则水泥强度等级也相应低。如果水泥强度等级选用过低，则混凝土中水泥用量过多（低强水泥配制高强度混凝土)，一方面成本增加，另一方面混凝土收缩增大，对耐久性不利。反之，如果水泥强度等级选用过高，水泥用量过少（高强水泥配制低强度混凝土)，混凝土的黏聚性变差，不易获得均匀密实的混凝土，严重影响混凝土的耐久性。

2. 细集料

水泥混凝土用细集料应采用级配良好、质地坚硬、颗粒洁净的天然砂，也可使用机制砂。各类砂的技术指标必须合格才能使用。对细集料品质的要求有：有害物质含量、砂的粗细程度与颗粒级配、压碎值和坚固性等。

3. 粗集料

普通混凝土中采用的粗集料主要是碎石和卵石。按其技术要求分为Ⅰ类、Ⅱ类、Ⅲ类。Ⅰ类宜用于强度等级大于 C60 的混凝土；Ⅱ类宜用于强度等级 C30～C60 及有抗冻、抗渗或其他要求的混凝土；Ⅲ类宜用于强度等级小于 C30 的混凝土和建筑砂浆。对粗集料品质的要求有：最大粒径和颗粒级配、有害物质含量、强度以及坚固性、颗粒形状及表面特征。

4. 拌和用水

在拌制和养护混凝土用的水中，不得含有影响水泥正常凝结与硬化的有害杂质，如油脂、糖类等。凡是能饮用的自来水和清洁的天然水，都能用来拌制和养护混凝土。污水、pH 值小于 4 的酸性水、含硫酸盐（按 SO_3 计）超过水重 1%的水均不得使用，在对水质有疑问时，可将该水与洁净水分别制成混凝土试块，然后进行强度对比试验，如果用该水制成的试块强度不低于洁净水制成的试块强度，就可用此水来拌制混凝土。海水中含有硫酸盐、镁盐和氯化物，对水泥石有侵蚀作用，对钢筋也会造成锈蚀，因此，一般不得用海水拌制混凝土。

6.7.2 水泥混凝土配合比设计

混凝土各组成材料用量之比即为混凝土的配合比。混凝土配合比设计的内容，包括选料和配料两部分。选料是按照道路和桥梁工程设计和施工的要求，选择适合制备所需混凝土的材料；配料是根据道路与桥梁设计中指定的混凝土性能（包括工作性、强度、耐久性等）和经济性的原则，选择混凝土各组分的最佳配合比和用量。

混凝土配合比设计，就是根据原材料的性能和对混凝土的技术要求，通过计算和试配调整，确定出满足工程技术经济指标的混凝土各种组成材料的用量。

1. 混凝土配合比表示方法

（1）单位用量表示法：以每立方米混凝土中各种材料的用量表示。如 1m^3 混凝土中水泥：水：砂：石＝340：170：765：1292（kg）。

（2）相对用量表示法：以水泥质量为 1，并按水泥：细集料：粗集料；水灰比的顺序表示。如上例用相对用量表示法为水泥：砂：石＝1：2.25：3.80；$W/C=0.45$。

2. 混凝土配合比设计的基本要求

（1）满足结构物设计强度的要求。混凝土路面或桥梁在设计时对不同的结构部位提出不同的“设计强度”要求。为了保证结构物的可靠性，在配制混凝土配合比时，必须考虑到结构物的重要性、施工单位的施工水平等因素，采用一个比设计强度高的“配制强度”，才能满足设计强度的要求。配制强度定得太低，结构物不安全；定得太高又浪费资金。要求试配强度大于设计强度。

（2）满足施工工作性的要求。按照结构断面尺寸和形状、配筋的疏密以及施工方法和设备来确定合适的工作性指标，以保证工程施工的需求。

（3）满足环境耐久性的要求。根据结构物所处环境条件做耐久性设计。为保证结构的耐久性，在设计混凝土配合比时应考虑允许的“最大水灰比”和“最小水泥用量”。

（4）满足经济性的要求。在满足设计强度、工作性和耐久性的前提下，配合比设计中尽量降低高价材料（水泥）的用量，并考虑应用当地材料和工业废料（如粉煤灰等），以配制出性能优越、价格便宜的混凝土。

3. 混凝土配合比设计的步骤

（1）计算“初步配合比”。根据原材料资料，按我国现行的配合比设计方法，计算初步配合比，即水泥∶水∶细集料∶粗集料$=m_{c0} : m_{w0} : m_{s0} : m_{g0}$。

（2）提出“基准配合比”。根据初步配合比，采用实际施工材料进行试拌，测定混凝土拌合物的工作性（坍落度或维勃稠度），调整材料用量，提出一个满足工作性要求的“基准配合比”，即 $m_{ca} : m_{wa} : m_{sa} : m_{ga}$。

（3）确定“实验室配合比”。以基准配合比为基础，增加和减少水灰比，拟定几组（通常为 3 组）适合工作性要求的配合比，通过制备试块，测定强度，确定既符合强度和工作性要求，又较经济的实验室配合比，即 $m_{cb} : m_{wb} : m_{sb} : m_{gb}$。

（4）换算“工地配合比”。根据工地现场材料的实际含水率，将实验室配合比换算为工地配合比，即 $m_c : m_w : m_s : m_g$或 $1 : m_s/m_c : m_g/m_c$；$W/C=m_w/m_c$。

6.7.3　普通混凝土配合比设计方法（抗压强度为设计指标）

1. 初步配合比的计算

（1）确定混凝土配制强度 $f_{cu,0}$。混凝土配制强度应按下列规定确定：

① 混凝土的设计强度等级小于 C60 时，配制强度按式（6-33）确定：

$$f_{cu,0} \geqslant f_{cu,k} + 1.645\sigma \tag{6-33}$$

式中　$f_{cu,0}$——混凝土的配制强度（MPa）；

$f_{cu,k}$——混凝土立方体抗压强度标准值（MPa）；

σ——混凝土强度标准差（MPa）。

② 混凝土的设计强度等级不小于 C60 时，配制强度按式（6-34）确定：

$$f_{cu,0} \geqslant 1.15 f_{cu,k} \tag{6-34}$$

混凝土强度标准差可根据近期同类混凝土强度资料计算确定，按式（6-35）计算：

$$\sigma = \sqrt{\frac{\sum_{i=1}^{n} f_{cu,i}^2 - n\mu f_{cu}^2}{n-1}} \tag{6-35}$$

式中　$f_{cu,i}$——第 i 组混凝土试件立方体抗压强度值（MPa）；

μf_{cu}——n 组混凝土试件立方体抗压强度平均值（MPa）；

n——统计周期内混凝土试件总组数。

对于强度等级不大于 C30 的混凝土，当混凝土强度标准差计算值不小于 3.0MPa 时，应按式（6-35）计算结果取值；当混凝土强度标准差计算值小于 3.0MPa 时，应取 3.0MPa。对于强度等级大于 C30 且小于 C60 的混凝土，当混凝土强度标准差计算值不小于 4.0MPa

时，应按式（6-35）计算结果取值；当混凝土强度标准差计算值小于 4.0MPa 时，应取 4.0MPa。

当没有近期的同一品种、同一强度等级混凝土强度资料时，其强度标准差可按表 6-8 取值。

表 6-8　混凝土强度标准差值

强度等级	≤C20	C25～C45	C50～C55
标准差 σ（MPa）	4.0	5.0	6.0

（2）计算水灰比（W/C）。

当混凝土强度等级小于 C60 时，混凝土水灰比按式（6-36）计算：

$$f_{cu,28} = \alpha_a f_{ce}(C/W - \alpha_b) \tag{6-36}$$

式中　$f_{cu,28}$——混凝土 28d 抗压强度（MPa）；

f_{ce}——水泥的实际强度（MPa）；

C/W——灰水比。

α_a、α_b 为回归系数，与集料品种、水泥品种有关，其数值可通过试验求得。《普通混凝土配合比设计规程》（JTG 55—2011）提供的经验值为

采用碎石：$\alpha_a = 0.53$，$\alpha_b = 0.20$；

采用卵石：$\alpha_a = 0.49$，$\alpha_b = 0.13$。

当水泥 28d 抗压强度无实测值时，可按式（6-37）确定：

$$f_{ce} = \gamma_c f_{ce,g} \tag{6-37}$$

式中　γ_c——水泥强度等级值的富余系数，可按实际统计资料确定；当缺乏实际统计资料时，可按表 6-9 选用；

$f_{ce,g}$——水泥强度等级标准值（MPa）。

表 6-9　水泥强度等级值的富余系数

水泥强度等级值	32.5	42.5	52.5
富余系数	1.12	1.16	1.10

混凝土的最大水灰比应符合现行国家标准《混凝土结构设计规范》（GB 50010—2010）的规定。

（3）选定单位用水量。每立方米干硬性或塑性混凝土的用水量应符合下列规定：

① 混凝土水灰比在 0.40～0.80 范围时，可按表 6-10 和表 6-11 选取。

表 6-10　干硬性混凝土的用水量　　kg/m³

拌合物稠度		卵石最大公称粒径（mm）			碎石最大公称粒径（mm）		
项目	指标	10.0	20.0	40.0	16.0	20.0	40.0
维勃稠度（s）	16～20	175	160	145	180	170	155
	11～15	180	165	150	185	175	160
	5～10	185	170	155	190	180	165

表 6-11　塑性混凝土的用水量　　kg/m³

拌合物稠度		卵石最大公称粒径（mm）				碎石最大公称粒径（mm）			
项目	指标	10	20	31.5	40	16	20	31.5	40
坍落度（mm）	10～30	190	170	160	150	200	185	175	165
	35～50	200	180	170	160	210	195	185	175
	55～70	210	190	180	170	220	205	195	185
	75～90	215	195	185	175	230	215	205	195

注：1. 本表用水量系用中砂时的取值，采用细砂时，每立方米混凝土用水量可增加 5～10kg；采用粗砂时，可减少 5～10kg。

2. 掺用矿物掺合料和外加剂时，用水量应相应调整。

② 混凝土水灰比小于 0.40 时，可通过试验确定。

③ 掺外加剂时混凝土用水量可按式（6-38）计算：

$$m_{wa} = m_{wc}(1-\beta) \tag{6-38}$$

式中　m_{wa}——未掺外加剂时每立方米混凝土的用水量（kg）；

m_{w0}——外加剂的减水率（%），应经混凝土试验确定。

（4）计算单位水泥用量（m_{c0}）。每立方米混凝土的水泥用量按式（6-39）计算：

$$m_{c0} = \frac{m_{w0}}{W/C} \tag{6-39}$$

根据耐久性要求，普通水泥混凝土的最小水泥用量，依据结构物所处环境条件确定，见表 6-12。

表 6-12　混凝土的最小胶凝材料用量　　kg/m³

最大水胶比	最小胶凝材料用量		
	素混凝土	钢筋混凝土	预应力混凝土
0.60	250	280	300
0.55	280	300	300
0.50	320		
≤0.45	330		

（5）选定砂率（β_s）。

① 坍落度小于 10mm 的混凝土，其砂率应经试验确定。

② 坍落度为 10～60mm 的混凝土砂率，可根据粗集料品种、最大公称粒径及水灰比按表 6-13 选取。

③ 坍落度大于 60mm 的混凝土砂率，可经试验确定，也可在表 6-13 的基础上，按坍落度每增大 20mm、砂率增大 1%的幅度予以调整。

表 6-13　混凝土的砂率选用表　　%

水灰比（W/C）	卵石最大公称粒径（mm）			碎石最大公称粒径（mm）		
	10	20	40	16	20	40
0.40	26～32	25～31	24～30	30～35	29～34	27～32
0.50	30～35	29～34	28～33	33～38	32～37	30～35

续表

水灰比（W/C）	卵石最大公称粒径（mm）			碎石最大公称粒径（mm）		
	10	20	40	16	20	40
0.60	33～38	32～37	31～36	36-41	35～40	33～38
0.70	36-41	35～40	34～39	39～44	38～43	36～41

注：1. 本表数值系中砂的选用砂率，对细砂或粗砂，可相应地减少或增大砂率。

2. 采用人工砂配制混凝土时，砂率可适当增大。

3. 只用一个单粒级粗集料配制混凝土时，砂率应适当增大。

（6）计算粗、细集料单位用量（m_{s0}、m_{g0}）。粗、细集料的单位用量，可用质量法或体积法计算。

① 质量法。质量法是假定混凝土拌合物的表观密度为一固定值，混凝土拌合物各组成材料的单位用量之和即为其表观密度。在砂率值为已知条件下，粗、细集料的单位用量可由式（6-40）、式（6-41）求得：

$$m_{c0}+m_{w0}+m_{s0}+m_{g0}=m_{cp} \tag{6-40}$$

$$\frac{m_{s0}}{m_{s0}+m_{g0}}\times 100=\beta_s \tag{6-41}$$

式中 m_{c0}、m_{w0}、m_{s0}、m_{g0}——每立方米混凝土的水泥、水、粗集料和细集料的用量（kg）；

β_s——砂率（%）；

m_{cp}——每立方米混凝土拌合物的假定质量（kg），可取 2350～2450kg/m^3。

② 体积法。体积法是假定混凝土拌合物的体积等于各组成材料绝对体积和混凝土拌合物中所含空气体积之和，可由式（6-42）、式（6-43）求得：

$$\frac{m_{c0}}{\rho_c}+\frac{m_{w0}}{\rho_w}+\frac{m_{s0}}{\rho_s}+\frac{m_{g0}}{\rho_g}+10a=1000 \tag{6-42}$$

$$\frac{m_{s0}}{m_{s0}+m_{g0}}\times 100=\beta_s \tag{6-43}$$

式中 ρ_c——水泥密度（kg/m^3），可取 2900～3100kg/m^3；

ρ_g——粗集料的表观密度（kg/m^3）；

ρ_s——细集料的表观密度（kg/m^3）；

ρ_w——水的密度（kg/m^3），可取 1000kg/m^3；

a——混凝土的含气量百分数，在不使用引气剂外加剂时，可取 1。

这样得到初步配合比：水泥∶水∶砂∶石$=m_{c0}:m_{w0}:m_{s0}:m_{g0}$。

2. 试配调整，提出基准配合比

（1）试配：按初步配合比称取相应的材料做混凝土工作性试验。

① 试配材料。试配混凝土所用的各种材料应采用工程中实际使用的原材料，粗、细集料的称量均以干燥状态为基准，如不是用干燥集料配制，称料时应在用水量中扣除集料中的含水量，集料称量也相应增加。

② 搅拌方法和拌合物数量。混凝土搅拌方法，宜与生产时使用的方法相同。试配时，每盘混凝土的最小搅拌量应符合表 6-14 的规定，并不应小于搅拌机公称容量的 1/4，且不应大于搅拌机公称容量。

（2）校核工作性，提出基准配合比。按计算出的初步配合比进行试配，以校核混凝土拌合物的工作性。如试拌得出的拌合物的坍落度（或维勃稠度）不能满足要求，或黏聚性和保水性能不好时，应在保证水灰比不变的条件下相应调整用水量或砂率，直至符合要求为止。然后提出供混凝土强度试验用的“基准配合比”，即 $m_{ca}:m_{wa}:m_{sa}:m_{ga}$。

表 6-14　混凝土试配的最小搅拌量

粗集料最大公称粒径（mm）	拌合物数量（L）
≤31.5	20
40.0	25

3. 检验强度，确定实验室配合比

（1）制作试件，检验强度。为校核混凝土的强度，至少应采用 3 个不同的配合比，其中一个为按上述得出的基准配合比，另外两个配合比的水灰比，应较基准配合比分别增加和减少 0.05（或 0.1），用水量与基准配合比相同，砂率可分别增加和减少 1%。制作检验混凝土强度试验的试件时，应检验混凝土拌合物的坍落度或维勃稠度、黏聚性、保水性及拌合物的表观密度，并以此结果作为代表相应配合比的混凝土拌合物的性能。

为检验混凝土的强度，每种配合比至少应制作一组（3 块）试件，标准养护到 28d 或设计规定龄期时进行抗压强度测试。

（2）确定实验室配合比。养护 28d 后，根据试验得出的混凝土强度与其相对应的灰水比，用作图法或计算法求出混凝土强度与其相应的灰水比。根据强度检验结果进一步修正配合比，即可得到“实验室配合比设计值”。

① 确定用水量（m_{wb}）。取基准配合比的用水量并根据强度检验试验时测得的坍落度（或维勃稠度）值加以适当调整确定。

② 确定水泥用量（m_{cb}）。水泥用量由调整后的用水量与灰水比［由强度与灰水比关系曲线确定的满足配制强度（$f_{cu,0}$）要求的灰水比］之积确定。

③ 确定粗、细集料用量（m_{sb}、m_{gb}）。取基准配合比中的砂、石用量，并按定出的灰水比进行调整。选择既满足强度要求、工作性又满足要求的配合比作为实验室配合比。

4. 换算施工配合比

实验室最后确定的配合比，是以集料为干燥状态计算的。而施工现场砂、石材料均含一定水分。因此，施工配料前必须测定现场砂、石的含水率，将实验室配合比换算成施工配合比。设施工现场砂、石的含水率分别为 $a\%$、$b\%$，则施工配合比中各材料单位用量：

$$m_ç = m_{cb} \tag{6-44}$$

$$m_s = m_{sb}(1 + a\%) \tag{6-45}$$

$$m_g = m_{gb} - (1 + b\%) \tag{6-46}$$

$$m_w = m_{w'b} - (m_{sb}a\% + m_{gb}b\%) \tag{6-47}$$

施工配合比：$m_c:m_w:m_s:m_g$或 $1:m_s/m_c:m_c/m_c$；$W/C=m_w/m_c$。

水泥混凝土配合比设计共分四大步骤：初步配合比设计、基准配合比设计、实验室配合比设计及施工配合比设计。应当正确掌握各个步骤的实质。

6.7.4 路面水泥混凝土配合比设计方法（抗弯拉强度为设计指标）

水泥混凝土路面中混凝土配合比设计方法，按现行国家标准《水泥混凝土路面施工及验收规范》（GBJ 97—1987）的规定，采用抗弯拉强度为设计指标的方法。

1. 设计要求

路面水泥混凝土配合比设计应满足施工工作性、抗弯拉强度、耐久性（包括耐磨性）和经济合理的要求。

2. 设计步骤

（1）计算初步配合比。

① 确定配制强度。混凝土配制强度（f_c）按式（6-48）计算：

$$f_c = \frac{f_r}{1-1.04C_v} + ts \tag{6-48}$$

式中 f_c——混凝土配制抗弯拉强度的均值（MPa）；

f_r——混凝土设计抗弯拉强度标准值（MPa），见表 6-15；

s——弯拉强度试验样本的标准差（MPa）；

t——保证率系数，见表 6-16；

C_v——弯拉强度变异系数，应按统计数据在表 6-17 的规定范围内取值。

表 6-15 混凝土弯拉强度标准值

交通等级	特级	重	中等	轻
水泥混凝土的弯拉强度标准值（MPa）	5.0	5.0	4.5	4.0
钢纤维混凝土的弯拉强度标准值（MPa）	6.0	6.0	5.5	5.0

表 6-16 保证率系数 t

公路技术等级	判别概率 P	样本数 n（组）				
		3	6	9	15	20
高速公路	0.05	1.36	0.79	0.61	0.45	0.39
一级公路	0.10	0.95	0.59	0.46	0.35	0.30
二级公路	0.15	0.72	0.46	0.37	0.28	0.24
三、四级公路	0.20	0.56	0.37	0.29	0.22	0.19

表 6-17 各级公路混凝土路面弯拉强度变异系数

公路技术等级	高速公路	一级公路		二级公路	三、四级公路	
变异水平等级	低	低	中	中	中	高
变异系数变化	0.05～0.10		0.10～0.15		0.15～0.20	

② 计算水灰比（W/C）。根据已知的混凝土配制抗弯拉强度（f_c）和水泥的实际抗弯拉

强度（f_s）可得到灰水比，然后可计算为水灰比。

对碎石混凝土：

$$\frac{C}{W}=\frac{(f_c+1.0097-0.3595f_s)}{1.5684} \tag{6-49}$$

对卵石混凝土：

$$\frac{C}{W}=\frac{(f_c+1.5492-0.4709f_s)}{1.2618} \tag{6-50}$$

式中　f_c——混凝土配制抗弯拉强度（MPa）；

f_s——水泥实测 28d 抗弯拉强度（MPa）；

C/W——灰水比，得到灰水比，然后换算为水灰比。

③ 选取砂率 β_s。根据砂的细度模数和粗集料品种，查表 6-18 选取最优砂率。

表 6-18　混凝土拌合物砂率范围

砂的细度模数		2.2 ～ 2.5	2.5 ～ 2.8	2.8 ～ 3.1	3.1 ～ 3.4	3.4 ～ 3.7
砂率 β_s（%）	碎石	30～34	32～36	34～38	36～40	38～42
	卵石	28～32	30～34	32～36	34～38	36～40

表 6-19　混凝土满足耐久性要求的最大水灰（胶）比和最小单位水泥用量

公路技术等级		高速公路、一级公路	二级公路	三、四级公路
最大水灰（胶）比		0.44	0.46	0.48
抗冰冻要求最大水灰（胶）比		0.42	0.44	0.46
抗盐冻要求最大水灰（胶）比		0.40	0.42	0.44
最小单位水泥用量（kg/m³）	42.5 级	300	300	290
	32.5 级	310	310	305
抗冰（盐）冻时最小单位水泥用量（kg/m³）	42.5 级	320	320	315
	32.5 级	330	330	325
掺粉煤灰时最小单位水泥用量（kg/m³）	42.5 级	260	260	255
	32.5 级	280	270	265
抗冰（盐）冻掺粉煤灰时最小单位水泥用量（kg/m³）		280	270	265

④ 计算单位用水量（m_{w0}）。

混凝土拌合物每立方米的用水量（kg），按式（6-51）、式（6-52）计算：

对于碎石混凝土 $m_{w0}=104.97+3.09H+11.27C/W+0.61\beta_s$　(6-51)

对于卵石混凝土 $m_{w0}=86.89+3.70H+11.24C/W+1.00\beta_s$　(6-52)

式中　H——混凝土拌合物坍落度（cm）；

β_s——砂率（%），查表 6-18 选定。

⑤ 计算单位水泥用量（m_{c0}）。

混凝土拌合物每立方米的水泥用量（kg），按式（6-53）计算：

$$m_{c0}=\frac{m_{w0}}{W/C} \tag{6-53}$$

最小单位水泥用量应符合表 6-19 的规定。

⑥ 计算砂石材料单位用量（m_{s0}、m_{g0}）。

用绝对体积法：

$$\frac{m_{c0}}{\rho_c}+\frac{m_{s0}}{\rho_s'}+\frac{m_{g0}}{\rho_g'}+\frac{m_{w0}}{\rho_w}+10a=1000 \tag{6-54}$$

$$\frac{m_{s0}}{m_{s0}+m_{g0}}\times 100=\beta_s \tag{6-55}$$

式中 m_{c0}、m_{w0}、m_{s0}、m_{g0}——单位水泥、水、砂和石的用量（kg/m^3）；

ρ_c、ρ_w——水泥、水的密度（kg/m^3）；

ρ_s'、ρ_g'——砂、石的饱和面干密度（kg/m^3）；

β_s——砂率（%）；

a——路面混凝土的含气量。

（2）试拌调整，提出基准配合比。

① 试拌：取施工现场实际材料，配制 $0.03m^3$ 混凝土拌合物。

② 测定工作性：测定坍落度（或维勃稠度），并观察黏聚性和保水性。

③ 调整配合比：如流动性不符合要求，应在水灰比不变的情况下，增减水泥浆用量；如黏聚性和保水性不符合要求，应调整砂率。

④ 提出基准配合比：调整后，提出一个流动性、黏聚性和保水性均符合要求的基准配合比。

（3）强度测定，确定实验室配合比。

① 制备抗弯拉强度试件：按基准配合比，增加和减少水灰比 0.03，再计算 2 组配合比，用 3 组配合比制备抗弯拉强度试件。

② 抗弯拉强度测定：3 组试件在标准条件下养护 28d 后，按标准方法测定其抗弯拉强度。

③ 确定实验室配合比：根据抗弯拉强度，确定符合工作性和强度要求并最经济合理的实验室配合比（或称理论配合比）。

（4）换算工地配合比：根据施工现场材料性质、砂石材料颗粒表面含水率，对理论配合比进行换算，最后得出施工配合比。换算时注意，实验室配合比是以砂石材料饱和面干含水率为准。

6.7.5 混凝土外加剂

混凝土外加剂是指在拌制混凝土过程中掺入的、用以改善混凝土性能的物质。一般情况掺量不超过水泥质量的 5%。

混凝土中掺入外加剂，是行之有效的改善混凝土性能的措施。随着科学技术的不断进步，外加剂已越来越多地得到发展和使用。因此，外加剂已成为混凝土中除四种基本材料以外的第五种组分。

1. 混凝土外加剂的分类

（1）按化学成分可分成三类：

① 无机化合物。多为电解质盐类。

② 有机化合物。多为表面活性剂。

③ 有机无机复合物。

（2）按功能分为四类：

① 改善混凝土拌合物流变性能的外加剂。如各种减水剂、泵送剂等。

② 调节混凝土凝结时间、硬化性能的外加剂。如缓凝剂、早强剂等。

③ 改善混凝土耐久性能的外加剂。如引气剂、防水剂和阻锈剂等。

④ 改善混凝土其他性能的外加剂。如引气剂、膨胀剂、防冻剂、着色剂、防水剂、碱集料反应抑制剂、隔离剂、养护剂等。

2. 常用混凝土外加剂

（1）减水剂。减水剂是指在混凝土坍落度基本相同条件下，能减少拌和用水量的外加剂。

① 减水剂的经济技术效果。掺减水剂的混凝土与未掺减水剂基准混凝土相比，具有如下效果：

a. 在保证混凝土混合物和易性和水泥用量不变的条件下，可减少用水量，降低水灰比，从而提高混凝土的强度和耐久性。

b. 在保持混凝土强度和坍落度不变的条件下，可节约水泥用量。

c. 在保持水灰比与水泥用量不变的条件下，可大大提高混凝土混合物的流动性，从而方便施工。

② 减水剂的常用品种。

a. 木质素系减水剂。

b. 萘系减水剂。萘系减水剂为高效减水剂。

c. 树脂类减水剂。

d. 糖蜜类减水剂。

（2）早强剂。能加速混凝土早期强度发展的外加剂称为早强剂。

① 氯盐类早强剂。氯盐类早强剂主要有氯化钙、氯化钠、氯化钾及三氯化铁等，其中以氯化钙应用最广。氯化钙的早强作用主要是它能与 C_3A 和 $Ca(OH)_2$ 反应，生成不溶性复盐水化氯铝酸钙和氧氯酸钙，增加水泥浆体中固相比例，提高早期强度；同时液相中 $Ca(OH)_2$ 浓度降低，也使 C_3S、C_2S 加速水化，使早期强度提高。

② 硫酸盐类（硫酸钠、硫酸钙、硫代硫酸钠）。硫酸盐的早强作用主要是与水泥的水化产物 $Ca(OH)_2$ 反应，生成高分散性的化学石膏。它与 C_3A 的化学反应比外掺石膏的作用快得多，能迅速生成水化硫铝酸钙，增加固相体积，提高早期结构的密实度，同时也会加快水泥的水化速度，因而提高混凝土的早期强度。硫酸钠的适宜掺量为 0.5%～2%，常以复合使用效果更佳。使用时应防止引起碱集料反应。

③ 有机胺类（三乙醇胺、三乙丙醇胺）。三乙醇胺是一种非离子型表面活性剂，它不改变水化生成物，但能在水泥的水化过程中起着“催化作用”，与其他早强剂复合效果更好。

（3）引气剂与引气减水剂。引气剂是指在混凝土搅拌过程中能引入大量均匀分布、稳定而封闭的微小气泡的外加剂。引气剂也是表面活性剂，其憎水基团朝向气泡，亲水基团吸附一层水膜，由于引气剂离子对液膜的保护作用，使气泡不易破裂。引入的这些微小气泡（直径为 20～1000μm）在拌合物中均匀分布，明显地改善混合料的和易性，提高混凝土的耐久性（抗冻性和抗渗性），使混凝土的强度和弹性模量有所降低。引气剂可增加混合料的流动性，提高混凝土的耐久性。

（4）缓凝剂及缓凝减水剂。缓凝剂是指能延长混凝土凝结时间的外加剂。由于缓凝剂在水泥及其水化物表面上的吸附作用，或与水泥反应生成不溶层而达到缓凝的效果。缓凝剂同时还具有减水、增强、降低水化热等功能。常用的缓凝剂及缓凝减水剂有糖类、羟基羧酸及其盐类，如柠檬酸、酒石酸钾钠等。

（5）防冻剂。防冻剂是指能降低水泥混凝土拌合物液相冰点，使混凝土在相应负温下免受冻害，并在规定养护条件下达到预期性能的外加剂。

（6）泵送剂。能改善混凝土拌合物泵送性能的外加剂称为泵送剂。

6.8 高性能混凝土

6.8.1 高性能混凝土的概念和特点

1. 概念

高性能混凝土是一种新型高技术混凝土，是在大幅提高普通混凝土性能的基础上采用现代混凝土技术制作的混凝土。它以耐久性作为设计的主要指标。

2. 特点

（1）高性能混凝土具有一定的强度和高抗渗能力，但不一定具有高强度，中、低强度亦可。

（2）高性能混凝土具有良好的工作性，混凝土拌合物具有较高的流动性，混凝土在成型过程中不分层、不离析，易充满模型；泵送混凝土、自密实混凝土还具有良好的可泵性、自密实性能。

（3）高性能混凝土的使用寿命长，对于一些特护工程的特殊部位，控制结构设计的不是混凝土的强度，而是耐久性。能够使混凝土结构安全可靠地工作 50 ～ 100 年以上，是高性能混凝土应用的主要目的。

（4）高性能混凝土具有较高的体积稳定性，即混凝土在硬化早期应具有较低的水化热，硬化后期具有较小的收缩变形。

总的来说，高性能混凝土就是能更好地满足结构功能要求和施工工艺要求的混凝土，能最大限度地延长混凝土结构的使用年限，降低工程造价。

6.8.2 高性能混凝土的技术要求和配合比设计

1. 高性能混凝土的技术要求

根据混凝土结构所处的环境条件，高性能混凝土应满足下列一项或几项技术要求：

（1）水胶比不大于 0.38。

（2）56d 龄期的 6h 总导电量小于 1000C。

（3）300 次冻融循环后相对动弹性模量大于 80%。

（4）胶凝材料抗硫酸盐腐蚀试验的试件 15 周膨胀率小于 0.4%，混凝土最大水胶比不大于 0.45。

2. 高性能混凝土所用材料

（1）混凝土采用的水泥必须符合现行国家标准和规定，不得采用立窑水泥。

（2）配制用的细集料应满足如下要求：宜使用质地坚硬、级配良好的中砂，细度模数不小于 2.6，含泥量应小于 2%。

（3）配制用的粗集料应满足如下要求：应使用质地坚硬、级配良好的碎石，岩石的抗压强度与混凝土的抗压强度之比不宜低于 1.5，或其压碎值 Q_a 宜小于 10%。含泥量应小于 1%，针片状颗粒含量应小于 5%。粗集料的最大粒径不宜大于 25mm，且宜采用 15～25mm 和 5～15mm 两种级配。

（4）掺合料宜采用硅粉、粉煤灰、磨细矿渣粉、天然沸石粉、偏高岭土粉及其复合掺合料等。掺合料必须对混凝土和钢材无害，所选用的掺合料应符合现行国家标准或行业标准，其掺量应根据试验确定。

（5）采用的外加剂，必须符合现行国家标准《混凝土外加剂》（GB 8076—2008）和《混凝土外加剂应用技术规程》（GB 50119—2013）的规定，并对混凝土及钢材无害。所采用的减水剂应为高效减水剂，其减水率应不低于 20%。其掺量应根据试验确定。

（6）拌和和养护用水，应符合相关规定。

3. 高性能混凝土配合比设计

（1）高性能混凝土配合比设计可参照普通混凝土配合比设计方法进行混凝土试配强度计算。

（2）配制高性能混凝土还应符合以下要求：

① 强度标准差（σ），当无统计数据时，对商品混凝土可取 $\sigma=4.5$MPa。

② 用水量不宜大于 175kg/m^3。

③ 胶凝材料总量宜采用 450～600kg/m^3，其中矿物掺合料用量不宜大于胶凝材料总量的 40%；宜采用较低水胶比。

④ 高效减水剂掺量应根据坍落度要求而定。

⑤ 砂率宜采用 37% ～ 44%。

⑥ 结构处在劣化环境条件时，高性能混凝土配合比应按照国家现行有关标准的规定对结构物一项或几项技术要求进行下列一种或几种专门设计：抗碳化耐久性设计、抗冻害耐久性设计、抗盐害耐久性设计、抗硫酸盐腐蚀耐久性能设计、抑制碱-集料反应有害膨胀。

6.8.3　高性能混凝土的施工技术要求

（1）配料数量的允许偏差应符合预制场或集中搅拌站拌制的规定。

（2）必须采用强制式搅拌机拌制。

（3）配制高强度混凝土必须准确控制用水量，严格测定粗、细集料的含水率，宜每班抽测 2 次。使用露天堆放集料时应随时根据其含水量变化调整施工配合比。

（4）高效减水剂如采用溶液加入，应在用水量中扣除这部分溶液用水，搅拌时间一般不得少于 30s。当采用粉剂时应适当延长搅拌时间，一般不得少于 60s。

（5）拌制第一盘混凝土时，可增加水泥和细集料用量 10%，但保持水灰比不变。

（6）原材料的投料顺序应经试验，并确定其搅拌时间，保证搅拌均匀。

（7）混凝土拌合物运送到现场后，应在工程项目有关三方见证取样的条件下，测定其工作性（坍落度，扩展度，有无分层、离析，坍落度经时损失等），经检验合格后方可使用。

(8) 混凝土的浇筑应连续进行，如因故必须间断时，其间断时间应小于前层混凝土的初凝时间或能重塑时间。允许间断时间应经试验确定。若超过允许间断时间，须采取保证质量的措施或按工作缝处理。

(9) 混凝土在脱模后，必须加强保湿养护，宜以塑料薄膜覆盖，保持表面潮湿。保湿养护期不应少于14d，应采取措施确保混凝土内外温差不超过25℃。还应防止混凝土表面温度受环境因素影响（如曝晒、气温骤降等）而发生剧烈变化。

本章小结

本章主要讲述水泥的技术性质和技术标准、水泥混凝土的技术性质和技术标准及对组成材料的技术要求、水泥和水泥混凝土技术性能的检测方法、普通水泥混凝土配合比设计方法、道路混凝土配合比概述、高性能混凝土，要求掌握水泥和水泥混凝土技术性能检测方法。

思考题

1. 什么是水泥的初凝和终凝？凝结时间对道路和桥梁施工有什么影响？

2. 什么是水泥的体积安定性？水泥的体积安定性不良的原因是什么？安定性不良的水泥应如何处理？

3. 为什么不宜用高强度等级水泥配制低强度等级的混凝土？为什么不宜用低强度等级水泥配制高强度等级的混凝土？

4. 试述新拌混凝土工作性的含义。如稠度达不到施工要求时有哪些改善措施？

5. 如何按技术性质来判断水泥为合格品、不合格品和废品？

6. 试述影响水泥混凝土强度的主要因素及提高强度的主要措施。

7. 水泥混凝土配合比的表示方法有哪两种？如何表示？

8. 什么是砂率？什么是合理砂率？影响合理砂率的主要因素是什么？

9. 砂的颗粒级配通过什么方法测定？如何测定？

10. 什么是连续级配？什么是间断级配？如何评定集料级配是否优良？

11. 简述细集料表观密度、堆积密度的测定步骤。

12. 试述我国现行的混凝土配合比设计方法及其内容和步骤。

第 7 章　路基路面现场试验检测技术

学习目标

本章主要讲述了压实度、回弹弯沉、回弹模量、平整度、抗滑性能、路面渗水系数等的试验检测方法，通过学习能掌握各技术指标的常用测定方法及适用范围和测试步骤，能正确运用于实际工程中。

7.1　压实度试验检测方法

在公路工程施工中，为了提高路基路面的强度，保证其使用质量，必须对路基路面各结构层进行人工或机械压实。通过压实可以充分发挥路基土和路面材料的强度，可以减少路基路面在行车荷载下产生的变形，可以增加路基和路面材料的不透水性和强度稳定性。

对路基土、路面半刚性基层及粒料类柔性基层而言，压实度是指工地实际达到的干密度与室内标准击实试验所得的最大干密度的比值；对沥青面层、沥青稳定基层而言，压实度是指现场实际达到的密度与室内标准密度的比值。因此，压实度测定主要包括室内标准密度（最大干密度）确定和现场密度试验两部分。

7.1.1　标准密度（最大干密度）确定

由于土的性质、颗粒的差别，确定最大干密度的试验方法也有所不同。除了一般土的“击实法”以外，还有粗粒土和巨粒土最大干密度的确定方法。不同性质土的最大干密度的确定方法及各方法的适用范围也不相同。

1. 确定路基土最大干密度的试验方法

根据路基土类别与性质的不同，确定路基土最大干密度的试验方法主要有击实法、振动台法和表面振动压实仪法。确定路基土最大干密度的试验方法及适用范围见表 7-1。

表 7-1　确定路基土最大干密度的试验方法及适用范围

试验方法	适用范围	土的粒组
轻型、重型击实法	小试筒适用于粒径不大于 20mm 的土；大试筒适用于粒径不大于 40mm 的土	细粒土 粗粒土
振动台法	① 测定无黏聚性自由排水粗粒土和巨粒土（包括堆石料）的最大干密度。 ② 适用于通过 0.075mm 标准筛的土颗粒质量百分数不大于 15%的无黏聚性自由排水粗粒土和巨粒土。 ③ 对于最大颗粒尺寸大于 60mm 的巨粒土，因受试筒允许最大粒径的限制，宜按相似级配法的规定处理	粗粒土 巨粒土
表面振动压实仪法	同“振动台法”	粗粒土 巨粒土

击实试验是我国路基土最大干密度确定的主要方法，通过试验得出的击实曲线确定最佳含水量和最大干密度。根据击实功的不同，可分为重型击实和轻型击实。两个试验的原理和基本规律相似，但重型击实试验的击实功提高了 4.5 倍。按采集土样的含水量，又分湿土法和干土法；按土能否重复使用，也分为两种，即土能重复使用和不能重复使用。根据工程的具体要求，按击实试验方法的规定，选择轻型或重型试验方法；根据土的性质选用干土法或湿土法，对于高含水量土宜选用湿土法，对于非高含水量土则选用干土法；除易击碎的试样外，试样可以重复使用。

振动台法与表面振动压实仪法均是采用振动方法测定土的最大干密度。前者是整个土样同时受到垂直方向的振动作用，而后者是振动作用自土体表面垂直向下传递。研究结果表明，对于无黏聚性自由排水土，用这两种方法测定的最大干密度的试验结果基本一致，但前者试验设备及操作较复杂，后者相对容易，且更接近于现场振动碾压的实际状况。因此，使用时可根据试验设备拥有情况择其一即可，但推荐优先采用表面振动压实仪法。

各试验方法的仪器设备、试验步骤等详见《公路土工试验规程》（JTG E40—2007）。

2. 确定路面基层材料标准密度（最大干密度）的试验方法

路面基层主要包括半刚性基层和柔性基层两类。其中，柔性基层主要有以级配碎石为代表的粒料类基层和以沥青稳定碎石为代表的沥青稳定类基层。

（1）半刚性基层材料。半刚性基层材料的最大干密度目前主要按照《公路工程无机结合料稳定材料试验规程》（JTG E51—2009）中标准击实法确定，但当粒料含量高时（50%以上），由于击实筒空间的限制，现行方法就不能得出真正的最大干密度。因此，理论计算法、振动击实法等更为科学的最大干密度确定方法被研究应用。

理论计算法主要根据半刚性基层材料的体积组成，利用结合料和粒料的级配组成与密度，综合确定混合料的最大干密度，主要用于无机结合料稳定粒料类材料。

① 石灰土、二灰稳定粒料。根据室内试验测得结合料的最大干密度 ρ_1 和集料的相对密度 γ，把已确定的结合料与集料的质量比换算为体积比 $V_1:V_2$，则混合料的最大干密度 ρ_0 为

$$\rho_0 = V_1\rho_1 + V_2\gamma \tag{7-1}$$

石灰土、二灰稳定粒料的最佳含水量 w_0 是结合料的最佳含水量 w_1 和集料饱水裹覆含水量 w_2 的加权值，可按式（7-2）计算：

$$w_0 = w_1A + w_2B \tag{7-2}$$

式中　A、B——结合料和集料的质量百分比，以小数计。

饱水裹覆含水量是指把集料浸水饱和后取出，不擦去表面裹覆水时的含水量。除特大的集料外，此值对于砾石可取 3%，碎石可取 4%。

② 水泥稳定粒料。此类材料的最大干密度 ρ_0 与集料的最大干密度和水泥硬化后的水泥质量有关，即

$$\rho_0 = \frac{\rho_G}{1-\frac{(1+k)\alpha}{100}} \tag{7-3}$$

式中　ρ_G——集料在振动台上加载振动而得到的最大干密度（g/cm^3）；

α——水泥含量（%）；

k——水泥水化时水的增量，视水泥品种不同而异，一般为水泥质量的 10%～25%，以小数计。

水泥加水拌匀后，在 105℃烘箱中烘干，称试验前水泥质量和烘干后硬化的水泥质量，即可求得水泥水化的水增量。

因水泥中含有水化水，故用烘箱法不能正确测出水泥稳定粒料的最佳含水量。根据对比试验，水泥稳定粒料的最佳含水量 w_0 由水泥的水化水、集料的饱水裹覆含水量和拌和水泥所需要的水（水灰比为 0.5）三者组成，即

$$w_0 = (0.5 + k)\alpha + w_2\left(1 - \frac{\alpha}{100}\right) \tag{7-4}$$

式中　α——水泥含量（%）；

w_2——集料的饱水裹覆含水量（%）；

k——水泥水化时水的增量，以小数计。

（2）以级配碎石为代表的粒料类基层。确定粒料类基层材料最大干密度的试验方法有重型击实法和振动法两种。重型击实法参照《公路土工试验规程》（JTG E40—2007）中的击实试验，对大于 37.5mm 的颗粒进行筛除，利用公式校正计算最大干密度。振动法参考粗粒土、巨粒土的振动法，以振动台法或表面振动压实仪法确定最大干密度。

（3）沥青稳定碎石基层。沥青稳定碎石基层材料标准密度的试验方法主要有标准马歇尔击实法、大型马歇尔击实法、旋转压实法和振动法。我国主要采用马歇尔击实法，对于公称最大粒径等于或大于 31.5mm 的混合料采用大型马歇尔击实法。

标准密度取值有 3 种情况可以选择：①以沥青拌和厂每天取样实测的马歇尔试件密度，取平均值作为该批混合料铺筑路段压实度的标准密度；②以每天真空法实测的最大理论密度作为标准密度；③以试验路密度作为标准密度。可以根据工程需要与实际情况，选择其中一个或两个作为标准密度。

3. 确定沥青面层混合料标准密度的试验方法

沥青面层混合料标准密度试验方法与沥青稳定碎石基层相同，我国仍以马歇尔击实法为主，有 3 个标准密度可供选择。

具体密度测定，根据沥青混合料本身的特点，可采用下列方法之一：

（1）水中重法：本法适用于测定吸水率小于 0.5%的密实沥青混合料试件。

（2）表干法：本法适用于测定吸水率不大于 2%的各种沥青混合料试件。

（3）蜡封法：本法适用于测定吸水率大于 2%的沥青混凝土试件以及沥青碎石混合料试件。

（4）体积法：本法适用于空隙率较大的沥青碎石混合料及大空隙透水性开级配沥青混合料试件。

具体试验方法见《公路工程沥青及沥青混合料试验规程》（JTG E20—2011）。

7.1.2　现场密度试验检测方法

通过压实可以提高路基路面的压实质量，保证施工质量。如果压实不足，则路面容易产生车辙、裂缝、沉陷及整个路面被剪切破坏。那么在施工现场如何来判断和衡量压实度的程度和效果呢？下面着重介绍几种测定压实度的试验方法。在公路工程中测定压实度常用的方法主要有灌砂法、环刀法、核子密湿度仪法、钻芯法。现场密度主要检测方法及各方法的适用范围见表 7-2。

表 7-2　现场密度检测方法及适用范围

试验方法	适用范围
灌砂法	适用于在现场测定基层（或底基层）、砂石路面及路基土的各种材料压实层的密度和压实度，但不适用于填石路堤等有大孔洞或大孔隙的材料压实层的压实度检测
环刀法	适用于细粒土及无机结合料稳定细料土的密度测试。但对无机结合料稳定细粒土，其龄期不宜超过 2d，且宜用于施工过程中的压实度检验
核子密湿度仪法	适用于现场用核子密湿度仪以散射法或直接透射法测定路基或路面材料的密度和含水量，并计算施工压实度
钻芯法	适用于检验从压实的沥青路面上钻取的沥青混合料芯样试件的密度，以评定沥青面层的施工压实度

1. 灌砂法

灌砂法是利用均匀颗粒的砂去置换试洞的体积，它是当前最通用的方法。

采用此方法时，应符合下列规定：

当集料的最大粒径小于 13.2mm，测定层的厚度不超过 150mm 时，宜采用 ϕ100mm 的小型灌砂筒测试。

当集料的最大粒径等于或大于 13.2mm，但不大于 31.5mm，测定层的厚度不超过 200mm 时，应用 ϕ150mm 的大型灌砂筒测试。

（1）仪具与材料。

① 灌砂筒：有大小两种，根据需要采用。型式和主要尺寸见图 7-1。

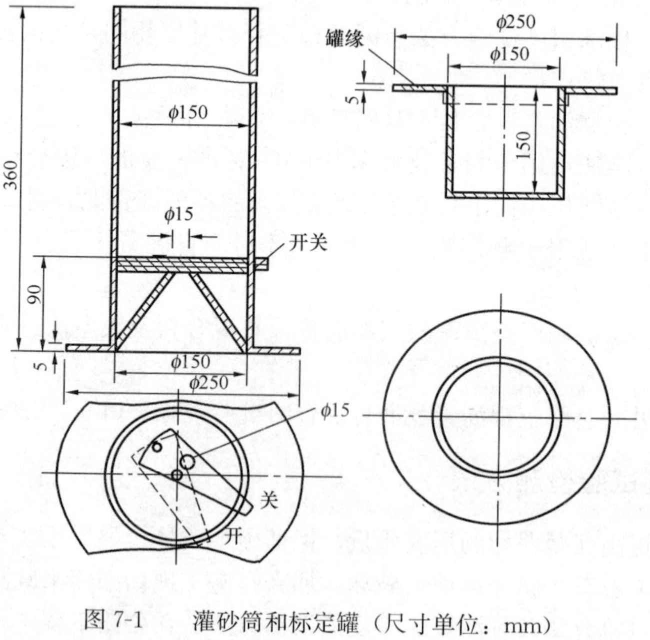

图 7-1　灌砂筒和标定罐（尺寸单位：mm）

② 金属标定罐：用薄铁板制作的金属罐，上端周围有一罐缘。

③ 基板：用薄铁板制作的金属方盘，盘的中心有一圆孔。

④ 玻璃板：边长 500～600mm 的方形板。

⑤ 试样盘：小筒挖出的试样可用铝盒存放，大筒挖出的试样可用 300mm× 500mm× 40mm 的搪瓷盘存放。

⑥ 天平或台秤：称量 10～15kg，感量不大于 1g。用于含水量测定的天平精度，对细粒土、中粒土、粗粒土宜分别为 0.01g、0.1g、1.0g。

⑦ 含水量测定器具：如铝盒、烘箱等。

⑧ 量砂：粒径 0.30～0.60mm ，清洁干燥的砂，20～40kg。

⑨ 盛砂的容器：塑料桶等。

⑩ 其他：凿子、改锥、铁锤、长把勺、小簸箕、毛刷等。

（2）试验方法与步骤。

① 标定灌砂筒下部圆锥体内砂的质量（m_2）。

a. 在灌砂筒筒口高度上，向灌砂筒内装砂至距筒顶 15mm 左右为止。称取装入灌砂筒内砂的质量（m_1），准确至 1g。以后每次标定及试验都应该维持装砂高度与质量不变。

b. 将开关打开，使灌砂筒筒底的流砂孔、圆锥形漏斗上端开口圆孔及开关铁板中心的圆孔上下对准重叠在一起，让砂自由流出，并使流出砂的体积与工地所挖试坑内的体积相当（或等于标定罐的容积），然后关上开关。

c. 不晃动储砂筒的砂，轻轻地将灌砂筒移至玻璃板上，将开关打开，让砂流出，直到筒内砂不再下流时，将开关关上，并细心地取走灌砂筒。

d. 收集并称量留在板上的砂或称量筒内的砂，准确至 1g。玻璃板上的砂就是填满锥体的砂（m_2）。

e. 重复上述测量 3 次，取其平均值。

② 标定量砂的松方密度 ρ_s（g/cm^3）。

a. 用水确定标定罐的容积 V，准确至 1mL。

b. 在储砂筒中装入质量为 m_1 的砂，并将灌砂筒放在标定罐上，将开关打开，让砂流出，在整个流砂过程中，不要碰动灌砂筒，直到砂不再下流时，将开关关闭，取下灌砂筒，称取筒内剩余砂的质量（m_3），准确至 1g。

c. 按式（7-5）计算填满标定罐所需砂的质量 m_a：

$$m_a = m_1 - m_2 - m_3 \tag{7-5}$$

式中　m_a——标定罐中砂的质量（g）；

m_1——装入灌砂筒内砂的总质量（g）；

m_2——灌砂筒下部圆锥体内砂的质量（g）；

m_3——灌砂入标定罐后，筒内剩余砂的质量（g）。

d. 重复上述测量 3 次，取其平均值。

e. 按式（7-6）计算量砂的松方密度：

$$\rho_s = \frac{m_a}{V} \tag{7-6}$$

式中　ρ_s——量砂的松方密度（g/cm^3）；

V——标定罐的体积（cm^3）。

③ 试验步骤。

a. 在试验地点选一块平坦表面，并将其清扫干净，其面积不得小于基板面积。

b. 将基板放在平坦表面上，当表面的粗糙度较大时，则将盛有量砂（m_5）的灌砂筒放在基板中间的圆孔上，将灌砂筒的开关打开，让砂流入基板的中孔内，直到储砂筒内的砂不再下流时关闭开关。取下灌砂筒，并称量筒内砂的质量（m_6），准确至1g。当需要检测厚度时，应先测量厚度后再进行这一步骤。

c. 取走基板，并将留在试验地点的量砂收回，重新将表面清扫干净。

d. 将基板放回清扫干净的表面上（尽量放在原处），沿基板中孔凿洞（洞的直径与灌砂筒一致）。在凿洞过程中，应注意勿使凿出的材料丢失，并随时将凿出的材料取出装入塑料袋中，不使水分蒸发，也可放在大试样盒内。试洞的深度应等于测定层厚度，但不得有下层材料混入，最后将洞内的全部凿松材料取出。对土基或基层，为防止试样盘内材料的水分蒸发，可分几次称取材料的质量。全部取出材料的总质量为 m_w，准确至1g。

e. 从挖出的全部材料中取出有代表性的样品，放在铝盒或洁净的搪瓷盘中，测定其含水量（w，以%计）。样品的数量如下：用小灌砂筒测定时，对于细粒土，不少于100g；对于各种中粒土，不少于500g。用大灌砂筒测定时，对于细粒土，不少于200g；对于各种中粒土，不少于1000g；对于粗粒土或水泥、石灰、粉煤灰等无机结合料稳定材料，宜将取出的全部材料烘干，且不少于2000g，称其质量（m_d），准确至1g。

f. 将基板放在试坑上，将灌砂筒安放在基板中间（储砂筒内放满质量为 m_1 的砂），使灌砂筒的下口对准基板的中孔及试洞，打开灌砂筒的开关，让砂流入试坑内。在此期间，应注意勿碰动灌砂筒，直到储砂筒内的砂不再下流时，关闭开关。小心取走灌砂筒，并称量筒内剩余砂的质量（m_4），准确到1g。

g. 如清扫干净的平坦表面的粗糙度不大，也可省去上述b和c的操作。在试洞挖好后，将灌砂筒直接对准放在试坑上，中间不需要放基板。打开筒的开关，让砂流入试坑内。在此期间，应注意勿碰动灌砂筒。直到储砂筒内的砂不再下流时，关闭开关。小心取走灌砂筒，并称量剩余砂的质量（m_4'），准确至1g。

h. 仔细取出试筒内的量砂，以备下次试验时再用，若量砂的湿度已发生变化或量砂中混有杂质，则应该重新烘干、过筛，并放置一段时间，使其与空气的湿度达到平衡后再用。

（3）计算。

① 计算填满试坑所用的砂的质量 m_b：

灌砂时，试坑上放有基板：

$$m_b = m_1 - m_4 - (m_5 - m_6) \tag{7-7}$$

灌砂时，试坑上不放基板：

$$m_b = m_1 - m_4' - m_2 \tag{7-8}$$

式中 m_b——填满试坑的砂的质量（g）；

m_1——灌砂前灌砂筒内砂的质量（g）；

m_2——灌砂筒下部圆锥体内砂的质量（g）；

m_4、m_4'——灌砂后，灌砂筒内剩余砂的质量（g）；

$m_5 - m_6$——灌砂筒下部圆锥体内及基板和粗糙表面间砂的合计质量（g）。

② 计算试坑材料的湿密度 ρ_w：

$$\rho_w = \frac{m_w}{m_b} \times \rho_s \tag{7-9}$$

式中　m_w——试坑中取出的全部材料的质量（g）；

ρ_s——量砂的松方密度（g/cm³）。

③ 计算试坑材料的干密度 ρ_d：

$$\rho_d = \frac{\rho_w}{1+0.01w} \tag{7-10}$$

式中　w——试坑材料的含水量（%）。

④ 当为水泥、石灰、粉煤灰等无机结合料稳定土的场合，计算干密度 ρ_d：

$$\rho_d = \frac{m_d}{m_b} \times \rho_s \tag{7-11}$$

式中　ρ_d——试样的干密度（g/cm³）；

m_d——试坑中取出的稳定土的烘干质量（g）；

m_b——试坑中填入的量砂质量（g）；

ρ_s——量砂的松方密度（g/cm³）。

⑤ 计算施工压实度：

$$K = \frac{\rho_d}{\rho_c} \times 100 \tag{7-12}$$

式中　K——测试地点的施工压实度（%）；

ρ_d——试样的干密度（g/cm³）；

ρ_c——最大干密度（g/cm³）。

注：当试坑材料组成与击实试验的材料有较大差异时，可以试坑材料做标准击实，求取实际的最大干密度。

（4）试验中应注意的问题。灌砂法是在施工过程中最常用的试验方法之一，此方法表面上看起来较为简单，但实际操作时常常不好掌握，在操作中应严格遵循试验的每个细节，以提高试验精度。为使试验做得准确，应注意以下几个环节：

① 量砂要规则。量砂如果重复使用，一定要注意晾干，处理一致，否则影响量砂的松方密度。

② 每换一次量砂，都必须测定松方密度，漏斗中砂的数量也应该每次重做。因此量砂宜事先准备较多数量，切勿到试验时临时找砂。

③ 地表面处理要平整，只要表面凸出一点（即使 1mm），使整个表面高出一薄层，其体积也算到试坑中去了，会影响试验结果。因此本方法一般宜采用放上基板先测定一次粗糙表面消耗的量砂，计算填坑的砂量。只有在非常光滑的情况下方可省去此操作步骤。

④ 在挖坑时试坑周壁应竖直，避免出现上大下小或上小下大的情形，这样会使检测密度偏大或偏小。

⑤ 灌砂时，检测厚度为整个碾压层厚，不能只取上部或取到下一个碾压层中。

2. 环刀法

环刀法是测量现场密度的传统方法。国内习惯采用的环刀容积通常为 200cm³，环刀高度通常约 5cm。用环刀法测得的密度是环刀内土样所在深度范围内的平均密度。它不能代表整个碾压层的平均密度。由于碾压土层的密度一般是从上到下减小的，若环刀取在碾压层的上部，则得到的数值往往偏大，若环刀取的是碾压层的底部，则所得的数值将明显偏小。就检查路基土和路面结构层的压实度而言，需要的是整个碾压层的平均压实度，而不是碾压层中某一部分的压实度，因此，在用环刀法测定土的密度时，应使所得密度能代表整个碾压层的平均密度。然而，这在实际检测中是比较困难的，只有使环刀所取的土恰好是碾压层中间的土，环刀法所得的结果才可能与灌砂法的结果大致相同。另外，环刀法适用面较窄，对于含有粒料的稳定土及松散性材料无法使用。

（1）仪具与材料。

① 人工取土器或电动取土器：人工取土器包括环刀、环盖、定向筒和击实锤系统（导杆、落锤、手柄）。环刀内径为6～8cm，高为2～3cm，壁厚为1.5～2mm。电动取土器由底座、行走轮、立柱、齿轮箱、升降机构、取芯头等组成。

② 天平：感量0.1g（用于取芯头内径小于70mm样品的称量），或1.0g（用于取芯头内径100mm样品的称量）。

③ 其他：镐、小铁锹、修土刀、毛刷、直尺、钢丝锯、凡士林、木板以及测定含水量设备等。

（2）试验方法与试验步骤。

① 用人工取土器测定黏性土及无机结合料稳定细粒土的密度。

a. 擦净环刀，称取环刀质量（m_2），准确至0.1g。

b. 在试验地点，将面积约30cm×30cm的地面清扫干净，并将压实层铲去表面浮动及不平整的部分，达到一定深度，使环刀打下后，能达到要求的取土深度，但不得扰动下层。

c. 将定向筒齿钉固定于铲平的地面上，顺次将环刀、环盖放入定向筒内与地面垂直。

d. 将导杆保持垂直状态，用取土器落锤将环刀打入压实层中，至环盖顶面与定向筒上口齐平为止。

e. 去掉击实锤和定向筒，用镐将环刀及试样挖出。

f. 轻轻取下环盖，用修土刀自边至中削去环刀两端余土，用直尺检测直至修平为止。

h. 擦净环刀外壁，用天平称取环刀及试样合计质量（m_1），精确至0.1g。

i. 自环刀中取出试样，取具有代表性的试样，测定其含水量。

② 用人工取土器测定砂性土或砂层密度。

a. 如为湿润的砂土，试验时不需要使用击实锤和定向筒。在铲平的地面上细心挖出一个直径较环刀外径略大的砂土柱，将环刀刃口向下，平置于砂土柱上，用两手平衡地将环刀垂直压下，直到砂土柱突出环刀上端约2cm时为止。

b. 削掉环刀口上的多余砂土，并用直尺刮平。

c. 在环刀上口盖一块平滑的木板，一手按住木板，另一只手用小铁锹将试样从环刀底部切断，然后将装满试样的环刀转过来，削去环刀刃口上部的多余砂土，并用直尺刮平。

d. 擦净环刀外壁，称环刀与试样的合计质量（m_1），精确至0.1g。

e. 自环刀中取具有代表性的试样测定其含水量。

f. 干燥的砂土不能挖成砂土柱时，可直接将环刀压入或打入土中。

③ 用电动取土器测定无机结合料细粒土和硬塑土的密度。

a. 装上所需规格的取芯头。在施工现场取芯前，选择一块平整的路段，将四只行走轮打起，四根定位销钉采用人工加压的方法，压入路基土层中。松开锁紧手柄，旋动升降手轮，使取芯头刚好与土层接触，锁紧手柄。

b. 将电瓶与调速器接通，调速器的输出端接入取芯机电源插口。指示灯亮，显示电路已通；启动开关，电动机工作，带动取芯机构转动。根据土层含水量调节转速，操作升降手柄，上提取芯机构，停机，移开机器。由于取芯头圆筒外表有几条螺旋状突起，切下的土屑排在筒外顺螺纹上旋抛出地表，因此，将取芯套筒套在切削好的土芯立柱上摇动即可取出样品。

c. 取出样品，立即按取芯套筒长度用修土刀或钢丝锯修平两端，制成所需规格土芯。如拟进行其他试验项目，装入铝盒，送实验室备用。

d. 用天平称量土芯带套筒质量（m_1），从土芯中心部分取试样测定含水量。

（3）计算。按式（7-13）、式（7-14）分别计算试样的湿密度 ρ_w 及干密度 ρ_d：

$$\rho_w = \frac{4 \times (m_1 - m_2)}{\pi d^2 h} \tag{7-13}$$

$$\rho_d = \frac{\rho_w}{1 + 0.01w} \tag{7-14}$$

式中　ρ_w——试样的湿密度（g/cm^3）；

ρ_d——试样的干密度（g/cm^3）；

m_1——环刀或取芯套筒与试样合计质量（g）；

m_2——环刀或取芯套筒质量（g）；

d——环刀或取芯套筒直径（cm）；

h——环刀或取芯套筒高度（cm）；

w——试样的含水量（%）。

本试验须进行两次平行测定，其平行差值不得大于 $0.03g/cm^3$。求其算术平均值。

3. 核子密湿度仪法

核子密湿度仪法是利用放射性元素（通常是 γ 射线和中子射线）测量土或路面材料的密度和含水量。该方法适用于测量各种土或路面材料的密度和含水量，有些仪器可储存打印测试结果。它的缺点是放射性物质对人体有害。另外，需要打洞的仪器，在打洞过程中使洞壁附近的结构遭到破坏，影响测定的准确性。对于核子湿密度仪法，可作施工控制使用，但需与常规方法比较，以验证其可靠性。

1）仪具与材料。

（1）核子密湿度仪：符合国家规定的关于健康保护和安全使用标准。

（2）细砂：0.15～0.3mm。

（3）天平或台秤。

（4）其他：毛刷等。

2）试验方法与步骤。本方法用于测定沥青混合料面层的压实密度或硬化水泥混凝土等难打孔材料的密度时，宜使用散射法；用于测定土基、基层材料或非硬化水泥混凝土等可以打孔材料的密度与含水量时，应使用直接透射法。

在表面用散射法测定时，所测定沥青面层的层厚应根据仪器的性能决定最大厚度。用于测定土基或基层材料的压实密度及含水量时，打洞后用直接透射法测定的层厚不宜大于 30cm。

（1）准备工作。

① 每天使用前或者对测试结果有怀疑时，按下列步骤用标准板测定仪器的标准值：a. 进行标准值测定时的地点至少离开其他放射源 10m 的距离，地面必须经压实而且平整。b. 接通电源，按照仪器使用说明书建议的预热时间预热测定仪。c. 在测定前，应检查仪器性能是否正常。将仪器在标准计数块上放置平稳，按照仪器使用说明书的要求进行标准化计数并判断仪器标准化计数值必须符合要求。如标准化计数值超过规定的限值时，应确认标准计数的方法和环境是否符合要求，并重复进行标准化计数；若第二次标准化计数仍超出规定的限值时，需视作故障并进行仪器检查。

② 在进行沥青混合料压实层密度测定前，应用核子密湿度仪与钻孔取样的试件进行标定；测定其他材料密度时，宜与挖坑灌砂法的结果进行标定。

标定步骤如下：a. 选择压实的路表面，按要求的测定步骤用核子密湿度仪测定密度，记录读数；b. 在测定的同一位置用钻机钻孔法或挖坑灌砂法取样，量测厚度，按规定的标准方法测定材料的密度；c. 对同一种路面厚度及材料类型，在使用前至少测定 15 处，求取两种不同方法测定的密度的相关关系，其相关系数 R 应不小于 0.95。

③ 测试位置的选择：a. 按照随机取样的方法确定测试位置，但与路面边缘或其他物体的最小距离不得小于 30cm。核子密湿度仪距其他放射源不得小于 10m。b. 当用散射法测定时，应用细砂填平测试位置路表结构凹凸不平的空隙，使路表面平整，能与仪器紧密接触。c. 当使用直接透射法测定时，应在表面上用钻杆打孔，孔深必须大于探测杆达到的测试深度。将探测杆放下插入已打好的测试孔内，前后或左右移动仪器，使之安放稳固。

④ 按照规定的时间预热仪器。

（2）测试步骤。

① 如用散射法测定时，应按图 7-2 的方法将核子仪平稳地置于测试位置上。测点应随机选择，测定温度应与试验段测定时一致，一组不少于 13 点，取平均值。检测精度通过试验路段与钻孔试件比较评定。

② 如用直接透射法测定时，应按图 7-3 的方法将放射源棒放下插入已预先打好的孔内。

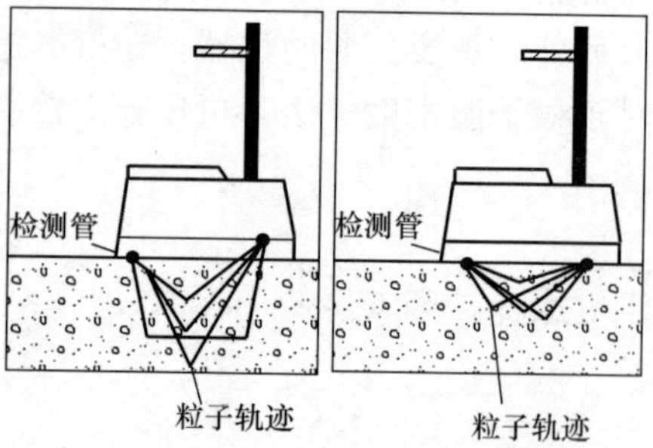

图 7-2　用散射法测定的方法

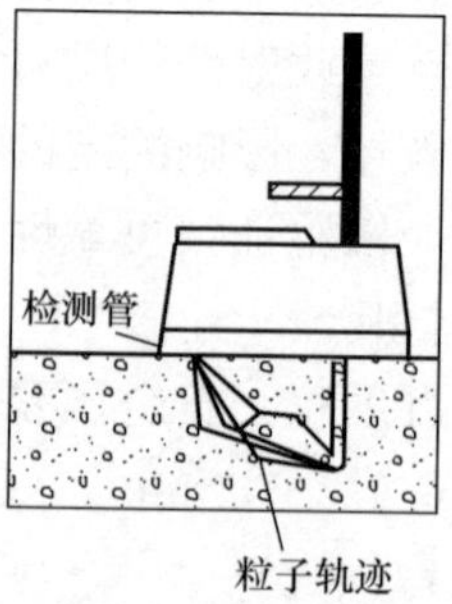

图 7-3　用直接透射法测定的方法

③ 打开仪器，测试员退至距仪器 2m 以外，按照选定的测定时间进行测量，到达测定时间后，读取显示的各项数值，并迅速关机。

各种型号仪器的具体操作步骤略有不同，可按照仪器使用说明书进行。

3）使用安全注意事项。

（1）仪器工作时，所有人员均应退到距仪器 2m 以外的地方。

（2）仪器不使用时，应将手柄置于安全位置，仪器应装入专用的仪器箱内，放置在符合核辐射安全规定的地方。

（3）仪器应由经有关部门审查合格的专人保管，专人使用。对从事仪器保管及使用的人员，应遵照有关核辐射检测的规定，不符合核防护规定的人员，不宜从事此项工作。

4. 钻芯法

沥青混合料面层的施工压实度是指按规定方法测得的混合料试样的毛体积密度与标准密度之比，以百分率表示。

（1）仪具与材料。

① 路面取芯钻机。

② 天平：感量不大于 0.1g。

③ 溢流水槽。

④ 吊篮。

⑤ 石蜡。

⑥ 其他：卡尺、毛刷、小勺、取样袋（容器）、电风扇。

（2）试验方法与步骤。

① 钻取芯样。按“路面钻孔及切割取样方法”钻取路面芯样，芯样直径不宜小于 100mm。当一次钻孔取得的芯样包含有不同层位的沥青混合料时，应根据结构组合情况用切割机将芯样沿各层结合面锯开分层进行测定。

② 测定试件密度。

a. 将钻取的试件在水中用毛刷轻轻刷净黏附的粉尘。如试件边角有松散颗料，应仔细清除。

b. 将试件晾干或用电风扇吹干不少于 24h，直到恒重。

c. 按现行《公路工程沥青及沥青混合料试验规程》（JTG E20—2011）的沥青混合料试件密度试验方法测定试件的密度 。对吸水率大于 2％的试件宜采用蜡封法测定试件的毛体积相对密度；对吸水率小于 0.5％特别致密的沥青混合料，在施工质量检验时，允许采用水中重法测定表观相对密度。

（3）计算。

① 当计算压实的沥青混合料的标准密度采用马歇尔击实试件成型密度或试验路段钻孔取样密度时，沥青面层的压实度按式（7-15）计算：

$$K = \frac{\rho_s}{\rho_0} \times 100 \tag{7-15}$$

式中　K ——沥青面层某一测定部位的压实度（％）；

ρ_s ——沥青混合料芯样试件的实际密度（g/cm^3）；

ρ_0 ——沥青混合料的标准密度（g/cm^3）。

② 计算压实度的标准密度采用最大理论密度时，按式（7-16）计算压实度：

$$K = \frac{\rho_s}{\rho_t} \times 100 \tag{7-16}$$

式中　ρ_s ——沥青混合料芯样试件的实际密度（g/cm^3）；

ρ_t ——沥青混合料的最大理论密度（g/cm^3）。

（4）试验检测中应注意的问题。压实度的大小取决于实测的压实密度，同样也与标准密度的大小有关。但目前对标准密度的规定并不统一，在进行检测时，应结合工程实际情况，采用相应的标准密度。

7.1.3 压实度检测结果评定

路基、路面压实度以1～3km长的路段为检验评定单元，按要求的检测频率与方法进行现场压实度抽样检查，求算每一测点的压实度。

1. 压实度评定要点

（1）控制平均压实度的置信下限，以保证总体水平。

（2）规定单点极值不得超出规定值，防止局部隐患。

（3）规定扣分界限以区分质量优劣。

检验评定段的压实度代表值 K（算术平均值的置信下限）为

$$K = \overline{K} - (t_a/\sqrt{n})s \geqslant K_0 \tag{7-17}$$

式中 $\overline{K}$ ——检验评定段内各测点压实度的平均值；

t_a ——t 分布表中随测点数和保证率（或置信度 d）而变的系数：

高速、一级公路：基层、底基层为99%，路基、路面面层为95%；

其他公路：基层、底基层为95%，路基、路面面层为90%；

s ——检测值的均方差；

n ——检测点数；

K_0 ——压实度标准值。

2. 压实度评分方法

（1）路基、基层和底基层：当 $K \geqslant K_0$ 且单点压实度全部大于或等于规定值减2个百分点时，评定路段的压实度可得规定的满分；当 $K \geqslant K_0$ 且单点压实度全部大于或等于规定极值时，对于测定值低于规定值减2个百分点的测点，按其占总检查点数的百分率计算扣分值。某一单点压实度小于规定极值时，该评定路段压实度为不合格，评为零分。路堤施工段短时，分层压实度要每点符合要求，且实际样本数不少于6个。

（2）沥青面层：当 $K \geqslant K_0$ 且全部测点大于或等于规定值减1个百分点时，评定路段的压实度可得规定的满分；当 $K \geqslant K_0$ 时，对于测定值低于规定值减1个百分点的测点，按其占总检查点数的百分率计算扣分值；当 $K < K_0$ 时，评定路段的压实度为不合格，相应分项工程为不合格。

【例7-1】某二级公路路基压实质量检验，经检测，各点（共12个测点）的干密度分别为1.72、1.69、1.71、1.76、1.78、1.76、1.68、1.75、1.74、1.73、1.73、1.70（g/cm^3），最大干密度为1.82g/cm^3。试按95%的保证率评定该路段的压实质量是否满足要求（压实度标准值为93%）。

解：①计算各测点的压实度 K_i（%）分别为：94.5、92.9、94.0、96.7、97.8、96.7、92.3、96.2、95.6、95.1、95.1、93.4。

② 计算平均值 $\overline{K}$ 和标准偏差 s。

$$\overline{K} = 95.0\% \qquad s = 1.68\%$$

③ 计算代表值。当 95%保证率，n=12 时，查表 7-3 得：$t_a/\sqrt{n}$ =0.518

$$K = \overline{K} - (t_a/\sqrt{n})s = 95.0 - 0.518 \times 1.68 = 94.1(\%)$$

④ 评定。K_0 =93%，因 $K > K_0$ 且 $K_{i\min}$ =92.3%>88%（极值标准），所以该评定路段的压实质量满足要求。

表 7-3　公式中 $t_a/\sqrt{n}$ 的值

保证率	$t_a/\sqrt{n}$			保证率系数 Z_a
	n=10	n=11	n=12	
99%	0.892	0.833	0.785	2.327
95%	0.580	0.546	0.518	1.645
90%	0.437	0.414	0.393	1.282
97.72%	0.814	0.761	0.718	2.00
93.32%	0.537	0.506	0.481	1.50

7.2　强度指标检测方法

7.2.1　路基路面回弹弯沉值测定

国内外普遍采用回弹弯沉值来表征路基路面的承载能力，回弹弯沉值越大，承载能力越小；反之，则越大。通常所说的回弹弯沉值是指标准后轴双轮组轮隙中心处的最大回弹弯沉值。可以利用回弹弯沉值评定路面强度，还可以根据实测所得的土基或整层路面材料的回弹弯沉值，按照弹性半空间体理论的垂直位移公式，计算土基或路面材料的回弹弯沉模量。在路表测试的回弹弯沉值可以反映路基、路面的综合承载能力。回弹弯沉值在我国已广泛使用且有很多的经验及研究成果，不仅用于新建路面结构的设计（设计弯沉值）和施工控制与验收（竣工验收弯沉值），也用于旧路补强设计。

1. 弯沉值的几个概念

（1）弯沉。弯沉是指在规定的标准轴载作用下，路基路面表面轮隙位置产生的总垂直变形（总弯沉）或垂直回弹变形值（回弹弯沉），以 0.01mm 为单位。

（2）设计弯沉值。根据设计年限内一个车道上预测通过的累计当量轴次、公路等级、面层和基层类型而确定的路面弯沉设计值。

（3）竣工验收弯沉值。竣工验收弯沉值是检验路面是否达到设计要求的指标之一。当路面厚度计算以设计弯沉值为控制指标时，则竣工验收弯沉值应小于或等于设计弯沉值；当厚度计算以层底拉应力为控制指标时，应根据拉应力计算所得的结构厚度，重新计算路面弯沉值，该弯沉值即为竣工验收弯沉值。

2. 弯沉值的测试方法

弯沉值的测试方法有很多种，目前应用最多的是贝克曼梁法，但由于其测试速度等因素的限制，各国都对快速连续或动态测定进行了研究，主要有自动弯沉仪法、落锤式弯沉仪法、振动弯沉仪法等。采用贝克曼梁或自动弯沉仪测量弯沉值，每一双车道评定路段检查80～100个点，多车道公路必须按车道数与双车道之比，相应增加测点。现将几种方法做简单比较，见表7-4。

表7-4　几种弯沉测试方法比较

方法	特点
贝克曼梁法	传统方法，速度慢，静态测试，比较成熟，目前属于标准方法
自动弯沉仪法	利用贝克曼梁原理快速连续测试，属于静态测试范畴，但测定的是总弯沉，因此使用时应用贝克曼梁法进行标定换算
落锤式弯沉仪法	利用重锤自由落下瞬间产生的冲击荷载测定弯沉，属于动态弯沉测试，并能反算路面的回弹模量，快速连续，使用时应用贝克曼梁法进行标定

3. 贝克曼梁法测回弹弯沉值

（1）试验目的和适用范围。测定各类路基、路面回弹弯沉，用以评定其整体承载能力，可供路面结构设计使用和竣工验收使用，也可为公路养护管理部门制订养路计划提供依据。

（2）仪具与材料。

① 测试车：双轴，后轴双侧4轮的载重车。其标准轴荷载，轮胎尺寸、间隙及气压等参数应符合要求。测试车应采用后轴10t标准轴载BZZ-100的汽车。

② 路面弯沉仪：由贝克曼梁、百分表及表架组成。贝克曼梁由铝合金制成，上有水准泡，其前臂（接触路面）与后臂（装百分表）长度比为2∶1。弯沉仪长度有两种：一种长为3.6m，前后臂分别为2.4m和1.2m；另一种加长的弯沉仪长为5.4m，前后臂分别为3.6m和1.8m。

③ 接触式路表温度计：端部为平头，分度不大于1℃。

④ 其他：皮尺、口哨、白油漆或粉笔、指挥旗等。

（3）试验方法与步骤。

① 试验前准备工作。

a. 检查并保持测定用标准车的车况及刹车性能良好，轮胎内胎符合规定充气压力。

b. 向汽车车槽中装载铁块或集料，并用地中衡称量后轴总质量及单侧轮荷载，均应符合要求的轴重规定，汽车行驶及测定过程中，轴重不得变化。

c. 测定轮胎接地面积：在平整光滑的硬质路面上用千斤顶将汽车后轴顶起，在轮胎下方铺一张新的复写纸和一张方格纸，轻轻落下千斤顶，即在方格纸上印上轮胎印痕，用求积仪或数方格的方法测算轮胎接地面积，准确至0.1cm^2。

d. 检查弯沉仪百分表量测灵敏情况。

e. 当在沥青路面上测定时，用路表温度计测定试验时气温及路表温度（一天中气温不断变化，应随时测定），并通过气象台了解前5天的平均气温（日最高气温与最低气温的平均值）。

f. 记录沥青路面修建或改建时材料、结构、厚度、施工及养护等情况。

② 测试步骤。

a. 在测试路段布置测点，其距离随测试需要而定。测点应在路面行车道的轮迹带上，并用白油漆或粉笔画上标记。

b. 将试验车后轮轮隙对准测点后 3～5cm 处的位置上。

c. 将弯沉仪插入汽车后轮之间的缝隙处，与汽车方向一致，梁臂不得碰到轮胎，弯沉仪测头置于测点上（轮隙中心前方 3～5cm 处），安装百分表于弯沉仪测定杆上，百分表调零，用手指轻轻叩打弯沉仪，检查百分表是否稳定回零。弯沉仪可以是单侧测定，也可以双侧同时测定。

d. 测定者吹哨发令指挥汽车缓缓前进，百分表随路面变形的增加而持续向前转动。当表针转动到最大值时，迅速读取初读数 L_1 。汽车仍在继续前进，表针反向回转，待汽车驶出弯沉影响半径（3m 以上）后，吹口哨或挥动红旗指挥停车。待表针回转稳定后读取终读数 L_2。汽车前进的速度宜为 5km/h 左右。

（4）弯沉仪的支点变形修正。

① 当采用长度为 3.6m 的弯沉仪对半刚性基层沥青路面、水泥混凝土路面等进行弯沉测定时，有可能引起弯沉仪支座处变形，因此，测定时应检验支点有无变形。此时，应用另一台检验用的弯沉仪安装在测定用的弯沉仪的后方，其测点架于测定用弯沉仪的支点旁。当汽车开出时，同时测定两台弯沉仪的弯沉读数，如检验用弯沉仪百分表有读数，即应该记录并进行支点变形修正。当在同一结构层上测定时，可在不同的位置测定 5 次，求取平均值，以后每次测定时以此作为修正值。支点变形修正的原理如图 7-4 所示。

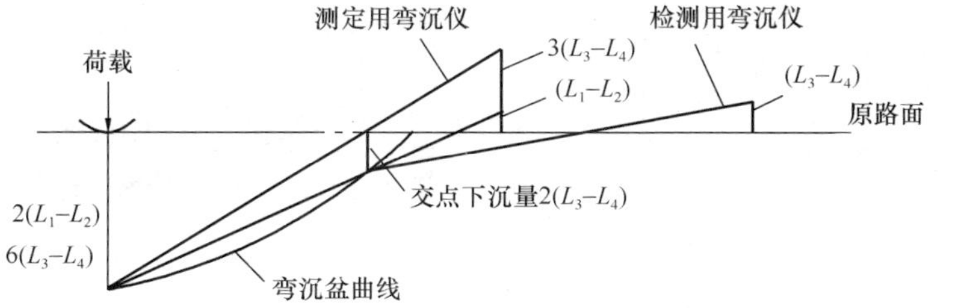

图 7-4　弯沉仪支点变形修正原理

② 当采用长度为 5.4m 的弯沉仪测定时，可不进行支点变形修正。

（5）结果计算及温度修正。

① 测点的回弹弯沉值按式（7-18）计算：

$$L_T = (L_1 - L_2) \times 2 \tag{7-18}$$

式中　L_T——在路面温度为 T 时的回弹弯沉值（0.01mm）；

L_1——车轮中心临近弯沉仪测头时百分表的最大读数（0.01mm）；

L_2——汽车驶出弯沉影响半径后百分表的终读数（0.01mm）。

② 进行弯沉仪支点变形修正时，路面测点的回弹沉值按式（7-19）计算：

$$L_T = (L_1 - L_2) + (L_3 - L_4) \times 6 \tag{7-19}$$

式中　L_1——车轮中心临近弯沉仪测头时测定用弯沉仪的最大读数（0.01mm）；

L_2——汽车驶出弯沉影响半径后测定用弯沉仪的终读数（0.01mm）；

L_3——车轮中心临近弯沉仪测头时检验用弯沉仪的最大读数（0.01mm）；

L_4——汽车驶出弯沉影响半径后检验用弯沉仪的终读数（0.01mm）。

注：此式适用于测定用弯沉仪支座处有变形，但百分表表架处路面已无变形情况。

③ 沥青面层厚度大于5cm且路面温度超过（20±2）℃范围时，回弹弯沉值应进行温度修正。

a. 测定时的沥青层平均温度按式(7-20)计算：

$$T = (T_{25} + T_{m} + T_{e})/3 \quad (7\text{-}20)$$

式中 T——测定时沥青层平均温度（℃）；

T_{25}——根据 T_0 由图7-5决定的路表下25mm处的温度（℃）；

T_m——根据 T_0 由图7-5决定的沥青层中间深度的温度（℃）；

T_e——根据 T_0 由图7-5决定的沥青层底面处的温度（℃）。

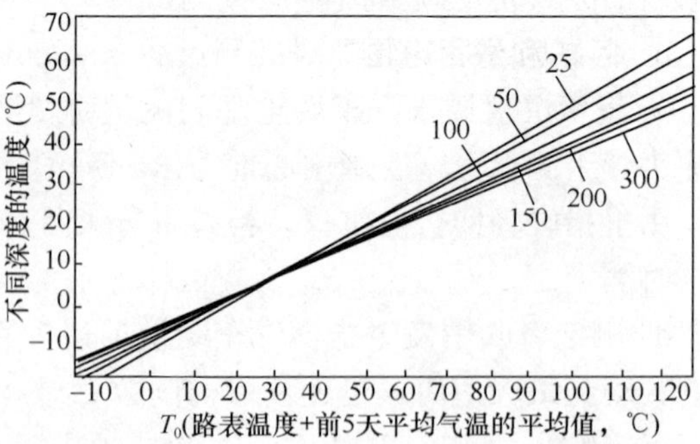

图7-5 沥青层平均温度的决定

注：线上数字表示路表下的不同深度（mm）。

图7-5中，T_0 为测定时路表温度与测定前5日平均气温的平均值之和，日平均气温为日最高气温与最低气温的平均值。

b. 根据沥青平均温度 T 与沥青层厚度，分别由图7-6、图7-7求取不同基层的沥青路面弯沉值的温度修正系数 K。

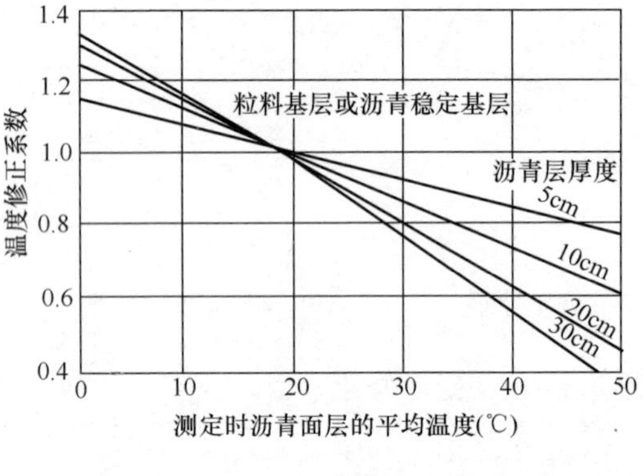

图7-6 路面弯沉温度修正系数曲线

（适用于粒料基层及沥青稳定基层）

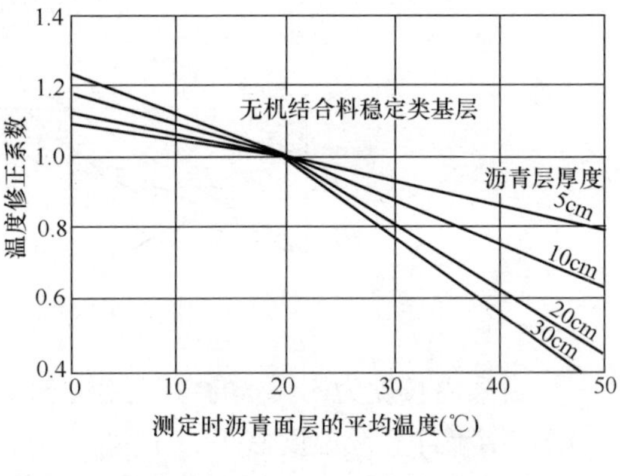

图7-7 路面弯沉温度修正系数曲线

（适用于无机结合料稳定的半刚性基层）

c. 沥青路面回弹弯沉值按式（7-21）计算：

$$L_{20} = L_T K \quad (7\text{-}21)$$

式中 K——温度修正系数；

L_{20}——换算为20℃的沥青路面回弹弯沉值（0.01mm）；

L_T——测定时沥青面层的平均温度为 T 时的回弹弯沉值（0.01mm）。

7.2.2 回弹模量试验检测方法（承载板法）

土基的回弹模量是公路设计必不可少的参数，随着施工质量的提高，回弹模量值的检验将会作为控制施工质量的一个重要指标。测定回弹模量的方法，目前国内常用的主要有：承载板法、贝克曼梁法和其他间接测试方法（如贯入仪测定法和 CBR 测定法）。

1. 目的和适用范围

承载板法适用于在现场土基表面，通过用承载板对土基逐渐加载、卸载的方法，测出每级荷载下相应的土基回弹变形值，经过计算求得土基回弹模量，可作为路面设计参数使用。

2. 仪具与材料

（1）加载设施：载有铁块或集料等重物、后轴重不小于 60kN 的载重汽车一辆。在汽车大梁的后轴之后约 80cm 处，附设加劲横梁一根作反力梁。汽车轮胎充气压力为 0.50MPa。

（2）现场测试装置：如图 7-8 所示，承载板测试装置由千斤顶、测力计（测力环或压力表）及球座组成。

（3）刚性承载板一块，板厚 20mm，直径为 30cm，直径两端设有立柱和可以调整高度的支座，供安放弯沉仪测头用。承载板放在土基表面上。

（4）路面弯沉仪两台，由贝克曼梁、百分表及其支架组成。

（5）液压千斤顶一台，80～100kN，装有经过标定的压力表或测力环，其容量不小于土基强度，测定精度不小于测力计量程的 1%。

（6）秒表。

（7）水平尺。

（8）其他：细砂、毛刷、垂球、镐、铁锹、铲等。

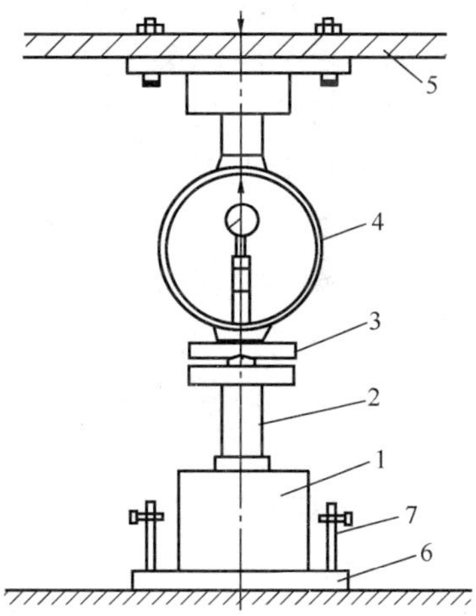

图 7-8　承载板测试装置

1—加载千斤顶；2—钢圆筒；3—钢板及座；4—测力计；5—加劲横梁；6—承载板；7—立柱及支座

3. 试验前准备工作

（1）根据需要选择有代表性的测点，测点应位于水平的路基上，土质均匀，不含杂质。

（2）仔细平整土基表面，撒干燥洁净的细砂填平土基凹处，砂子不可覆盖全部土基表面，避免形成夹层。

（3）安置承载板，并用水平尺进行校正，使承载板处于水平状态。

（4）将试验车置于测点上，在加劲横梁中部悬挂垂球测试，使之恰好对准承载板中心，然后收起垂球。

（5）在承载板上安放千斤顶，上面衬垫钢圆筒，并将球座置于顶部与加劲横梁接触。如用测力环时，应将测力环置于千斤顶与横梁中间，千斤顶及衬垫物必须保持垂直，以免加压时千斤顶倾倒发生事故并影响测试数据的准确性。

（6）安放弯沉仪，将两台弯沉仪的测头分别置于承载板立柱的支座上，百分表对零或其他合适的初始位置。

4. 测试步骤

（1）用千斤顶开始加载，注视测力环或压力表，至预压 0.05MPa，稳压 1min，使承载板与土基紧密接触，同时检查百分表的工作情况是否正常，然后放松千斤顶油门卸载，稳压 1min，将指标对零或记录初始读数。

（2）测定土基的压力-变形曲线。用千斤顶加载，采用逐级加载卸载法，用压力表或测力环控制加载量，荷载小于 0.1MPa 时，每级增加 0.02MPa，以后每级增加 0.04MPa 左右。为了使加载和计算方便，加载数值可适当调整为整数。每次加载至预定荷载后，稳定 1min，立即读记两台弯沉仪百分表数值，然后轻轻放开千斤顶油门卸载至零，待卸载稳定 1min 后，再次读数，每次卸载后百分表不再对零。当两台弯沉仪百分表读数之差小于平均值的 30%时，取平均值；如超过 30%，则应重测。当回弹变形值超过 1mm 时，即可停止加载。

(3) 各级荷载的回弹变形和总变形，按式 (7-22)、式 (7-23) 计算：

回弹变形 =（加载后读数平均值 − 卸载后读数平均值）× 弯沉仪杠杆比 (7-22)

总变形 =（加载后读数平均值 − 加载初始前读数平均值）× 弯沉仪杠杆比 (7-23)

(4) 测定汽车总影响量 a。最后一次加载卸载循环结束后，取走千斤顶，重新读取百分表初读数，然后将汽车开出 10m 以外，读取终读数，两只百分表的初、终读数差之平均值乘弯沉仪杠杆比即为总影响量 a。

(5) 在试验点下取样，测定材料含水量。取样数量如下：

① 最大粒径不大于 4.75mm，试样数量约 120g；

② 最大粒径不大于 19.0mm，试样数量约 250g；

③ 最大粒径不大于 31.5mm，试样数量约 500g。

(6) 在紧靠试验点旁边的适当位置，用灌砂法或环刀法等测定土基的密度。

5. 计算

(1) 各级压力的回弹变形加上该级的影响量后，则为计算回弹变形值。表 7-5 是以后轴重 60kN 的标准车为测试车的各级荷载影响量的计算值。当使用其他类型测试车时，各级压力下的影响量 a_i 按式 (7-24) 计算：

$$a_i = \frac{(T_1 + T_2)\pi D^2 P_i}{4T_1 Q} \cdot a \tag{7-24}$$

式中 T_1——测试车前后轴距 (m)；

T_2——加劲小梁距后轴距离 (m)；

D——承载板直径 (m)；

Q——测试车后轴重 (N)；

P_i——各级承载板压力 (Pa)；

a——总影响量 (0.01mm)；

a_i——各级压力的分级影响量 (0.01mm)。

表 7-5 各级荷载影响量（后轴 60kN）

承载板压力 (MPa)	0.05	0.10	0.15	0.20	0.30	0.40	0.50
影响量	0.06a	0.12a	0.18a	0.24a	0.36a	0.48a	0.60a

(2) 将各级计算回弹变形值点绘于标准计算纸上，排除显著偏离的异常点并绘出顺滑的 P-L 曲线，如曲线起始部分出现反弯，应按图 7-9 所示修正原点 O，O'则是修正后的原点。

(3) 按式 (7-25) 计算相应于各级荷载下的土基回弹模量值：

$$E_i = \frac{\pi D}{4} \cdot \frac{P_i}{L_i}(1 - \mu_0^2) \tag{7-25}$$

式中　E_i——相应于各级荷载下的土基回弹模量（MPa）；

μ_0——土的泊松比，根据《公路沥青路面设计规范》（JTG D50—2017）的规定选用；

D——承载板直径，取 30cm；

P_i——承载板压力（MPa）；

L_i——相对于荷载 P_i 时的回弹变形（cm）。

（4）取结束试验前的各回弹变形值按线性回归方法由式（7-26）计算土基回弹模量 E_0 值：

$$E_0 = \frac{\pi D}{4} \cdot \frac{\sum P_i}{\sum L_i}(1-\mu_0^2) \tag{7-26}$$

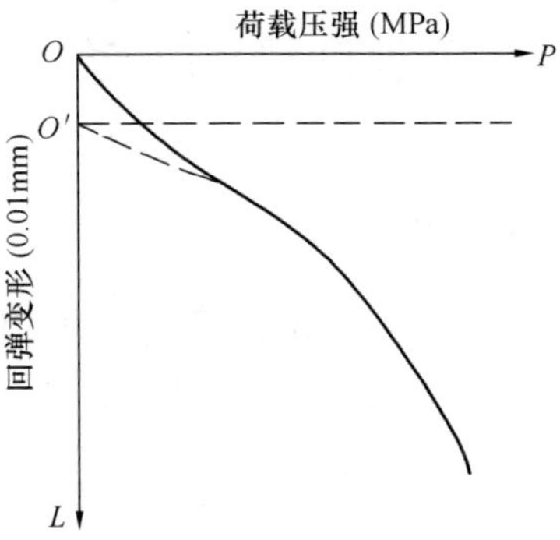

图 7-9　修正原点示意

式中　E_0——土基回弹模量（MPa）；

μ_0——土的泊松比，根据《公路沥青路面设计规范》（JTG D50—2017）的规定选用；

L_i——结束试验前的各级实测值（cm）；

P_i——对应于 L_i 的各级压力值。

【例 7-2】某检测组对某已完工的路基进行弯沉测试，共测得 27 个弯沉值，其数据如下：60、52、104、110、90、156、224、70、140、130、70、100、210、104、170、80、86、74、54、60、104、70、218、100、110、50、40（0.01mm），请计算该路段的弯沉代表值。（采用 2s 法，取 Z=2.0）

解：（1）将上述 27 个数据计算，得：

$\overline{L}$=105（0.01mm），s=51.6（0.01mm），C_V=49.1%。

采用 2s 法，将超出 $\overline{L}\pm 2s$ 范围的作为特异值，即凡大于 $\overline{L}+2s$=208 的观测值舍弃，有三个：224、210、218。

（2）重新计算其余 24 个观测值得：$\overline{L}$=91，s=34，C_V=37.4%。

采用 2s 法，将超出 $\overline{L}\pm 2s$ 范围的作为特异值，即凡大于 $\overline{L}+2s$=129 的观测值舍弃，又有三个：170、156、140。

（3）重新计算其余 21 个观测值得：$\overline{L}$=82（0.01mm），s=24.5（0.01mm），C_V=29.9%，无特异值。

（4）计算弯沉代表值：$\overline{L}+2S=82+2\times24.5=131$（0.01mm）。

【例 7-3】用贝克曼梁法测定某路段路基路面的综合回弹模量，经整理各测点弯沉值如下：38、45、32、42、36、37、40、44、52、46、42、45、37、41、44（0.01mm）。其中，测试车后轴重 100kN（轮胎气压为 0.7MPa，当量圆半径为 10.65cm），请计算该路段的综合回弹模量$\left[E = 0.712\times\frac{2pr}{L_r}(1-\mu^2),\ \mu = 0.3\right]$。

解：经计算得：平均值 $\overline{L}$=41.4（0.01mm）；标准偏差 s=4.95（0.01mm）。

代表值 $L_r=\overline{L}+s=41.4+4.95=46.35$（0.01mm）。

回弹模量 $E = 0.712\times\frac{2pr}{L_r}(1-\mu^2) = 0.712\times\frac{2\times0.7\times10.65}{0.04635}\times(1-0.3^2) = 208.4$（MPa）。

7.3 平整度检测方法

7.3.1 概述

路面平整度是指路表面纵向的凹凸量的偏差值。路面平整度是路面评价及路面施工验收中的一个重要指标，主要反映的是路面纵断面剖面曲线的平整性。当路面纵断面剖面曲线相对平滑时，则表示路面相对平整，或平整度相对好；反之，则表示平整度相对差。好的路面则要求路面平整度也要好。

平整度直接反映了车辆行驶的舒适度及路面的安全性和使用期限。路面平整度的检测能为决策者提供重要的信息，使决策者能为路面的维修、养护及翻修等做出优化决策；另一方面，路面平整度的检测能准确地提供路面施工质量的信息，为路面施工提供一个质量评定的客观指标。

平整度的测试设备分为断面类及反应类两大类：断面类用于测定路面表面凹凸情况，如最常用的三米直尺及连续式平整度仪；反应类用于测定路面凹凸引起车辆振动的颠簸情况，反应类指标是司机和乘客直接感受到的平整度指标，因此，它实际上是舒适性能指标，最常用的测试设备是车载式颠簸累积仪。常见几种平整度测试仪具的特点与技术指标比较见表 7-6。

表 7-6 平整度测试仪具的特点与技术指标比较

仪具	特点	技术指标
三米直尺	设备简单，结果直观，间断测试，工作效率低，反映凹凸程度	最大间隙 h（mm）
连续式平整度仪	设备较复杂，连续测试，工作效率高，反映凹凸程度	标准差 σ（mm）
颠簸累积仪	设备较复杂，连续测试，工作效率高，反映舒适性	单向累积值 VB（cm/km）

7.3.2 三米直尺法检测平整度

三米直尺测定法有单尺测定最大间隙及等距离（1.5m）连续测定两种方法。两种方法测定的路面平整度有较好的相关关系。前者常用于施工质量控制与检查验收，单尺测定时要计算出测定段的合格率；等距离连续测定可用于施工质量检查验收，要算出标准差，用标准差来表示平整程度。

1. 试验目的和适用范围

用于测定压实成型的路基、路面各层表面的平整度，以评定路面的施工质量及使用性能。

2. 仪器设备

（1）三米直尺：测量基准面长度为 3m 长，基准面应平直。

（2）最大间隙测量器具：楔形塞尺、深度尺。

（3）其他：皮尺或钢尺、粉笔等。

3. 测试方法与步骤

（1）准备工作。

① 按有关规范规定选择测试路段。

② 在测试路段路面上选择测试地点：当为沥青路面施工过程中的质量检测时，测试地点应选在接缝处，以单杆测定评定；除高速公路以外，可用于其他等级公路路基路面工程质量检查验收或进行路况评定，每 200m 测 2 处，每处连续测量 5 尺。除特殊需要外，应以行车道一侧车轮轮迹（距车道线 80～100cm）作为连续测定的标准位置。对已形成车辙的旧路面，应取车辙中间位置为测定位置，用粉笔在路面上做好标记。

③ 清扫路面测定位置处的污物。

（2）测试步骤。

① 在施工过程中检测时，按根据需要确定的方向，将三米直尺摆在测试地点的路面上。

② 目测三米直尺底面与路面之间的间隙情况，确定最大间隙的位置。

③ 用有高度标线的塞尺塞进间隙处，量测最大间隙的高度（mm）；或者用深度尺在最大间隙位置量测直尺上顶面距地面的深度，该深度减去尺高即为测试点的最大间隙的高度，精确至 0.2mm。

4. 计算

单杆检测路面的平整度计算，以三米直尺与路面的最大间隙为测定结果。连续测定 10 尺时，判断每个测定值是否合格，根据要求计算合格百分率，并计算 10 个最大间隙的平均值。

$$合格率 = (合格尺数 / 总测尺数) \times 100\% \tag{7-27}$$

5. 报告

单杆检测的结果应随时记录测试位置及检测结果。连续测定 10 尺时，应报告平均值、不合格尺数、合格率。

7.3.3　连续式平整度仪法检测平整度

1. 试验目的与适用范围

用于测定路表面的平整度，评定路面的施工质量和使用质量，但不适用于在已有较多坑槽、破损严重的路面上测定。

2. 仪器设备

（1）连续式平整度仪：构造如图 7-10 所示。除特殊情况外，连续式平整度仪的标准长度为 3m，其质量应符合仪器标准的要求。

（2）牵引车：小面包车或其他小型牵引汽车。

（3）皮尺或测绳。

3. 试验要点

（1）选择测试路段路面测试地点，同三米直尺法。

（2）将连续式平整度测定仪置于测试路段路面起点上。

（3）在牵引汽车的后部，将连续式平整度仪与牵引汽车连接好，按照仪器使用手册依次完成各项操作。

（4）启动牵引汽车，沿道路纵向行驶，横向位置保持稳定。

（5）确认连续式平整度仪工作正常。牵引连续式平整度仪的速度应保持匀速，速度宜为 5km/h，最大不得超过 12km/h。在测试路段较短时，亦可用人力拖拉平整度仪测定路面的平整度，但拖拉时应保持匀速前进。

4. 计算

（1）连续式平整度测定仪测定后，可按每 10cm 间距采集的位移值自动计算 100m 计算区间的平整度标准差（mm），还可记录测试长度（m）。

（2）每一计算区间的路面平整度以该区间测定结果的标准差表示，按式（7-28）计算：

$$\sigma_i = \sqrt{\frac{\sum d_i^2 - (\sum d_i)^2/N}{N-1}} \quad (7\text{-}28)$$

式中 σ_i ——各计算区间的平整度计算值（mm）；

d_i ——以 100m 为一个计算区间，每隔一定距离（自动采集间距为 10cm，人工采集间距为 1.5m）采集的路面凹凸偏差位移值（mm）；

N ——计算区间用于计算标准差的测试数据个数。

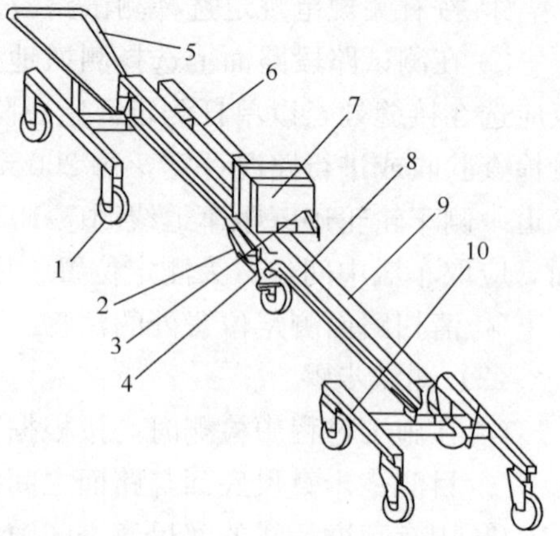

图 7-10　连续式平整度仪构造

1—脚轮；2—拉簧；3—离合器；4—测架；5—牵引架；6—前架；7—纵断面绘图仪；8—测定轮；9—纵梁；10—后架

【例 7-4】 用连续平整度仪测定某一级公路沥青混凝土面层的平整度，检测结果为 1.4、1.0、1.2、1.6、1.8、1.1、1.3、1.0、0.8、1.2、1.5、0.9、1.3、1.2、1.4、1.1、1.7、1.0、1.3、1.2（mm）。规定值为 σ =1.5mm、IRI=0.5m/km。请计算平整度指标的得分（规定分为 15 分）。

解：大于规定值 1.5mm 的测点有 4 个，总测点数为 20 个，则合格率为：

$$(1-4/20)\times 100\% = 80\%$$

按照《公路工程质量检验评定标准　第一册　土建工程》（JTG F80/1—2017）的规定，合格率不小于 95%时可得规定满分，合格率小于 70%得 0 分，合格率在 95%～70%之间时用内插法扣分。

故最后得分：$\frac{80\%-70\%}{95\%-70\%}\times 15=6$（分）。

7.4　路面抗滑性能检测方法

7.4.1　概述

路面抗滑性能是指车辆轮胎受到制动时沿表面滑移所产生的力。通常，抗滑性能被看作路面的表面特性，并用轮胎与路面间的摩阻系数来表示。表面特性包括路表面细构造和粗构造，影响抗滑性能的因素有路面表面特性、路面潮湿程度、路面温度和行车速度。

路表面细构造是指集料表面的粗糙度，它随车轮的反复磨耗而渐被磨光。细构造在低速（50km/h 以下）时对路表抗滑性能起决定作用。而高速时主要起作用的是粗构造，它是由路表外露集料形成的构造，功能是使车轮下的路表水迅速排除，以避免形成水膜。粗构造由构造深度表征。

抗滑性能测试方法有制动距离法、偏转轮拖车法（横向力系数测试）、摆式仪法、构造深度测试法（手工铺砂法、电动铺砂法、激光构造深度仪法）。

路面的抗滑摆值是指用标准的手提式摆式摩擦系数测定仪测定的路面在潮湿条件下对摆的摩擦阻力。路表构造深度是指一定面积的路表面凹凸不平的开口孔隙的平均深度。路面横向摩擦系数是指用标准的摩擦系数测定车测定，当测定轮与行车方向呈一定角度且以一定速度行驶时，轮胎与潮湿路面之间的摩擦阻力与试验轮上荷载的比值。

高速、一级公路的路面应具有良好的抗滑性能，其沥青路面抗滑性能应符合规范要求；二级及三级公路应根据各路段的具体情况采取必要的技术措施，以提高路面抗滑性能。在设计高速、一级公路的沥青表面层时，应选用抗滑、耐磨石料，其石料磨光值应大于 42。高速、一级公路的摩擦系数宜在竣工后第一个夏季采用摩擦系数测定车，以 (50±1)km/h 的车速测定横向力系数（SFC）；宏观构造深度应在竣工后第一个夏季用铺砂法或激光构造深度仪测定，此时的测定值应符合规定的竣工验收值的要求。

水泥混凝土路面抗滑标准用构造深度（TD）表示：对于高速、一级公路，构造深度为 0.8mm，对于其他公路为 0.6mm。

7.4.2　手工铺砂法测试构造深度

1. 目的与适用范围

手工铺砂法适用于测定沥青路面及水泥混凝土路面表面构造深度，用以评定路面表面的宏观粗糙度、路面表面的排水性能及抗滑性能。

2. 仪具与材料

（1）人工铺砂仪：由圆筒、推平板组成，见图 7-11。

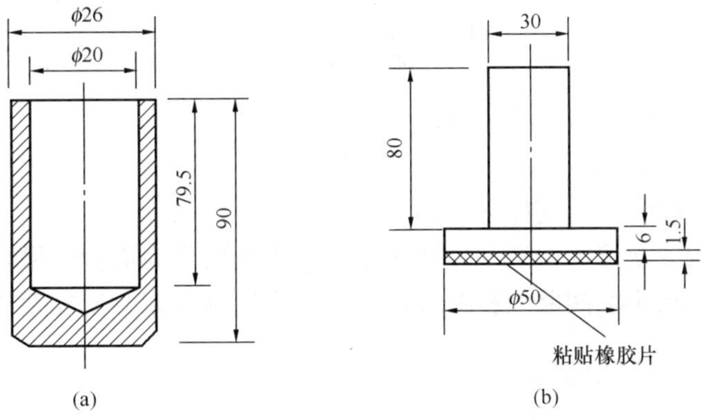

图 7-11　量砂筒和推平板示意（单位：mm）

（a）量砂筒；（b）推平板

① 量砂筒：一端是封闭的，可通过称量砂筒中水的质量以确定其容积 V，并调整其高度，使其容积符合要求。带一专门的刮尺将筒口量砂刮平。

② 推平板：推平板应为木制或铝制，上面有一圆柱把手。

③ 刮平尺：可用 30cm 钢尺代替。

（2）量砂：足够数量的干燥洁净的匀质砂，粒径为 0.15～0.3mm。

（3）量尺：钢板尺、钢卷尺，或专用的构造深度尺。

（4）其他：装砂容器（小铲）、扫帚或毛刷、挡风板等。

3. 试验方法与试验步骤

（1）准备工作。

① 量砂准备：取洁净的细砂晾干过筛，取 0.15～0.3mm 的砂置适当的容器中备用。量砂只能在路面上使用一次，不宜重复使用。

② 对测试路段按随机取样选点的方法，决定测点所在横断面位置。测点应选在行车道的轮迹带上，距路面边缘不应小于 1m。

（2）试验步骤。

① 用扫帚或毛刷子将测点附近的路面清扫干净，面积不小于 30cm×30cm。

② 用小铲装砂，沿筒壁向圆筒中注满砂，手提圆筒上方，在硬质路面上轻轻地叩打 3 次，使砂密实，补足砂面用钢尺一次刮平。不可直接用量砂筒装砂，以免影响量砂密度的均匀性。

③ 将砂倒在路面上，用底面粘有橡胶片的推平板由里向外重复做摊铺运动，稍稍用力将砂细心地尽可能地向外摊开，使砂填入凹凸不平的路表面的空隙中，尽可能将砂摊成圆形，并且在表面上不得留有浮动余砂。注意摊铺时不可用力过大或向外推挤。

④ 用钢板尺测量所构成圆的两个垂直方向的直径，取其平均值，准确至 5mm。

⑤ 按以上方法，同一处平行测定不少于 3 次，3 个测点均位于轮迹带上，测点间距 3～5m。对同一处，应该由同一个试验员进行测定。该处的测定位置以中间测点的位置表示。

4. 计算

（1）路面表面构造深度测定结果按式（7-29）计算：

$$TD=\frac{1000V}{\pi D^2/4}=\frac{31831}{D^2} \tag{7-29}$$

式中 TD——路面表面构造深度（mm）；

V——砂的体积，25cm^3；

D——摊平砂的平均直径（mm）。

（2）每一处均取 3 次路面构造深度测定结果的平均值作为试验结果，精确至0.01mm。

（3）计算每一个评定区间路面构造深度的平均值、标准差、变异系数。

7.4.3 电动铺砂法测试构造深度

1. 目的与适用范围

电动铺砂法适用于测定沥青路面及水泥混凝土路面表面构造深度，用以评定路面表面的宏观粗糙度及路面表面的排水性能和抗滑性能。

2. 仪具与材料

（1）电动铺砂仪：利用可充电的直流电源将量砂通过砂漏铺设成宽度 5cm、厚度均匀一致的器具。

（2）量砂：足够数量的干燥洁净的匀质砂，粒径为 0.15～0.3mm。

（3）标准量筒：容积 50mL。

（4）玻璃板：面积大于铺砂器，厚 5mm。

（5）其他：直尺、扫帚、毛刷等。

3. 试验方法与试验步骤

（1）准备工作。同手工铺砂法。

（2）电动铺砂器标定。

① 将铺砂器平放在玻璃板上，将砂漏移至铺砂器端部。

② 使灌砂漏斗口和量筒口大致齐平。通过漏斗向量筒中缓缓注入准备好的量砂至高出量筒成尖顶状，用直尺沿筒口一次刮平，其容积为 50mL。

③ 使漏斗口与铺砂器砂漏上口大致齐平。将砂通过漏斗均匀倒入砂漏，漏斗前后移动，使砂的表面大致齐平。但不得用任何其他工具刮动砂。

④ 开动电动机，使砂漏向另一端缓缓运动，量砂沿砂漏底部铺成宽 5cm 的带状，待砂全部漏完后停止。

⑤ 按图 7-12 根据式（7-30）由 L_1、L_2 的平均值决定量砂摊铺长度 L_0，精确至 1mm。

$$L_0 = (L_1 + L_2)/2 \tag{7-30}$$

⑥ 重复标定 3 次，取平均值决定 L_0，精确至 1mm。

注：标定应在每次测试前进行，用同一种量砂，由承担测试的同一试验员进行。

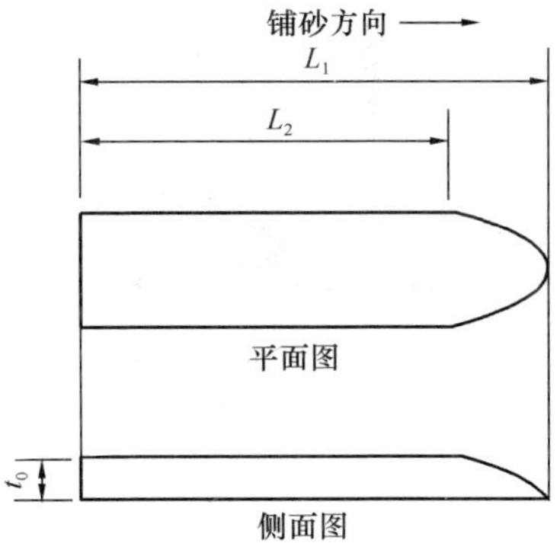

图 7-12　决定 L_0 的方法

（3）测试步骤。

① 将测试地点用毛刷刷净，面积大于铺砂仪。

② 将铺砂仪沿道路纵向平稳地放在路面上，将砂漏移至端部。

③ 按上述电动铺砂器标定②～⑤相同的步骤，在测试地点摊铺 50mL 量砂，量取摊铺长度 L_1、L_2。由式（7-31）计算 L，准确至 1mm。

$$L = (L_1 + L_2)/2 \tag{7-31}$$

④ 按以上方法，同一处平行测定不少于 3 次，3 个测点均位于轮迹带上，测点间距 3～5m，该处的测定位置以中间测点的位置表示。

4. 计算

（1）由式（7-32）计算铺砂仪在玻璃板上摊铺的量砂厚度 t_0：

$$t_0 = \frac{V}{BL_0} \times 1000 = \frac{1000}{L_0} \tag{7-32}$$

式中　t_0——量砂在玻璃板上摊铺的标定厚度（mm）；

V——量砂体积，50mL；

B——铺砂仪铺砂宽度，50mm。

（2）计算路面构造深度 TD：

$$\mathrm{TD} = \frac{L_0 - L}{L} t_0 = \frac{L_0 - L}{LL_0} \times 1000 \tag{7-33}$$

式中　TD——路面的构造深度（mm）。

（3）每一处均取 3 次路面构造深度测定结果的平均值作为试验结果，精确至 0.1mm。

（4）计算每一个评定区间路面构造深度的平均值、标准差、变异系数。

7.4.4 摆式仪测定路面抗滑值试验方法

1. 目的与适用范围

本试验方法以摆式摩擦系数测定仪（摆式仪）测定沥青路面、标线或其他材料试件的抗滑值，用以评定路面或路面材料在潮湿状态下的抗滑能力。

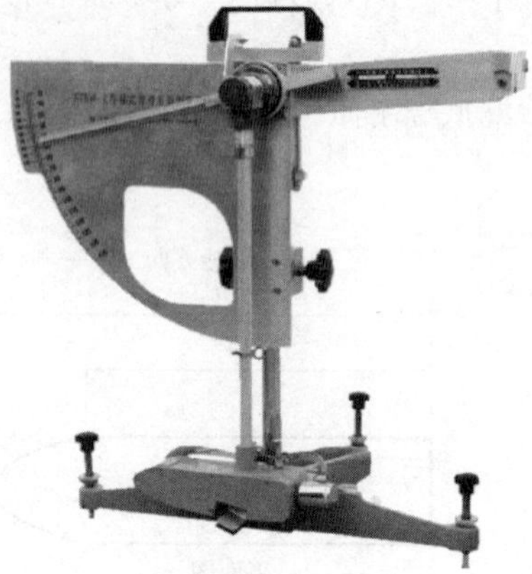

图 7-13　摩擦系数测定仪（摆式仪）

2. 仪具与材料

（1）摆式仪：测定时摆在路面上的滑动长度为(126±1)mm，摆上橡胶片端部距摆动中心的距离为510mm，形状、结构如图 7-13 所示。

（2）橡胶片：测抗滑值时的尺寸为 6.35mm×25.4mm×76.2mm，橡胶质量应符合标准的要求。当橡胶片使用后，端部在长度方向上磨损超过 1.6mm 或边缘在宽度方向上磨耗超过 3.2mm，或有油污染时，即应更换新橡胶片；新橡胶片应先在干燥路面上测 10 次后再用于测试。橡胶片的有效使用期为 1 年。

（3）滑动长度量尺：长 126mm。

（4）喷水壶。

（5）硬毛刷。

（6）路面温度计：分度不大于 1℃。

（7）其他：扫帚、记录表格等。

3. 试验方法与试验步骤

（1）准备工作。

① 检查摆式仪的调零灵敏情况，并定期进行仪器的标定。

② 对测试路段按随机取样方法，决定测点所在横断面位置。测点应选在行车道的轮迹带上，且距路面边缘应不小于 1m。

（2）试验步骤。

① 清洁路面：用扫帚或其他工具将测点处的路面打扫干净。

② 仪器调平。

a. 将仪器置于路面测点上，并使摆的摆动方向与行车方向一致。

b. 转动底座上的调平螺栓，使水准气泡居中。

③ 调零。

a. 放松上、下两个紧固把手，转动升降把手，使摆升高并能自由摆动，然后旋紧紧固把手。

b. 将摆固定在右侧悬臂上，使摆处于水平释放位置，并把指针拨至右端与摆杆平行处。

c. 按下释放开关，使摆向左带动指针摆动。当摆达到最高位置后下落时，用手将摆杆接住，此时指针应指向零。若不指零时，可稍旋紧或放松摆的调节螺母。

重复本项操作，直至指针指零。调零允许误差为±1。

④ 校核滑动长度。

a. 让摆处于自然下垂状态，松开固定把手，转动升降把手，使摆下降。与此同时，提起举升柄使摆向左侧移动，然后放下举升柄使橡胶片下缘轻轻触地，紧靠橡胶片摆放滑动长度量尺，使量尺左端对准橡胶片下缘；再提起举升柄使摆向右侧移动，然后放下举升柄使橡胶片下缘轻轻触地，检查橡胶片下缘应与滑动长度量尺的右端齐平。

b. 若齐平，则说明橡胶片两次接触地的距离（滑动长度）符合 126mm 的规定。校核滑动长度时，应以橡胶片长边刚刚接触路面为准，不可借摆的力量向前滑动，以免标定的滑动长度与实际不符。

c. 若不齐平，升高或降低摆或仪器底座的高度。微调时用旋转仪器底座上的调平螺钉调整仪器底座高度的方法比较方便，但需注意保持水准气泡居中。

d. 重复上述动作，直至滑动长度符合 126mm 的规定。

⑤ 将摆固定在右侧悬臂上，使摆处于水平释放位置，并把指针拨至右端与摆杆平行处。

⑥ 用喷水壶浇洒测点，使路面处于湿润状态。

⑦ 按下右侧悬臂上的释放开关，使摆在路面滑过。当摆杆回落时，用手接住，读数但不记录。然后使摆杆和指针重新置于水平释放位置。

⑧ 重复⑥和⑦的操作 5 次，并读记每次测定的摆值。单点测定的 5 个值中最大值与最小值的差值不得大于 3。如差值大于 3 时，应检查产生的原因，并再次重复上述各项操作，至符合规定为止。

取 5 次测定的平均值作为单点的路面抗滑值（即摆值 BPN），取整数。

⑨ 在测点位置用温度计测记潮湿路表温度，准确至 1℃。

每个测点由 3 个单点组成，即需按以上方法在同一测点处平行测定 3 次，以 3 次测定结果的平均值作为该测点的代表值，精确至 1。3 个单点均应位于轮迹带上，单点间距离为 3～5m。该测点的位置以中间单点的位置表示。

4. 抗滑值的温度修正

当路面温度为 t（℃）时测得的值为 BPN，必须按式（7-34）换算成标准温度 20℃的摆值 BPN_{20}：

$$BPN_{20} = BPN_t + \Delta BPN \tag{7-34}$$

式中　BPN_{20}——换算成标准温度 20℃时的摆值；

BPN_t——路面温度为 t 时测得的摆值；

ΔBPN——温度修正值按表 7-7 采用。

表 7-7　温度修正值

温度 t（℃）	0	5	10	15	20	25	30	35	40
温度修正值 ΔBPN	−6	−4	−3	−1	0	+2	+3	+5	+7

5. 检测报告的内容

（1）路面单点测定值 BPN_t、经温度修正后的 BPN_{20} 及 3 次测定的平均值。

（2）评定路段路面抗滑值的平均值、标准差、变异系数。

7.4.5 抗滑性能检测中应注意的问题

（1）在使用摆式仪前必须按照说明书对摆式仪进行标定，否则所测数据缺乏可靠性。

（2）用摆式仪法测定时“标定滑动长度”是一个非常重要的环节，标定时应取滑溜块与路面正好轻轻接触的点进行量取。切不可给摆锤一个力，让它有滑动后再量取，这样标定，则滑动长度偏长，所测摆值偏大。

（3）在用手工铺砂法测路面构造深度时，不同的人进行测试，所测结果差别往往较大，其原因较多，例如装砂的方法不标准、摊砂用的推平板不标准等，最主要的是砂摊开到多大程度为止，各人掌握得不一致。为了使测试结果准确可靠，测试时应严格掌握操作方法中的细节。

【例 7-5】用摆式摩擦仪测定沥青路面的摩擦摆值（路面温度为 25℃），其测定结果见表 7-8，试计算该处路面的摩擦摆值（已知温度修正值为 $\Delta F=2$）。

表 7-8　摩擦摆值测定记录表

测点桩号	测定平行值（BPN）					
	1	2	3	4	5	6
K2＋315	51	52	51	53	51	52
K2＋320	49	48	48	50	50	51
K2＋325	50	52	51	49	50	50

解：根据精密度和允许差在同一测点重复 5 次测定的差值不能超过 3BPN，桩号 K2＋315 的摩擦摆值平均值为 52；桩号 K2＋320 的摩擦摆值平均值为 49；桩号 K2＋325 的摩擦摆值平均值为 50。

因此，该处的摩擦摆值平均值为 51，考虑到温度修正，摩擦摆值为 53BPN。

该处路面的摩擦摆值表示为：桩号 K2＋320 的摩擦摆值 53BPN。

7.5 沥青路面渗水系数检测方法

7.5.1 概述

大气降水（雨、雪）通过路面空隙或裂缝渗入沥青路面结构中，会导致基层软化，沥青面层开裂、松散等病害。在多雨地区，应特别重视路面结构的水稳定性和面层的透水性问题。沥青路面铺筑的一个基本点是沥青层能够基本上封闭雨水的下渗，即路面必须具有良好的防渗水性，如果路面渗水严重，则沥青混合料和路面的耐久性将大幅降低。因此，沥青路面渗水性能成为反映沥青混合料级配组成的一个间接指标。如果整个沥青面层均透水，则表面水势必进入基层或路基，大幅降低路面的承载能力，且易导致水损害快速出现。如果沥青面层中有一层不透水，而表面层能很快透水，则表面水能及时下渗，不致形成水膜，从而提高抗滑性能。

沥青路面渗水性能通常用渗水系数表征。渗水系数是指在规定的水头压力下，水在单位时间内通过一定面积的路面渗入下层的数量，单位为 mL/min。研究与实践表明，路面渗水系数与空隙率有很大关系，通常剩余空隙率越大，路面渗水系数越大，路面渗水越严重。但同样的空隙率，路面的渗水情况却不同。因为空隙包括开空隙和闭空隙，而只有开空隙才能够透水。由于路面在使用过程中，灰尘极易堵塞空隙，使渗水试验无法做好，因此，渗水系数测试应在路面施工结束后进行。

7.5.2　沥青路面渗水试验方法

1. 目的与适用范围

本试验方法适用于在路面现场用路面渗水仪测定沥青路面的渗水系数，评定沥青路面的水稳定性和透水性。

2. 仪具与材料

(1) 路面渗水仪：形状及尺寸见图 7-14。上部盛水量筒由透明有机玻璃制成，容积 600mL，上有刻度，在 100mL、500mL 处有粗标线，下方通过 ϕ10mm 细管与底座相接，中间有一开关。量筒通过支架联结，底座下方开口内径 150mm、外径 220mm，仪器附不锈钢圈压重两个，每个质量约 5kg，内径 160mm。

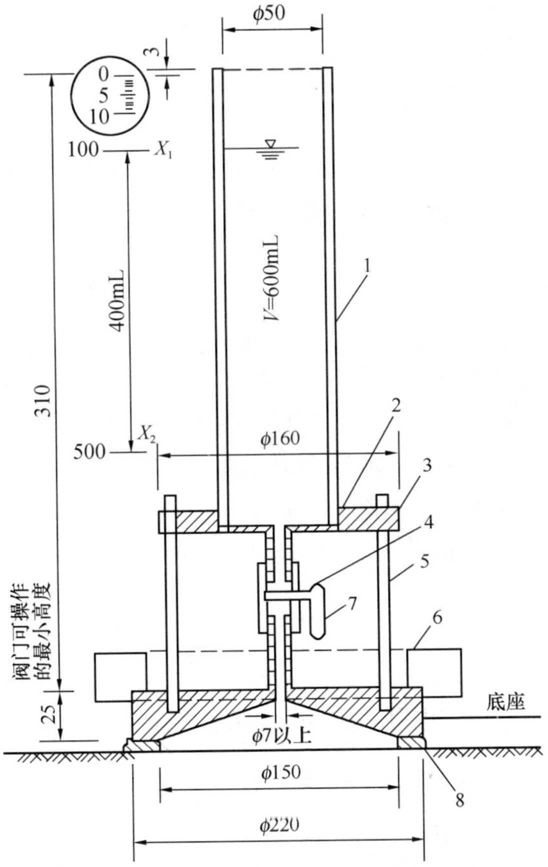

图 7-14　渗水仪结构图（尺寸单位：mm）

1—透明有机玻璃筒；2—螺纹连接；3—顶板；4—阀；5—立柱支架；6—压重铁圈；7—把手；8—密封材料

（2）水桶及大漏斗。

（3）秒表。

（4）密封材料：玻璃腻子、油灰或橡皮泥。

（5）其他：水、刮刀、粉笔、扫帚等。

3. 试验方法与试验步骤

（1）准备工作。

① 在测试路段的行车道面上，按随机取样方法选择测试位置，每一个检测路段应测定5个测点，并用粉笔画上测试标记。

② 试验前首先用扫帚清扫表面，并用刷子将路面表面杂物刷去，杂物的存在一方面会影响水渗入；另一方面也会影响渗水仪和路面或者试件的密封效果。

（2）试验步骤。

① 将塑料圈置于试件中央或者路面表面测点上，用粉笔分别沿塑料圈的内侧和外侧画上圈，在外环和内环之间的部分就是需要用密封材料进行密封的区域。

② 用密封材料对环状密封区域进行密封处理，注意不要使密封材料进入内圈。如果密封材料不小心进入内圈，必须用刮刀将其刮走。然后将搓成拇指粗细的条状密封材料摞在环状密封区域的中央，并且摞成一圈。

③ 将渗水仪放在试件或者路面表面的测点上，注意使渗水仪的中心尽量和圆环中心重合，然后略微使劲将渗水仪压在条状密封材料表面，再将配重加上，以防压力水从底座与路面间流出。

④ 将开关关闭，向量筒中注满水，然后打开开关，使量筒中的水下流排出渗水仪底部内的空气，当量筒中水面下降速度变慢时用双手轻压渗水仪使渗水仪底部的气泡全部排出。关闭开关，并再次向量筒中注满水。

⑤ 将开关打开，待水面下降至100mL刻度时，立即开动秒表开始计时，每间隔60s，读记仪器管的刻度一次，至水面下降到500mL时为止。测试过程中，如水从底座与密封材料间渗出，说明底座与路面密封不好，应移至附近干燥路面处重新操作。如水面下降速度较慢，则测定3min的渗水量即可停止；如水面下降速度较快，在不到3min的时间内到达了500mL刻度线，则记录到达500mL刻度线时的时间；若水面下降至一定程度后基本保持不动，说明路面基本不透水或根本不透水，则在报告中注明。

⑥ 按以上步骤在同一个检测路段选择5个测点测定渗水系数，取其平均值，作为检测结果。

4. 计算

沥青路面的渗水系数按式（7-35）计算，计算时以水面从100mL下降至500mL所需的时间为标准，若渗水时间过长，也可采用3min通过的水量计算：

$$C_w = \frac{V_2 - V_1}{t_2 - t_1} \times 60 \tag{7-35}$$

式中 C_w——路面渗水系数（mL/min）；

V_1——第一次计时时的水量（mL），通常为100mL；

V_2——第二次计时时的水量（mL），通常为500mL；

t_1——第一次计时的时间（s）；

t_2——第二次计时的时间（s）。

5. 报告

现场检测，每一个检测路段应测定 5 个测点，计算其平均值作为检测结果。若路面不透水，则在报告中注明渗水系数为 0。

本章小结

随着公路交通事业的快速发展，公路路基路面使用质量要求的不断提高，利用快速、科学、先进的现场检测技术，以有效数据控制和评价路基路面的施工质量与使用性能也变得越来越重要。通过本章学习，应熟练掌握评定路基路面施工质量的技术指标及其测试方法，以正确评价路基路面的施工品质。

思考题

1. 简述路面基层材料最大干密度（标准密度）的确定试验方法及适用条件。
2. 简述灌砂法测现场压实度的要点。
3. 试述摆式仪测定路面抗滑值测试要点。
4. 简述贝克曼梁法测定回弹弯沉值的要点。
5. 试述目前路面平整度测试方法及其相应的技术指标。
6. 试述路面抗滑性能的测试方法及其测试原理。
7. 沥青面层弯沉检测中，应进行哪几方面的修正？为什么？
8. 试述渗水系数测试的必要性及测试要点。
9. 弯沉测试方法有哪几种？各测试方法有何特点？
10. 半刚性基层沥青面层当采用 3.6m 贝克曼梁测定弯沉时，为什么要进行支点变形修正？试述支点变形修正方法。

第 8 章　桥梁工程试验检测技术

学习目标

熟悉并掌握桥梁工程地基与基础试验检测；掌握桩身完整性检测中的低应变反射波法、超声透射波法、钻探取芯法三种测试方法；掌握基桩承载力检测中的竖向静载试验、竖向抗拔试验、静推（水平）试验、高应变动力试桩法；掌握结构混凝土强度常见的检测与评定方法；掌握结构混凝土内部缺陷与表层损伤的超声法检测；掌握桥梁静载试验、桥梁动载试验。

8.1　桥梁工程地基与基础试验检测

8.1.1　概述

地基是指支承基础的土体或岩体。基础是指建筑物、构筑物和各种设施在地面以下的组成部分，其作用是将上部结构所承受的各种作用荷载传递到地基上。基础有刚性基础、扩展基础、箱形基础、筏板基础、壳体基础和桩基础等，所有的土建（构）筑物基础无不以土体或岩体为地基。地基可分为天然地基和人工地基。要获得岩土地基的各种物理性质指标、力学参数、应力应变规律等，需要进行各种土工试验。土工试验从试验环境和方法出发，可分为室内试验、原位测试和原型试验三类。室内试验是指对从现场取回的土样或土料进行物理、力学试验，取得可塑性、密度、透水性和压缩性、抗剪强度、泊松比等指标，由此对岩、土地基进行分类，计算地基的稳定性和承载力。原位测试是在现场进行，土层基本保持天然结构、含水量以及应力状态，如静载试验、动力触探、直剪试验、旁压试验、波速测试等，可对地基进行分层和评价地基稳定性和承载力。原型试验是指通过现场基础足尺试验或工程原型试验，监测受力、变形及孔隙水压力等土工参数及反算土的各种静、动力特性参数等，如桩的荷载试验、动力基础的模态试验等，是评价地基基础承载力和稳定性的有效方法。

地基直接承受上部结构物传来的荷载，地基的过大沉降或不均匀沉降往往是造成结构物破坏的主要因素。因此，在桥梁工程设计或施工过程中往往需要准确测定地基的承载力。本节主要介绍桥涵工程地基承载力和基础检测方法。

8.1.2　地基承载力检测

1. 有关地基承载力的术语

（1）地基极限承载力。使地基发生剪切破坏而即将失去整体稳定性时相应的最小基础底面压力，称为地基极限承载力。

（2）地基容许承载力。要求作用于基底的压应力不超过地基的极限承载力，且有足够的安全度，而且所引起的变形不超过建（构）筑物的容许变形。满足以上两项要求的地基单位面积上所承受的荷载称为地基容许承载力。

2. 地基承载力的确定

地基承载力可根据地质勘测、原位测试、野外载荷试验以及邻近建（构）筑物调查对比，由经验和理论公式计算综合分析确定。

地基承载力通常由下列几种途径来确定：

（1）由现场载荷试验或原位测试确定。

（2）按地基承载力理论公式计算。

（3）按现行规范提供的经验公式计算。

（4）在土质基本相同的条件下，参照邻近结构物地基容许承载力。

3.《公路桥涵地基与基础设计规范》(JTG D63—2007）有关地基承载力的规定

（1）地基承载力容许值是在地基原位测试或规范给出的各类岩土承载力基本容许值 $[f_{a0}]$ 的基础上经修正而得的，也就是在地基压力变形曲线上，在线性变形段内某一变形所对应的压力值。

修正后的地基承载力容许值 $[f_a]$ 是在地基载荷试验和其他原位测试或按《公路桥涵地基与基础设计规范》(JTG D63—2007）给出的各类岩土承载力基本容许值 $[f_{a0}]$ 的基础上经修正后得到的。

（2）地基承载力基本容许值应首先考虑由载荷试验或其他原位测试取得，其值不应大于地基极限承载力的 1/2。对中小桥、涵洞，当受现场条件限制或载荷试验和原位测试确有困难时，也可按照《公路桥涵地基与基础设计规范》(JTG D63—2007）第 3.3.3 条规定采用。

（3）地基承载力基本容许值应根据基底埋深、基础宽度以及地基土的类别按《公路桥涵地基与基础设计规范》(JTG D63—2007）中第 3.3.4 条规定进行修正；当缺乏上述资料时，可按《公路桥涵地基与基础设计规范》(JTG D63—2007）推荐的方法确定。

4. 平板载荷试验

平板载荷试验是用于确定地基承压板下应力主要影响范围内土层承载力和变形模量的原位测试方法。它要求岩土体在原有位置上，在保持土的天然结构、含水量及应力状态下来测定岩土的性质。地基平板载荷试验可分浅层平板载荷试验和深层平板载荷试验。

1）浅层平板载荷试验。

（1）试验方法原理。浅层平板载荷试验适用于确定浅部地基土层（深度小于 3m）承压板下压力主要影响范围内的承载力和变形模量。平板载荷试验是在试验土层表面放置一定规格的方形或圆形刚性承压板，在其上逐级施加荷载，每级荷载增量持续时间按规范规定进行观测，测记每级荷载作用下荷载板沉降量稳定值，加载至总沉降量为 25mm，或达到加载设备最大容量为止；然后卸载，其持续时间不小于一级荷载增量的持续时间，并记录土的回弹值。根据试验记录绘制荷载-沉降（P-S）关系曲线，见图 8-1。然后分析地基土强度与变形特性，求得地基土容许承载力与变形模量等力学参数。

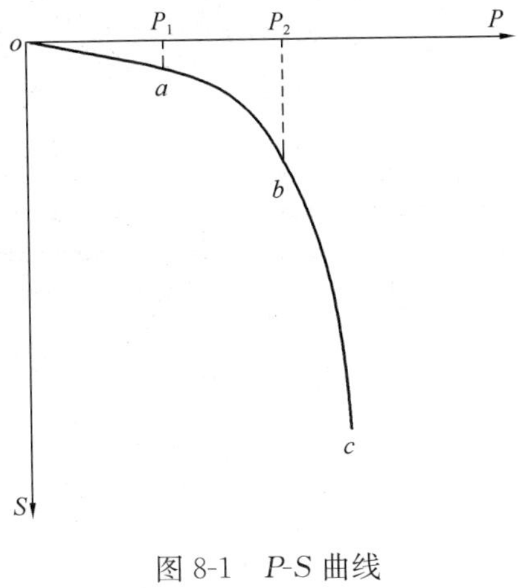

图 8-1 P-S 曲线

地基在荷载作用下达到破坏状态的过程，可分为三个阶段，见图 8-2。

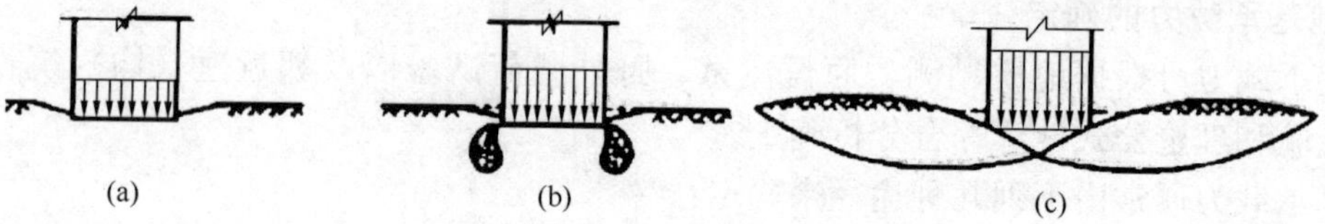

图 8-2　地基破坏过程的三个阶段

(a) 压密阶段；(b) 剪切阶段；(c) 破坏阶段

① 压密阶段。相当于 P-S 曲线上的 oa 直线段，这时土中各点的剪应力均小于土的抗剪强度，土体压力与变形呈线性关系，土体处于弹性平衡状态。该阶段荷载板沉降主要是由土中孔隙的减少引起，与 a 点相应的荷载为比例界限。

② 剪切阶段。相当于 P-S 曲线上的 ab 段，这时 P-S 曲线的土体荷载与变形不再呈线性关系，其沉降的增长率随荷载的增大而增大。除土体压密外，在承压板边缘局部的土体剪应力达到或超过土的抗剪强度，土体开始发生塑性变形。土的变形是由于土中孔隙压缩和土颗粒的剪切移动引起的。剪切阶段是地基中塑性区的发生和发展阶段，与在 P-S 曲线上 b 点相应的荷载 P 为极限荷载。

③ 破坏阶段。相当于 P-S 曲线上的 bc 段。当荷载超过极限荷载后，即使荷载不再增加，沉降也不能稳定，荷载板急剧下沉，土中产生连续的滑动面，土从承压板下挤出，土体隆起呈环状或放射状裂隙，故称为破坏阶段。这时土体的变形主要由土的剪切变位引起，土体的侧向移动使地基土失稳而破坏。

(2) 试验设备。载荷试验设备由稳压加荷装置、反力装置和沉降观测装置三部分组成。以半自动稳压油压荷载试验设备为例，说明如下。

该设备适用于承压板面积不小于 $0.25m^2$，对于软土地基不小于 $0.50m^2$。利用高压油泵，通过稳压器及反力锚定装置，将压力稳定地传递到承压板。它由下列三部分组成：

① 加荷及稳压系统。由承压板、加荷千斤顶、立柱、稳压器和支撑稳压器的三脚架组成。加荷千斤顶、稳压器、储油箱和高压油泵分别用高压油管连接，构成一个油路系统。

② 反力锚定系统。包括框架和反力锚定两部分，框架由中心柱套管、深度调节丝杆、斜撑管、主钢丝绳、三向接头等组成。

③ 观测系统。用百分表或其他自动观测装置进行观测。

目前常用的荷载板试验时加载方式如图 8-3 所示。根据现场情况，可采用地锚代替荷重的方式，也可二者兼用。总的要求是加荷、卸荷要既简便，又安全，并对试验的沉降量观测不产生影响。荷载为刚性的方形或圆钢板。

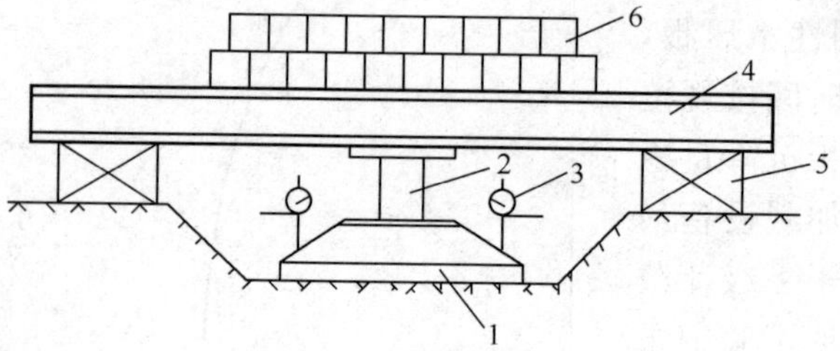

图 8-3　现场载荷试验

1—荷载板；2—千斤顶；3—百分表；4—反力架；5—枕木垛；6—荷重

用油压千斤顶加荷、卸荷虽然方便，但要注意设备是否变形、千斤顶是否漏油及荷载板是否下沉等，要防止千斤顶压力不稳定。注意随时调节，保持压力恒定。

（3）现场测试。

① 基坑宽度不应小于承压板宽度 b 或直径 d 的 3 倍。

② 承压板是面积 50cm×50cm 或 70.7cm×70.7cm 的方板。

③ 试验土层：应保持土层在原有位置上，保持土的原状结构、天然湿度。试坑开挖时，在试验点位置周围预留一定厚度的土层，在安装承压板前再清理至试验高程。

④ 承压板与土层接触处应铺设约 20mm 厚的中砂或粗砂找平，以保证承压板与土层水平、均匀接触。

⑤ 试验加荷分级不应少于 8 级，第一级荷载包括设备重力。每级荷载增量为地基土层预估极限承载力的 1/10～1/8。最大加载量不应小于设计要求的 2 倍或接近试验土层的极限荷载。

⑥ 试验精度不应低于最大荷载的 1%，承压板的沉降采用百分表或电测位移计量测，其精度不应低于 0.01mm。

⑦ 加荷稳定标准：每级加载后，按间隔 10min、10min、10min、15min、15min，以后为每隔 30min 测读一次沉降量。当在连续 2h 内，每小时的沉降量小于 0.1mm 时，则认为已趋稳定，可加下一级荷载。

⑧ 当试验出现下列情况之一时，可终止加载：

a. 承压板周围的土体有明显侧向挤出或发生裂纹。

b. 在某一级荷载下，24h 内沉降速率不能达到稳定标准。

c. 沉降量急剧增大，*P-S* 曲线出现陡降段，本级荷载的沉降量大于前级荷载沉降的 5 倍。

d. 沉降量与承压板宽度或直径之比等于或大于 0.06 。

满足前三种情况之一，其相对应的前一级荷载定为极限荷载。

⑨ 回弹观测：分级卸荷，观测回弹值。分级卸荷量为分级加荷量的 2 倍，15min 观测一次，1h 后再卸下一级荷载。荷载完全卸除后应继续观测 3h。

⑩ 试验完后，试验点附近应有取土孔提供土工试验指标或其他原位测试资料。试验后，应在沉压板中心向下开挖取土试样，并描述 2 倍承压板直径（或宽度）范围内土层的结构变化。

（4）试验数据处理。根据试验数据绘制 *P-S* 曲线，利用 *P-S* 曲线可以得到：

① 地基土承载力基本容许值的确定应符合下列规定：

a. 当 *P-S* 曲线有比例界限时，取该比例界限所对应的荷载值。

b. 当极限荷载值小于比例界限荷载值的 2 倍时，取极限荷载值的一半。

c. 若不能按上述两款要求确定时，当承压板面积为 2500cm^2 或 5000cm^2 时，可取 $S/d=0.01\sim0.015$ 所对应的荷载值，但其值不应大于最大加载量的一半。同一土层参加统计的试验点不应少于 3 点。当试验实测值的极差不超过其平均值的 30%时，取其平均值作为该土层的地基承载力基本容许值。

（2）计算地基土的变形模量 E_0。一般取 *P-S* 关系曲线的直线段，用式（8-1）计算：

$$E_0=(1-\mu^2)\frac{\pi B}{4}\cdot\frac{\Delta P}{\Delta S} \tag{8-1}$$

式中 B——承压板直径（m），当为方形板时，$B=\sqrt[2]{\frac{A}{\pi}}$为方形板面积（m^2）；

$\frac{\Delta P}{\Delta S}$——*P-S* 关系曲线直线段斜率（kPa/m）；

μ——地基土的泊松比，对于砂土和粉土，$\mu=0.33$；对于可塑-硬塑黏性土，$\mu=0.38$；对于软塑-流塑黏性土和淤泥质黏性土，$\mu=0.41$。

当 P-S 曲线的直线段不明显时，可用上述确定地基土承载力的方法所确定的地基承载力的基本值与相应的沉降量代入式（8-1），但此时应与其他原位测试资料比较，综合考虑确定 E_0 值。

利用 P-S 曲线还可估算地基土不排水抗剪强度和地基土基床反力系数等。

2）深层平板载荷试验。

（1）深层平板载荷试验用于确定深部地基及大直径桩桩端在承压板压力主要影响范围内土层的承载力及变形模量。该法适用于埋深等于或大于 3.0m 和地下水位以上的地基土。承压板为直径 800mm 的刚性板。加载反力装置有压重平台反力装置、地锚反力装置、锚桩横梁反力装置、地锚压重联合反力装置等。

（2）加荷分级可按预估极限承载力的 1/15～1/10 分级施加。每级加载后，第一个小时内按间隔 10min、10min、10min、15min、15min，以后为每隔 30min 测读一次沉降量。当在连续 2h 内，每小时的沉降量小于 0.1mm 时，则认为已趋稳定，可加下一级荷载。

（3）当试验出现下列情况之一时，即可终止加载：

① 沉降量急剧增大，P-S 曲线上有可判定极限承载力的陡降段，且沉降量超过 $0.04d$（d 为承压板直径）。

② 在某一级荷载下，24h 内沉降速率不能达到稳定。

③ 本级沉降量大于前一级沉降量的 5 倍。

④ 当持力层土层坚硬、沉降量很小时，最大加载量不小于设计要求的 2 倍。

（4）地基土承载力基本容许值的确定应符合下列规定：

① 当 P-S 关系曲线有比例界限时，取该比例界限所对应的荷载值。

② 当极限荷载值小于比例界限荷载值的 2 倍时，取极限荷载值的一半。

③ 若不能按上述两款要求确定时，当承压板面积为 $2500cm^2$ 或 $5000cm^2$ 时，可取 $S/d=0.01\sim0.015$ 所对应的荷载值，但其值应不大于最大加载量的一半。

④ 计算变形模量。深层平板荷载试验的变形模量 E_0 按式（8-2）计算：

$$E_0 = w\frac{Pd}{S} \tag{8-2}$$

式中 w——试验深度和土类有关的系数；

P——P-S 曲线上线性段的压力（kPa）；

S——与 P 对应的沉降（mm）；

d——承压板的直径（m）。

8.2 桩身完整性检测

钻孔灌注桩桩身完整性检测方法有低应变反射波法、声波透射法和钻探取芯法三种。低应变反射波法具有仪器轻便、操作简单、检测速度快、成本低等特点，可检测桩身缺陷及位置，判定桩身完整性类别，但检测深度有限，在桩基工程质量普查中应用较广。声波透射法需在基桩混凝土浇筑前预埋声测管，测试操作较复杂，可检测灌注桩桩身缺陷及其位置，较可靠地判定桩身完整性类别。经上述两种方法检测后，对桩身缺陷仍存在疑虑时，可用钻芯法进行验证。钻芯法使用设备笨重、操作复杂、成本高，但检验成果直观可靠。它可以检测桩长、桩身混凝土强度、桩底沉渣厚度，鉴别桩底岩土性状，准确地判定桩身完整性类别。如将上述三种方法有机结合，并考虑桩的设计条件、承载性状及施工等因素进行综合分析，不仅可对桩身完整性类别做出可靠的评价，还可对桩的承载力做出评估。

8.2.1　低应变反射波法

1. 检测仪器设备

反射波法检测系统由基桩动测仪、传感器和激振设备组成。

（1）基桩动测仪。目前，国内外动测仪都把采集、放大、存储各部件与计算分析软件融为一体，集成为基桩动测仪。我国已制定的《基桩动测仪》（JG/T 518—2017），对基桩动测仪的主要技术性能指标做出规定，将动测仪器产品的主要技术性能分为 1、2、3 三个等级，1 级较低，3 级较高。国内外基桩动测仪生产厂家，其性能指标均已达到或超过 2 级基桩动测仪的技术性能指标，完全可以满足反射波法基桩检测的需要。动测仪器是在野外恶劣的环境条件下使用的，容易损坏。为了实现我国计量法规定的量值传递要求，保证有效使用范围，根据计量认证规定，要每年定期对基桩动测仪进行计量检定。

（2）传感器。传感器宜选用压电式加速度传感器或磁电式速度传感器，频响曲线的有效范围应覆盖整个测试信号的频带范围。

（3）激振设备。为了满足不同的桩型和检测目的，应选择符合材质和质量要求的力锤或力棒，以获得所需的激振频率和能量。反射波法基桩质量检验用的手锤和力棒，其锤头的材质有铜、铝、硬塑、橡皮等。改变锤的质量和锤头材质，即可获得检测所需的能量和激振频谱要求。不同材质和质量的激振桩头的效果不同。激振锤的材质与性能可以从相关规范中选取。锤激振源对基桩检测信号的影响：

① 锤击能量。其大小取决于锤的质量和下落速度。对大直径长桩，应选择质量大的锤或力棒，以产生主频率低、能量大的激励信号，获得较清晰的桩底反射信号，但这时桩身的微小缺陷会被掩盖。

② 锤头材料。锤头材料硬，产生的高频脉冲波有利于提高桩身缺陷的分辨率，但高频信号衰减快，不容易探测桩身深部缺陷；锤头材料软，产生低频脉冲波，衰减慢，有利于获得桩底反射信号，但降低了桩身缺陷的分辨率。

③ 脉冲宽度。激振脉冲宽度大，有利于探测桩身的深部缺陷，但波长大于缺陷尺寸时，由于波的绕射作用，桩身内的小缺陷不容易识别，从而降低了分辨率；激振力脉冲宽度小，应力波频率高、波长短，有利于对桩身小缺陷的分辨率，但在桩浅部不能满足一维弹性杆件的平截面假定条件，会出现接收信号波形畸变。

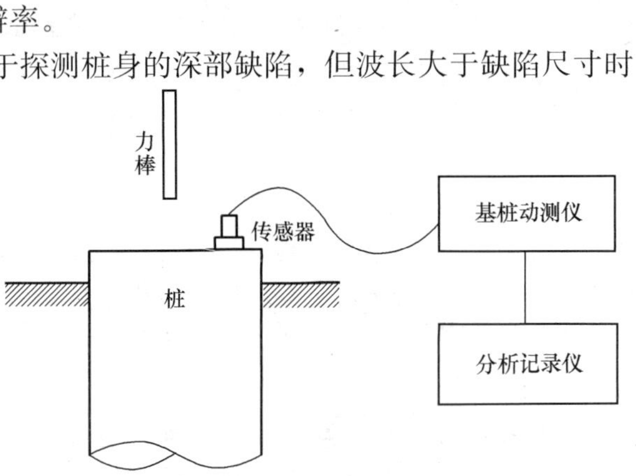

图 8-4　反射波法测试仪器设备

2. 现场检测技术

反射波法现场测试仪器设备见图 8-4。

（1）准备工作。

① 现场踏勘及资料收集。在接受检

测任务后，检测人员应了解场地地质条件、建筑物的类型、桩型、桩设计参数、成桩工艺、施工记录及相关的资料，然后根据检测委托书，编制检测纲要。

② 桩头处理。应根据相应的技术规范、标准的规定，并参考现场施工记录和基桩在工程中所起的作用来确定抽检数量与桩位。公路桥梁的钻孔灌注桩通常是每根桩都要进行检测，对受检桩，要求桩顶的混凝土质量、截面尺寸与桩身设计条件基本相同。桩头应凿去浮浆或松散、破损部分，并露出坚硬的混凝土，对桩头外露主筋不宜太长。桩头表面应平整干净、无积水，并将传感器安装点与敲击点部位磨平。

③ 传感器的选择与安装。一般采用加速度传感器，因为它的频率响应范围比较宽、动态范围大、失真度小，能较好地反映桩身的反射信息。速度传感器灵敏度高、低频性能好，对检测桩体深部缺陷信息较好。传感器用耦合剂黏结时，黏结层应尽可能薄。必要时，采用打孔安装方式，传感器底安装面应与桩顶混凝土面紧密接触，其安装点宜在距桩中心 1/2 ～ 2/3 半径处。

激振点与传感器安装点应远离钢筋笼的主筋。测点数量视桩径大小而定，且距离桩的主筋不宜小于 50mm。当桩径不大于 1000mm 时，不宜少于 2 个测点；当桩径大于 1000mm 时，不宜少于 4 个检测点。对混凝土预制桩，当边长不大于 600mm 时，不宜少于 2 个测点；当边长大于 600mm 时，不宜少于 3 个测点。对预应力管桩，不宜少于 2 个测点。

（2）仪器参数设置。

① 采样频率。采样频率应满足采样定理。

$$f_s \geqslant 2f_m \tag{8-3}$$

式中 f_s——采样频率；

f_m——信号频率上限，在基桩检测中，通常取 $f_m=3$。

在基桩测试中，通常在 0～2kHz 范围已能满足要求。对不同的测试要求，可改变频率范围，如要测 3～5m 内的浅部缺陷，可将频率调到 1～2kHz；要测桩底反射信号，则可降低频率范围至 0～0.6kHz。

② 采样点数 N。

应满足：$N \geqslant \dfrac{3L}{c\Delta t}$，一般每通道的采样点数应不少于 1024 点。采样时间 T，又称采样长度，是一次采样 N 个点数据所需的时间，可表示为 $T=N\Delta t$。采样间隔 Δt 是对信号离散采样时，每采一点所需的时间，可表示为 $\Delta t=1/f_s$。

这样，频域里两相邻数据的频率间隔 Δf 可表示为

$$\Delta f=\frac{1}{T}=\frac{1}{N\cdot\Delta t} \tag{8-4}$$

由此可见，采样频率越高，采样间隔越小，时域分辨率就越高，而频域分辨率越低；反之亦然。这是因为 Δt 与 Δf 是互为倒数关系。

③ 适调放大器。放大增益要足够大，在屏幕上有足够大波形，以不限幅为原则。

（3）信号采集。

① 根据桩径大小，在与桩心对称处布置 2～4 个测点。

② 实测信号能反映桩身完整性特征，有明显的桩底反射信号，每个测点记录的有效信号数不宜少于 3 个。

③ 不同测点及同一测点的多次实测时域信号一致性好。否则，应分析原因，找出问题后进行重测。

④ 信号幅值适度，波形光滑，无毛刺、振荡出现，信号曲线最终归零。

3. 检测数据的分析与判定

（1）时域分析。

① 桩身波速平均值的确定。当桩长已知、桩底反射信号明确时，选用相同条件下（地质条件、设计桩型、成桩工艺相同）不少于 5 根 Ⅰ 类桩的桩身波速值，按式（8-5）计算其平均值：

$$c_{\mathrm{m}} = \frac{1}{n}\sum_{i=1}^{n} c_i \tag{8-5}$$

$$c_i = \frac{2000L}{\Delta T}$$

$$c_i = 2L\Delta f$$

式中　c_{m}——桩身波速的平均值（m/s）；

c_i——第 i 根受检桩的桩身波速值（m/s）；

L——测点下桩长（m）；

ΔT——速度波第一峰与桩底反射波峰间的时间差（ms）；

Δf——幅频曲线上相邻谐振峰间的频差（Hz）；

n——参加波速平均值计算的基桩数量，$n \geqslant 5$。

② 桩身缺陷位置计算。当桩身有缺陷但测不到桩底信号时，可根据本地区、本工程同类桩型的波速测试值，按式（8-6）计算桩身缺陷的位置：

$$x = \frac{1}{2000}\Delta t_{\mathrm{x}} \cdot c \text{ 或 } x = \frac{1}{2} \cdot \frac{c}{\Delta f} \tag{8-6}$$

式中　x——桩身缺陷至传感器安装点的距离（m）；

Δt_{x}——速度波第一峰与缺陷反射波峰间的时间差（ms）；

c——受检桩的桩身波速（m/s）；

Δf——幅频曲线上缺陷相邻谐振峰间的频差（Hz）。

③ 桩身完整性判定。在实际检测中，以时域分析为主、频域分析为辅。根据时域信号特征进行桩身完整性分类，见表 8-1。

表 8-1　桩身完整性分类

类别	时域信号及频域特征	说 明
Ⅰ类桩	桩底反射波较明显，桩身无反射，频谱图中谐振峰排列基本等间距，混凝土波速处于正常范围	桩身完整、均匀，混凝土密实
Ⅱ类桩	桩底反射波较明显，桩底前有微缺陷反射波，混凝土波速处于正常范围，频谱图中轻微缺陷叠加在桩底谐振峰上	桩身基本完整，桩身局部离析、空洞、缩径缺陷
Ⅲ 类桩	桩底反射信号不明显，可见缺陷二次反射波，或有桩底反射，但波速明显偏低	桩身完整性差，其缺陷对桩身结构承载力有影响
Ⅳ类桩	无桩底反射波，可见因缺陷引起的多次强烈反射波；或平均波速明显高于正常波速	桩身有严重缺陷，强度和承载力不满足设计要求

（2）频域分析。尽管现场动测时的时域信号能较真实地反映桩身情况，但许多实测曲线不可避免地夹杂着干扰信号，这给时域分析带来困难，因此对测试信号进行频域分析是必要的。根据动态信号测试原理，对于反射法动测桩时激励桩头所得的响应信号，在频域中可用式（8-7）表示系统响应的总和：

$$V(\omega)=P(\omega)\cdot B(\omega)\cdot F(\omega)\cdot A(\omega)\cdot R(\omega) \tag{8-7}$$

式中 $V(\omega)$——对应的傅里叶变换；

$P(\omega)$——桩身完整性响应函数；

$B(\omega)$——传感器安装后的频响特性；

$F(\omega)$——激振产生的响应函数；

$A(\omega)$——采集和分析时所用带宽与放大器综合函数；

$R(\omega)$——外来干扰因素；

ω——频率自变量，$\omega=2\pi f$。

（3）时域分析与频域分析的互相验证。

通常，人们只对时域曲线进行积分、滤波、指数放大等信号处理后，即可将桩身存在的各种缺陷反映充分展示出来，从而判断桩身完整性问题。但有时桩身有多个缺陷，加之各种干扰信号，时域曲线变得非常复杂，这时需要进行信号的频域分析，将干扰信号滤去后，找出桩身的缺陷反射信息，再判定桩身完整性。而时域、频域分析可作为反射波法分析时的互相验证与补充，二者各有优缺点。

① 多数情况下的时域、频域分析结果能很好地统一和相互验证，但时域和频域分析的精度互相矛盾，采样频率越高，时域的分辨率越高，而频域分辨率越低；反之亦然。对缺陷位置和桩长来说，还是以时域计算为准。

② 非桩土系统引起的干扰振荡较严重时，时域局限性较大，应以频域分析为主体。

③ 桩身存在多个等间距缺陷时，时域难以区分深部缺陷反射与浅部缺陷的多次反射，分析频域的基频和频差可对其加以甄别。

④ 有些桩底反射信号不明显，频谱中有较明显的整桩基频和频差。

⑤ 涉及离析、缩颈、裂隙等缺陷性状的区分时，时域、频域的相互印证有时特别重要，离析处的谐振峰多见低缓形式，而裂隙的谐振峰较尖锐。

4. 反射波法的特点

（1）反射波法的优点。其仪器设备轻便，操作简单，成本低廉；可对桩基工程进行普查，检测覆盖面大；可检测桩身完整性和桩身存在的缺陷及位置，估计桩身混凝土强度，核对桩长等。

（2）反射波法的局限性。

① 检测桩长的限制。对于软土地区的超长桩，长径比很大，桩身阻抗与持力层阻抗匹配好，常测不到桩底反射信号。

② 桩身截面阻抗渐变时，容易造成误判。

③ 当桩身有两个以上缺陷时，较难判别。

④ 在桩身阻变小的情况下，较难判断缺陷的性质。

⑤ 嵌岩桩的桩底反射信号多变，容易造成误判。

嵌岩桩的时域曲线中桩底反射信号变化复杂，桩底反射信号与激励信号极性相反；但桩底混凝土与岩体阻抗相近，则桩底反射信号不明显，甚至没有；如桩底有沉渣，则有明显的同相反射信号。因此，要对照受检桩的桩型、地层条件、成桩工艺、施工情况等进行综合分析，不宜单凭测试信号定论。

（3）混凝土强度与波速的关系。在工程检测中，人们常用波速估计混凝土的强度等级，这是一种平均强度的概念。实际上，桩身混凝土强度远非平均强度指标所能评价。而混凝土强度与波速之间的关系比较复杂，影响混凝土的强度因素很多。表 8-2 是通过试验得出的混凝土强度与波速的关系。

表 8-2　实验室内混凝土强度与波速的关系

波速（m/s）	3000～3250	3250～3500	3500～3570	3570～4000
抗压强度（MPa）	20	25	30	35

表 8-3 为由中国科学院武汉岩土力学所根据大量地区性现场测试资料得出的波速与混凝土质量的关系。

表 8-3　波速与混凝土质量的关系

波速（m/s）	＞4000	3500～4000	3000～3500	2000～3000	＜2000
混凝土质量	优	好	中等	差	极差
等级	Ⅰ	Ⅱ	Ⅲ	Ⅳ	Ⅴ

5. 检测报告

检测报告除应给出通常的委托方名称、工程名称等常规内容外，还应给出桩身完整性检测的实测信号曲线、桩身波速取值、桩身完整性描述、缺陷位置以及桩身完整性类别等内容。

8.2.2　声波透射法

声波透射法是在预埋声测管的混凝土灌注桩中检测桩身完整性，判定桩身缺陷的程度及其位置。它的特点是检测的范围可覆盖全桩长的各个检测剖面，检测全面细致，信息量大，成果准确可靠；现场操作不受场地、桩长、长径比的限制，操作简便，工作进度快。声波透射法以其鲜明的特点在工民建、水利、交通桥梁和港口等工程建设领域中得到了广泛应用。

1. 基本原理

声波透射法是在灌注桩中预埋两根或两根以上的声测管作为检测通道，管中注满水作为耦合剂，将超声发射换能器和接收换能器置于声测管中，由超声仪激励发射换能器产生超声脉冲，向桩身混凝土辐射传播。声波在混凝土传播过程中，当桩身混凝土介质存在阻抗差异时，将发生反射、绕射、折射和声波能量的吸收、衰减，并经另一声测管中的接收换能器接收，经超声仪放大、显示、处理、存储，可在显示器上观察接收超声波波形，判读出超声波穿越混凝土后的首波声时、波幅及接收波主频等声学参数，通过桩身缺陷引起声学参数或波形变化来检验桩身混凝土是否存在缺陷。

目前，我国的超声仪都采用专用处理软件进行波速、声幅、SPD 计算，并绘制这些参数随深度变化的曲线图，供检测人员分析、判断桩身存在的缺陷位置和范围，估算缺陷的尺寸等，并按规范规定对基桩进行完整性分类。

2. 检测仪器设备

声波检测仪器有两大类：一类是模拟式声波仪，它所显示和分析的是模拟信号，其声波幅值随时间的变化是连续的，这种信号称为时域信号。这类模拟式声波仪，测试时由人工操作，现场工作量大、工作效率低，容易出错，使用场所越来越少。另一类是数字式声波仪，它通过信号采集器采集信号，将采集的模拟信号变为数字信号，由计算软件自动进行声时和波幅判读，既提高了检测精确度，又提高了效率，因而得到了广泛的应用。

（1）数字式声波仪。数字式声波仪原理如图 8-5 所示。

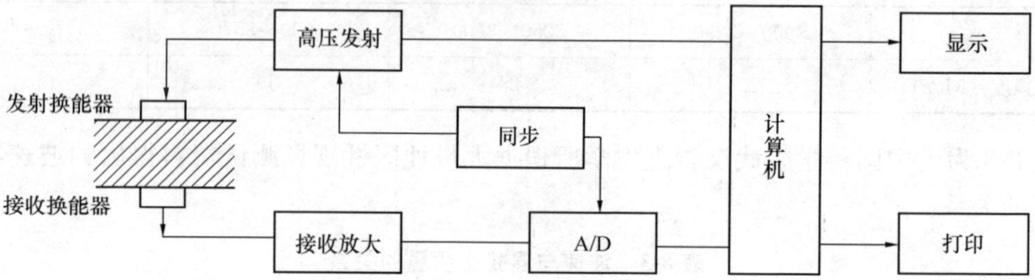

图 8-5　数字式声波仪原理

为了测量从发射到接收声波所经过的时间，声波仪从刚开始桩身混凝土发射声波脉冲的同时，就将同步计时门打开，计时器开始不断计时。当发射换能器发射的超声波经水耦合进入混凝土，在混凝土中传播后被接收换能器接收，经超声仪放大、A/D 转换为数字信号后加以存储，再经 D/A 转换为模拟量。在某一时刻出现接收波形时，声波仪即将波形采集下来，转变为数字信号存储。然后转化为模拟波形，显示在屏幕上。同时，启动计算机分析软件，比较前后各信号，找到波形刚刚变大且以后一直较大的那个采样点，即为接收波的起点，并立即关闭计时器，从而获得声时结果。这种数字信号便于存储、传输和各种处理分析，由计算软件自动进行声时和波幅判读后显示打印，可得到声速、波幅、SPD 随深度变化的曲线，供基桩桩身质量分析，判定桩身完整性类别。声波仪的技术性能应符合规定。

（2）声测管埋设要求。声测管应选择透声性好、便于安装和费用较低的材料。考虑到混凝土的水化热作用及施工过程中受外力作用较大，容易使声测管变形、断裂，影响换能器上、下管道的畅通，以选用强度较高的金属管为宜。

① 声测管内径宜为 50～60mm。

② 声测管应下端封闭、上端加盖、管内无异物。声测管连接处应光滑过渡，管口应高出桩顶 100mm 以上，且各声测管管口高度应一致。

③ 应采取适宜方法固定声测管，使之成桩后相互平行。

④ 声测管埋设数量与桩径大小有关。桩径 $D\leqslant800$mm 时，埋设 2 根管；$800\text{mm}<D\leqslant2000$mm 时，埋设不少于 3 根管；$D>2000$mm 时，埋设不少于 4 根管。

声测管应沿桩截面外侧呈对称形状布置，按图 8-6 所示顺时针旋转依次编号。

3. 现场检测技术

（1）检测准备工作。检测对混凝土龄期的要求，原则上应满 28d，有时工期要求急，可

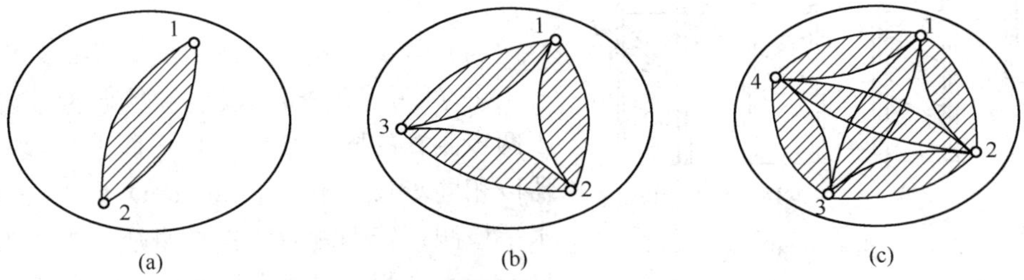

图 8-6　声测管布置图

(a) $D \leqslant 800$mm；(b) 800mm$<D\leqslant$2000mm；(c) $D>$2000mm

适当缩短时间（约 14d），但混凝土强度不小于 15MPa。

检测前的准备工作如下：

① 用大于换能器直径的圆钢疏通，以保证换能器在声测管全程范围内升降顺畅，然后用清水清洗声测管。

② 准确测量声测管的内外径和声测管外壁间的净距离。

③ 采用标定法确定仪器系统延迟时间。

④ 计算声测管及耦合水层声时修正值。

(2) 检测方法。声波透射法检测混凝土灌注桩有桩内单孔透射法和跨孔透射法两种。单孔透射法是在桩身只有一个通道的情况下，如钻孔取芯后需要了解孔芯周围的混凝土质量情况，作为钻芯检测的补充手段使用。这时采用一发两收换能器放于一个钻芯孔中，声波从发送换能器经水耦合进入孔壁混凝土表层滑行，再经水耦合到达接收换能器，从而测出声波沿孔壁混凝土传播的各项声学参数。单孔透射法的声传播途径比跨孔法复杂得多，信号分析难度大，且有效检测范围约一个波长，故此法不常采用。

下面介绍跨孔透射法。跨孔法是在桩内预埋两根或两根以上的声测管，把发射和接收换能器分别置于两根管中。跨孔法现场检测装置如图 8-7 所示。

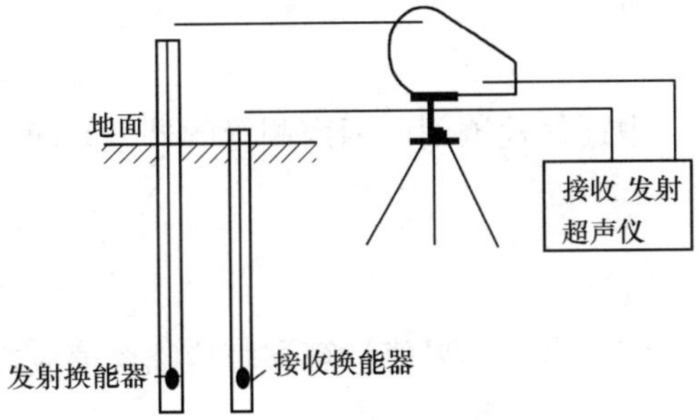

图 8-7　跨孔法检测装置示意

测试系统由超声仪、发（收）换能器、位移测量系统（深度记录轮、三脚架、井口滑轮）、传输电缆等组成。其中，超声仪和径向换能器组成超声脉冲测量部分。

(3) 测试过程。将发、收换能器放入桩内声测管中同一深度的测点处，超声仪通过发射换能器发射超声波，经桩身混凝土传播，在另一声测管中的接收换能器接收到超声波，经电缆传输给超声仪，实时高速记录显示接收波形，并判读声学参量。换能器在桩内移动过程的位置，位移测量系统也实时传输给超声仪。当换能器到达预定位置时，超声仪自动存储该测点的波形及声学参量，实现换能器在桩身测管内移动过程中自动记录存储各测点声学参量及波形的目标。全桩各个检测剖面检测出的桩身声学参量（声时、幅值和主频等），按照规范编制软件进行数据处理后，可绘制成基桩质量分析的成果图。

现场测试过程中应保持发射电压与仪器设置参数不变，使同一次测得的声学参数具有可

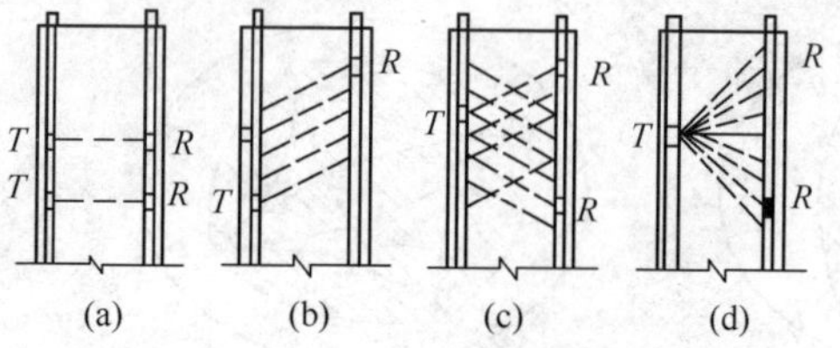

图 8-8　声波测试方式

（a）对测；（b）斜测；（c）交叉斜测；（d）扇形测

比性。

（4）测试方式。声波测试方式如图 8-8 所示。

① 对测（普查）。发射和接收换能器分别置于两声测管的同一高度，自下而上将收、发换能器以相同步长（不大于 250mm）向上提升，进行水平检测。若平测后存在桩身质量的可疑点，则进行加密平测，以确定异常部位的纵向范围。

② 斜测。让发、收换能器保持一定的高程差，在声测管中以相同步长、同步升降进行测试。斜测分单向斜测和交叉斜测。斜测时，发、收换能器中心连线与水平夹角一般取30°～40°。斜测可探出局部缺陷、缩颈或专测管附着泥团、层状缺陷等。

③ 扇形测。扇形测在桩顶、桩底斜测范围受限或为减小换能器升降次数时采用。一只换能器固定在某一高程不动，另一只逐步移动，测线呈扇形分布。此时换算的波速可以相互比较，但幅值无可比性，只能根据相邻测点幅值的突变来判断是否有异常。

通过上述三种方法检测，结合波形进行综合分析，可查明桩身存在缺陷的性质和范围大小。

4. 检测数据分析与判定

灌注桩声波透射法检测分析和处理的参数主要有声时 t、声速 v、波幅 A_p 及主频 f，同时要观测和记录实测波形。目前使用的数字式声波仪有很强的数据处理和分析功能，可以直接绘制出声速-深度（v-z）曲线、波幅-深度（A_p-z）曲线和 SPD 曲线，根据图来分析桩身质量情况。下面简单地介绍数据整理的方法，将有助于对桩身缺陷的判定。

（1）波速计算。第 i 测点声时 t_{ci}，可由第 i 测点声时测量值 t_i 减去仪器系统延迟时间 t_0 和声测管与耦合水层声时修正值 t' 得到。

$$t_{ci} = t_i - t_0 - t' \tag{8-8}$$

根据每检测剖面两声测管的外壁间净距离 l'（mm），求得第 i 测点声速 v_i（km/s）。

$$v_i = \frac{l'}{t_{ci}} \tag{8-9}$$

（2）声速临界值计算。声速临界值应按下列步骤计算：将同一检测剖面各测点的声速值由大到小依次排序，即

$$v_1 \geqslant v_2 \geqslant \cdots v_i \geqslant \cdots v_{n-k} \geqslant \cdots v_{n-1} \geqslant v_n,\quad k = 0,1,2,\cdots$$

式中　v_i——按序排列后的第 i 个声速测量值；

n——某检测剖面测点数；

k——从零开始逐一去掉 v_i 序列尾部最小数值的数据个数。

小数值的数据个数为 k 时，对包括 v_{n-k} 在内的余下数据 v_1～v_{n-k} 按下列公式进行统计计算：

$$v_0 = v_m - \lambda \cdot s_x \tag{8-10}$$

$$v_m = \frac{1}{n-k}\sum_{i=1}^{n-k} v_i$$

$$s_x = \sqrt{\frac{1}{n-k-1}\sum_{i=1}^{n-k} v_i}$$

式中　v_0——异常判断值；

v_m——$n-k$ 个数据的平均值；

s_x——$n-k$ 个数据的标准差；

λ——可由《建筑基桩检测技术规范》（JGJ 106—2014）表 10.5.3 中与（$n-k$）相对应的系数查得。

根据《公路工程基桩动测技术规程》（JTG/T F81-01—2004）的规定，取 $\lambda=2$，即声速临界值采用正常混凝土声速平均值与 2 倍声速标准差之差。将 v_{n-k} 与异常判断值 v_0 进行比较，当 $v_{n-k} \leqslant v_0$ 时，v_{n-k} 及其以后的数据均为异常，去掉 v_{n-k} 及其以后的异常数据；再用数据 $v_1 \sim v_{n-k-1}$ 重复上述计算步骤，直到 v_i 序列中余下的全部数据满足：$v_i > v_0$，此时，v_0 为声速的异常判断临界值 v_{c0}。

声速异常时的临界值判据为 $v_i < v_{c0}$，当此式成立时，声速可判定为异常。

在分析中注意：测点总数不应少于 20 个，异常点不应参与统计。声速明显高于混凝土正常值时，分析原因后剔除。当检测剖面 n 个测点的声速值普遍偏低且离散性很小时，宜采用声速低限值判据：$v_i < v_L$，此式成立时，可直接判定为声速（低于低限值）异常。

（3）波幅计算。

$$A_{pi} = 20\tan\frac{a_i}{a_0} \tag{8-11}$$

$$f_i = \frac{1000}{T_i}$$

式中　A_{pi}——第 i 测点波幅值（dB）；

a_i——第 i 测点信号首波峰值（V）；

a_0——零分贝信号幅值（V）；

f_i——第 i 测点信号主频值，也可由信号频谱的主频求得（kHz）；

T_i——第 i 测点信号周期（ms）。

波幅异常时的临界值判据应按下列公式计算：

$$A_m = \frac{1}{n}\sum_{i=1}^{n} A_{pi} \tag{8-12}$$

$$A_{pi} < A_m - 6 \tag{8-13}$$

式中　A_m——波幅平均值（dB）；

n——检测剖面测点数。

当上式成立时，波幅可判定为异常。

8.3　结构混凝土强度的检测与评定

8.3.1　结构混凝土强度检测方法分类与要求

结构混凝土强度的检测方法可分为无损检测、半破损检测和破损检测。本节对目前常用的回弹法、超声回弹综合法、取芯法、回弹结合取芯法等测定混凝土强度的方法进行介绍。混凝土强度检测评定分为结构或构件的强度检测评定与承重构件的主要受力部位的强度检测评定。如主梁，根据具体检测目的和检测要求，选择合适方法进行检测时，可对主梁整个（批）构件进行检测评定，也可对主梁跨中部位进行检测评定，但测区布置必须满足相关规范规定。原则上对结构不采取破损检测，但在其他方法不能准确评定结构（构件）或承重构件主要受力部位的混凝土强度时，应采用取芯法或取芯法结合其他方法综合评定。在结构上钻、截取试件时，应尽量选择在承重构件次要部位或次要承重构件上，并应采取有效措施，确保结构安全。钻、截取试件后，应及时进行修复或加固处理。

8.3.2 回弹法检测结构混凝土强度的方法

1. 回弹法的基本原理

回弹法是用弹簧驱动重锤，通过弹击杆弹击混凝土表面，并测出重锤被反弹回来的距离，以回弹值（反弹距离与弹簧初始长度之比）作为与强度相关的指标，来推定混凝土强度的一种方法。

2. 回弹仪

（1）对中型回弹仪的技术要求。

① 水平弹击时，弹击锤脱钩的瞬间，中型回弹仪的标称能量应为 2.207J。

② 弹击锤与弹击杆碰撞的瞬间，弹击拉簧应处于自由状态，此时弹击锤起跳点应相应于指针指示刻度尺上“0”处。

③ 回弹仪的率定值应为 80±2。

④ 数字式回弹仪应带有指针直读示值系统。数字显示的回弹值与指针直读示值相差不超过 1。

⑤ 回弹仪使用时的环境温度应为－4～40℃。

（2）回弹仪的率定方法。回弹仪在工程检测前后，应在钢砧上做率定试验。率定试验宜在干燥、室温为 5～35℃的条件下进行。率定时，钢砧应稳固地平放在刚度大的物体上。测定回弹值时，取连续向下弹击 3 次稳定回弹值的平均值。弹击杆应分 4 次旋转，每次旋转宜为 90°。弹击杆每旋转一次的率定平均值应为 80±2。率定回弹仪的钢砧应每 2 年校准一次。

（3）回弹仪的校验。回弹仪具有下列情况之一时，应由法定部门按照国家现行标准《回弹仪检定规程》（JJG 817—2011）对回弹仪进行校验：

① 新回弹仪启用前。

② 超过检定有效期限，中型回弹仪有效期为半年。

③ 累计弹击次数超过 6000 次。

④ 数字式回弹仪显示的回弹值与指针直读示值相差超过 1。

⑤ 经常规保养后钢砧率定值不合格。

⑥ 遭受严重撞击或其他损害。

（4）回弹仪的保养方法。当回弹仪的弹击次数超过 2000 次，或者对检测值有怀疑以及在钢砧上的率定值不合格时，应对回弹仪进行保养。常规保养应符合下列规定：

① 将弹击锤脱钩后取出机芯，然后卸下弹击杆，取出里面的缓冲压簧，并取出弹击锤、弹击拉簧和拉簧座。

② 清洗机芯各零部件，重点清洗中心导杆、弹击锤和弹击杆的内孔和冲击面，清洗后应在中心导杆上薄薄涂抹钟表油，其他零部件均不得抹油。

③ 应清理机壳内壁，卸下刻度尺，并应检查指针，其摩擦力应为 0.5～0.8N。

④ 不得旋转尾盖上已定位紧固的调零螺钉。

⑤ 不得自制或更换零部件。

⑥ 保养后应对回弹仪进行率定试验。

回弹仪使用完毕后应使弹击杆伸出机壳，清除弹击杆、杆前端球面以及刻度尺表面和外壳上的污垢、尘土。回弹仪不用时，应将弹击杆压入仪器内，经弹击后方可按下按钮，锁住机芯，将回弹仪装入仪器箱，平放在干燥阴凉处。回弹仪的构造见图 8-9。

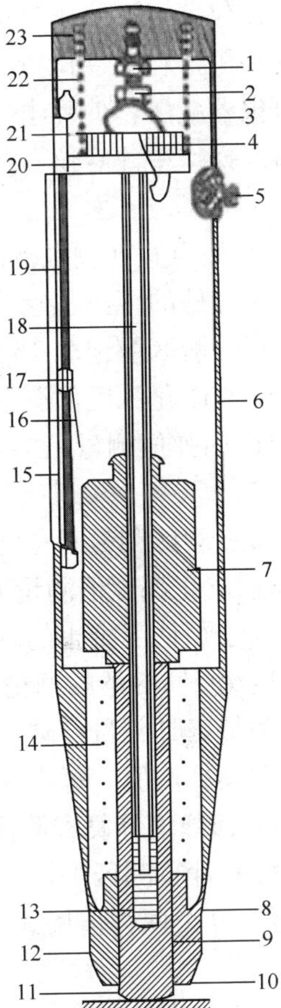

图 8-9　回弹仪的构造

1—紧固螺母；2—调零螺钉；3—挂钩；4—挂钩销子；5—按钮；6—机壳；7—弹击锤；8—拉簧座；9—卡环；10—密封毡圈；11—弹击杆；12—盖帽；13—缓冲弹簧；14—弹击拉簧；15—刻度尺；16—指针片；17—指针块；18—中心导杆；19—指针轴；20—导向法兰；21—挂钩压簧；22—压簧；23—尾盖

3. 检测方法

在正常情况下，混凝土强度的检验与评定应按现行国家标准《混凝土结构工程施工质量验收规范》(GB 50204—2015)、《混凝土强度检验评定标准》(GB/T 50107) 执行。但是，当结构中混凝土实际强度有检测要求时，可以考虑采用回弹法来检测，检测结果可作为处理混凝土质量的一个依据。检测步骤如下：

(1) 收集基本技术资料。

(2) 抽样数量与适用范围。结构或构件混凝土强度检测可采用下列两种方式，其适用范围及结构或构件数量应符合下列规定：

① 单个检测：适用于单个结构或构件的检测。

② 批量检测：适用于在相同的生产工艺条件下，混凝土强度等级相同，原材料、配合比、成型工艺、养护条件基本一致且龄期相近的同类结构或构件。按批进行检测的构件，抽检数量不得少于同批构件总数的 30%且构件数量不得少于 10 件。抽检构件时，应随机抽取并使所选构件具有代表性。

(3) 选择符合下列规定的测区：

① 每一结构或构件测区数不应少于 10 个，对某一方向尺寸小于 4.5m 且另一方向尺寸小于 0.3m 的构件，其测区数量可适当减少，但不应少于 5 个。

② 测区离构件端部或施工缝边缘的距离不宜大于 0.5m，且不宜小于 0.2m。

③ 测区应选在使回弹仪处于水平方向检测混凝土浇筑侧面。当不能满足要求时，可使回弹仪处于非水平方向检测混凝土构件的浇筑侧面、表面或底面。

④ 测区宜选在构件的两个对称可测面上，也可选在一个可测面上，且应均匀分布。在构件的重要部位及薄弱部位必须布置测区，并应避开预埋件。

⑤ 测区的面积不宜大于 $0.04m^2$。

⑥ 检测面应为原状混凝土表面，并应清洁、平整，不应有疏松层、浮浆、油垢、涂层以及蜂窝、麻面，必要时可用砂轮清除疏松层和杂物，且不应有残留的粉末和碎屑。

⑦ 对弹击时产生颤动的薄壁、小型构件应进行固定。

⑧ 结构或构件的测区应标有清晰的编号，必要时应在记录纸上描述测区布置示意图和外观质量。

（4）回弹值测量。

① 回弹仪的操作：将弹击杆顶住混凝土的表面，轻压仪器，松开按钮，弹击杆徐徐伸出，使仪器对混凝土表面缓慢均匀施压，待弹击锤脱钩冲击弹击杆后即回弹，带动指针向后移动并停留在某一位置上，即为回弹值。继续顶住混凝土表面并在读取和记录回弹值后，逐渐对仪器减压，使弹击杆自仪器内伸出，重复进行上述操作，即可测得被测构件或结构的回弹值。操作中注意仪器的轴线应始终垂直于混凝土构件的检测面，缓慢施压，准确读数，快速复位。

② 测点宜在测区范围内均匀分布，相邻两测点的净距不宜小于 20mm；测点距外露钢筋、预埋件的距离不宜小于 30mm。测点不应在气孔或外露石子上，同一测点只应弹击一次。每一测区应记取 16 个回弹值，每一测点的回弹值读数估读至 1。

（5）碳化深度值测量。

① 回弹值测量完毕后，应在有代表性的位置上测量碳化深度值，测点数不应少于构件测区数的 30%，取其平均值为该构件每测区的碳化深度值。当碳化深度值大于 2.0mm 时，应在每一测区测量碳化深度值。

② 碳化深度值测量方法：采用适当的工具在测区表面形成直径约 15mm 的孔洞，其深度应大于预估混凝土的碳化深度。孔洞中的粉末和碎屑应除净，并不得用水擦洗。同时，采用浓度为 1%的酚酞酒精溶液滴在孔洞内壁的边缘处，当已碳化与未碳化界线清楚时，再用深度测量工具测量已碳化与未碳化混凝土交界面到混凝土表面的垂直距离。测量不应少于 3 次，取其平均值。每次读数精确至 0.5mm。

4. 回弹值计算和测区混凝土强度的确定

（1）计算测区平均回弹值，应从该测区的 16 个回弹值中剔除 3 个最大值和 3 个最小值，余下的 10 个回弹值按式（8-14）计算：

$$R_{\mathrm{m}} = \frac{\sum_{i=1}^{10} R_i}{10} \tag{8-14}$$

式中 R_{m}——测区平均回弹值，精确至 0.1MPa；

R_i——第 i 个测点的回弹值。

（2）非水平方向检测混凝土浇筑侧面时，应按式（8-15）修正：

$$R_{\mathrm{m}} = R_{\mathrm{m}\alpha} + R_{\mathrm{a}\alpha} \tag{8-15}$$

式中 $R_{\mathrm{m}\alpha}$——非水平状态检测时测区的平均回弹值，精确至 0.1MPa；

$R_{\mathrm{a}\alpha}$——非水平状态检测时回弹值修正值，可由相关规程中查表取用。

（3）水平方向检测混凝土浇筑顶面或底面时，应按式（8-16）、式（8-17）修正：

$$R_{\mathrm{m}} = R_{\mathrm{m}}^{\mathrm{t}} + R_{\mathrm{a}}^{\mathrm{t}} \tag{8-16}$$

$$R_{\mathrm{m}} = R_{\mathrm{m}}^{\mathrm{b}} + R_{\mathrm{a}}^{\mathrm{b}} \tag{8-17}$$

式中　R_m^t、R_m^b——水平方向检测混凝土浇筑表面、底面时，测区的平均回弹值，精确至 0.1MPa。

R_a^t、R_a^b——混凝土浇筑表面、底面回弹值的修正值，应由相关规程表查取。

当检测时回弹仪为非水平方向且测试面为非混凝土的浇筑侧面时，应先对回弹值进行角度修正，再对修正后的值进行浇筑面修正。

(4) 测区混凝土强度值的确定。结构第 i 个测区混凝土强度换算值，根据每一测区的回弹平均值及碳化深度值，查阅全国统一测强曲线［《回弹法检测混凝土抗压强度技术规程》(JGJ/T 23—2011)］得出。当有地区测强曲线或专用测强曲线时，混凝土强度换算值应按地区测强曲线或专用测强曲线换算得出。对于泵送混凝土还应符合下列规定：当碳化深度值不大于 2.0mm 时，每一测区混凝土强度换算值应按表 8-4 修正。

表 8-4　泵送混凝土测区混凝土强度换算值的修正值

碳化深度 (mm)	抗压强度值（MPa）				
0.0、0.5、1.0	f_{cu}^c（MPa）	≤40.0	45.0	50.0	55.0～60.0
	K（MPa）	+4.5	+3.0	+1.5	0.0
1.5、2.0	f_{cu}^c（MPa）	≤30.0	35.0	40.0～60.0	
	K（MPa）	+3.0	+1.5	0.0	

注：1. 表中未列入的值可用内插法求得其修正值，精确至 0.1MPa。

2. 当碳化深度值大于 2.0mm 时，可采用同条件试件或钻取混凝土芯样进行修正。

5. 混凝土强度计算

(1) 结构或构件测区混凝土强度平均值可根据各测区混凝土强度换算值计算。当测区数为 10 个及以上时，应计算强度标准差。平均值及标准差应按下列公式计算：

$$m_{f_{cu}^c}=\frac{\sum_{i=1}^{n}f_{cu,i}^c}{n}$$

$$S_{f_{cu}^c}=\sqrt{\frac{\sum_{i=1}^{n}(f_{cu,i}^c)^2-n(m_{f_{cu}^c})^2}{n-1}} \tag{8-18}$$

式中　$m_{f_{cu}^c}$——结构或构件测区混凝土强度换算值的平均值（MPa），精确至 0.1MPa；

n——对单个检测的构件，取一个构件的测区数；对批量检测的构件，取被抽检构件的测区数之和；

$S_{f_{cu}^c}$——结构或构件测区混凝土强度换算值的标准差（MPa），精确至 0.01MPa。

(2) 结构或构件混凝土强度推定值（$f_{cu,e}$）应按下列公式确定。

① 当该结构或构件测区数少于 10 个时，即

$$f_{cu,e}=f_{cu,min}^c \tag{8-19}$$

式中　$f_{cu,min}^c$——构件中最小的测区混凝土强度换算值。

② 当该结构或构件测区强度值中出现小于 10.0MPa 时，即

$$f_{cu,e}\leqslant 10.0\text{MPa} \tag{8-20}$$

③ 当该结构或构件测区数不少于 10 个或按批量检测时，应按下列公式计算：

$$f_{cu,e} = m_{f_{cu}^{c}} - 1.645\, s_{f_{cu}^{c}} \tag{8-21}$$

④ 对按批量检测的构件，当该构件混凝土强度标准差出现下列情况之一时，则该批构件应全部按单个构件检测：

a. 该批构件混凝土强度平均值小于 25MPa 时，即

$$s_{f_{cu}^{c}} > 4.5\text{MPa}$$

b. 该批构件混凝土强度平均值不小于 25MPa 时，即

$$s_{f_{cu}^{c}} > 5.5\text{MPa}$$

6. 回弹法测强的误差范围和减小误差的方法

回弹法测强的影响因素比较多，如水泥品种、粗集料品种、成型方法、模板种类、养护方法、湿度、保护层厚度、混凝土龄期、测试时的大气温度、测试技术等，均有程度不同的影响。对回弹法测强误差的估计，一般采用在实验室内通过试块测试制定测强相关曲线，然后按试验值进行最小二乘法回归分析时所得的标准差及离散系数，作为测定误差，或以验证性实测试验误差作为测定误差。表 8-5 为一些国家的回弹法标准中，按这一估计方法所列出的回弹法测强误差范围。关于结构混凝土强度的检测误差与试块混凝土强度的检测误差两者之间的差异，尚待进一步研究。

表 8-5　一些国家的回弹法标准中强度测定误差范围

国家	误差（%）	条件
英国	±15～±25	龄期 3 个月以内，校准曲线法
罗马尼亚	±25～±35	保证率 90%，已知配合比，有试块符合影响系数法
国际建议	>±15	龄期 14 ～ 16d，只有 1～2 个影响因素的变化，条件明确，校准曲线法
	>±25	龄期同上，已知影响因素的变化，校准曲线法

减小误差的方法：可采用同条件试块或钻取混凝土芯样进行修正，试块或钻取芯样数目不应少于 6 个。钻取芯样时每个部位应钻取一个芯样，计算时，测区混凝土强度换算值应乘以修正系数。修正系数应按下列公式计算：

（1）当有同条件试块时：

$$\eta = \frac{1}{n}\sum_{i=1} f_{cu,i} / f_{cu,i}^{c} \tag{8-22}$$

（2）当有钻取混凝土芯样时：

$$\eta = \frac{1}{n}\sum_{i=1}^{n} f_{cor,i} / f_{cu,i}^{c} \tag{8-23}$$

式中　η——修正系数，精确到 0.01；

$f_{cu,i}$——第 i 个混凝土立方体试件（边长为 150mm）的抗压强度值，精确到 0.1MPa；

$f_{cor,i}$——第 i 个混凝土芯样试件的抗压强度值，精确到 0.1MPa；

$f_{cu,i}^{c}$——对应于第 i 个试件或芯样部位回弹值和碳化深度值的混凝土强度换算值，可按《回弹法检测混凝土抗压强度技术规程》（JGJ/T 23—2011）中附录 A 或附录 B 取值；

n——试件数。

7. 注意事项

（1）回弹法测强的误差比较大，因此对比较重要的构件或结构物强度检测必须慎重使用。

（2）符合下列条件的混凝土才能采用全国统一测强曲线进行测区混凝土强度换算：

① 混凝土采用的材料、拌和用水符合现行国家有关标准。

② 不掺外加剂或仅掺非引气型外加剂。

③ 采用普通成型工艺。

④ 采用符合现行国家标准《混凝土结构工程施工质量验收规范》（GB 50204—2015）规定的钢模、木模以及其他材料制作的模板。

⑤ 自然养护或蒸汽养护出池后经自然养护 7d 以上，且混凝土表层为干燥状态。

⑥ 龄期为 14～1000d。

⑦ 抗压强度为 10～60MPa。

（3）当有下列情况之一时，测区混凝土强度值不得按全国统一测强曲线进行测区混凝土强度换算，但可制定专用测强曲线或通过试验进行修正。专用测强曲线的制定方法见《回弹法检测混凝土抗压强度技术规程》（JGJ/T 23—2011）。

① 粗集料最大粒径大于 60mm。

② 特种成型工艺制作的混凝土。

③ 检测部位曲率半径小于 250mm。

④ 潮湿或浸水混凝土。

（4）当构件混凝土抗压强度大于 60MPa 时，可采用标准能量大于 2.207J 的混凝土回弹仪，并应另行制定检测方法及专用测强曲线进行检测。

（5）批量检测的条件：在相同的生产工艺条件下，混凝土强度等级相同，原材料、配合比、成型工艺、养护条件基本一致且龄期相近的同类结构或构件。按批进行检测的构件，抽检数量不得少于同批构件总数的 30%且构件数量不得少于 10 件。抽检构件时，应随机抽取并使所选构件具有代表性。

8.3.3　超声回弹综合法检测结构混凝土强度的方法

超声回弹综合法是指采用超声仪和回弹仪，在结构混凝土同一测区分别测量声时值和回弹值，然后利用已建立起来的测强公式推算该测区混凝土强度的一种方法。

1. 超声回弹设备要求

超声回弹综合法检测混凝土强度技术，实质上就是超声法和回弹法两种单一测强的综合测试。有关回弹仪技术要求、检测方法及规定与前述基本相同，超声波仪器技术要求、检测方法及规定如下。

（1）一般规定。

① 所采用的混凝土超声检测仪应通过技术鉴定，必须具有产品合格证和检定证。

② 用于混凝土的超声波检测仪可分为下列两类：

a. 模拟式：接收的信号为连续模拟量，可由时域波形信号测读声学参数。

b. 数字式：接收的信号转化离散数字量，具有采集、储存数字信号、测读声学参数和对数字信号处理的智能化功能。

③ 所采用的超声波检测仪应符合现行行业标准《混凝土超声波检测仪》（JG/T 5004—1992）的要求，并在计量检定有效期内使用。

④ 超声波检测仪应满足下列要求：

a. 具有波形清晰、显示稳定的示波装置。

b. 声时最小分度值为 0.1μs。

c. 具有最小分度值为 1dB 的信号幅度调整系数。

d. 接收放大器频响范围为 10～500kHz，总增益不小于 80dB，接收灵敏度（信噪比 3∶1时）不大于 50μV。

e. 电源电压波动范围在标称值±10%情况下能正常工作。

f. 连续正常工作时间不少于 4h。

⑤ 模拟式超声波检测仪还应满足下列要求：

a. 具有手动游标和自动整形两种声时测读功能。

b. 数字显示稳定，声时调节在 20～30μs 范围内，连续静置 1h 数字变化不超过±0.2μs。

⑥ 数字式超声波检测仪还应满足下列要求：

a. 具有采集、储存数字信号并进行数据处理的功能。

b. 具有手动游标测读和自动测读两种方式。当自动测读时，在同一测试条件下，在 1h 内每 5min 测读一次声时值的差异不超过±0.2μs。

c. 自动测读时，在显示器的接收波形上，有光标指示声时的测读位置。

⑦ 超声波检测仪器使用时，环境温度应为 0～40℃ 。

（2）换能器技术要求。

① 换能器的工作频率宜在 50～100kHz 范围内。

② 换能器的实测主频与标称频率相差不应超过±10%。

③ 校准和保养。

（3）超声波检测仪的声时计量检验。

① 空气中声速的测试步骤如下：取常用平面换能器一对，接于超声波仪器上，开机预热 10min，在空气中将两个换能器的辐射面对准，依次改变两个换能器辐射面之间的距离（如 50mm、60mm、70mm、80mm、90mm、100mm……），在首波幅度一致的条件下，读取各间距所对应的声时值 t_1、t_2、t_3、……、t_n。同时测量空气温度 T_k，精确至 0.5℃。

测量时，应注意下列事项：

a. 两个换能器辐射面的轴线始终保持在同一直线上。

b. 换能器辐射面间距的测量误差不应超过 11%，且测量精度为 0.5mm。

c. 换能器辐射面宜悬空相对放置；若置于地板或桌面上，必须在换能器下面垫以吸声材料。

② 实测空气中声速可采用下列两种方法之一计算：

a. 以换能器辐射面间距为纵坐标，声时读数为横坐标，将各组数据点绘在直角坐标图上。穿越各点形成一直线，算出该直线的斜率，即为空气中声速实测值。

b. 以各测点的测距 l 和对应的声时 t 求回归直线方程 $l=a+bt$。回归系数 b 便是空气中声速实测值。

c. 空气中声速计算值：

$$v_k = 331.4\sqrt{1 + 0.00367T_k} \tag{8-24}$$

式中　331.4——0℃时空气的声速值（m/s）；

v_k——温度为 T_k 时空气中声速计算值（m/s）；

T_k——测试时空气的温度（℃）。

d. 差计算。空气中声速值与空气中声速实测值（v）之间的相对误差可按式（8-25）计算：

$$e_r = \frac{v_k - v}{v_k} \times 100\% \tag{8-25}$$

e_r 值不应超过±0.5%；否则，应检查仪器各部位的连接处重测，或更换超声检测仪。

③ 检测时，应根据测度需要在仪器上配置合适的换能器和高频缆线，并测定声时初读数 t_0。检测过程中如更换换能器或高频电缆线，应重新测定 t_0。

④ 超声波检测仪应定期保养。

2. 测区回弹值和声速值的测量及计算

1）一般规定。

（1）测试前应具备下列资料：

① 工程名称和设计、施工、建设、委托单位名称。

② 结构或构件名称、施工图纸和混凝土设计强度等级。

③ 水泥的品种、强度等级和用量，砂石的品种、粒径，外加剂或掺合料的品种、掺量和混凝土配合比等。

④ 模板类型，混凝土浇筑、养护情况和成型日期。

⑤ 结构或构件检测原因的说明。

（2）检测数量应符合下列规定：

① 按单个构件检测时，应在构件上均匀布置测区，每个构件上测区数量不应少于10 个。

② 同批构件检测时，构件抽样数不应少于同批构件的 30%，且不应少于 10 件；对一般施工质量的检测和结构功能的检测，可按照现行国家标准《建筑结构检测技术标准》（GB/T 50344—2004）的规定抽样。

③ 对某一方向尺寸不大于 4.5m 且另一方向尺寸不大于 0.3m 的构件，其测区数量可适当减少，但不应少于 5 个。

（3）按批抽样检测时，符合下列条件的构件可作为同批构件：

① 混凝土设计强度等级相同。

② 混凝土原材料、配合比、成型工艺、养护条件和龄期基本相同。

③ 构件种类相同。

④ 施工阶段所处状态基本相同。

（4）构件的测区布置宜满足下列规定：

① 在条件允许时，测区宜优先布置在构件混凝土浇筑方向的侧面。

② 测区可在构件的两个对应面、相邻面或同一面上布置。

③ 测区宜均匀布置，相邻两测区的间距不宜大于 2m。

⑤ 测区应避开钢筋密集区和预埋件。

⑥ 测区尺寸宜为 200mm×200mm；采用平测时宜为 400mm×400mm。

⑦ 测试面应清洁、平整、干燥，不应有接缝、施工缝、饰面层、浮浆和油垢，并应避开蜂窝、麻面部位。必要时，可用砂轮片清除杂物和打磨平整，并擦净残留粉尘。

(5) 结构或构件上的测区应编号，并记录测区位置和外观质量情况。

(6) 对结构或构件的每一测区，应先进行回弹测试，后进行超声测试。

(7) 计算混凝土抗压强度换算值时，非同一测区的回弹值和声速值不得混用。

2) 回弹测试及回弹值计算（同回弹法测试及计算方法）。

3) 超声测试及声速值计算。

(1) 超声测点应布置在回弹测试的同一测区内，每一测区布置 3 个测点。超声测试宜优先采用对测或角测，当被测构件不具备对测或角测条件时，可采用单面平测，具体如下：

① 超声波角测方法。

a. 当结构或构件被测部位只有两个相邻表面可供检测时，可采用角测方法测量混凝土中的声速。每个测区布置 3 个测点。

b. 布置超声角测点时，换能器中心与构件边缘的距离不宜小于 200m。

c. 角测时超声测距应按式 (8-26) 计算：

$$l_i = \sqrt{l_{1i}^2 + l_{2i}^2} \tag{8-26}$$

式中 l_i——角测第 i 个测点的超声测距（mm）；

l_{1i}、l_{2i}——角测第 i 个测点换能器与构件边缘的距离（mm）。

d. 角测时，混凝土中声速代表值应按式 (8-27) 计算：

$$v = \frac{1}{3}\sum_{i=1}^{3}\frac{l_i}{t_i - t_0} \tag{8-27}$$

式中 v——角测时混凝土中声速代表值（km/s）；

l_i——角测第 i 个测点的超声测距（mm）；

t_i——角测第 i 个测点的声时读数（μs）；

t_0——声时初读数（μs）。

② 超声波平测方法。

a. 当结构或构件被测部位只有一个表面可供检测时，可采用平测方法测量混凝土中声速。每个测区布置 3 个测点。超声波平测如图 8-10 所示。

b. 布置超声平测点时，宜使发射和接收换能器连线与附近钢筋轴线成 40°～50°，超声测距宜采用 350～450mm。

c. 宜采用同一构件的对测声速 v_d 与平测声速 v_p 之比求得修正系数 λ（$\lambda = v_d / v_p$），对平测声速进行修正。

d. 当被测结构或构件不具备对测与平测的对比条件时，宜选取有代表性的部位，以测距=200mm、250mm、300mm、350mm、400mm、450mm、500mm，逐点测读相应声值，用回归分析方法求出直线方程 $l = a + bt$。以回归系数 b 代替对测声速 v_d，再按上述 (b) 条的规定对各平测声速进行修正。

e. 平测时，修正后的混凝土中声速代表值应按式 (8-28) 计算：

$$v_a = \frac{\lambda}{3}\sum_{i=1}^{3}\frac{l_i}{t_i - t_0} \tag{8-28}$$

式中　v_a——修正后平测时混凝土中的声速代表值（km/s）；

l_i——平测第 i 个测点的超声测距（mm）；

t_i——平测第 i 个测点的声时读数（μs）；

λ——平测声速修正系数。

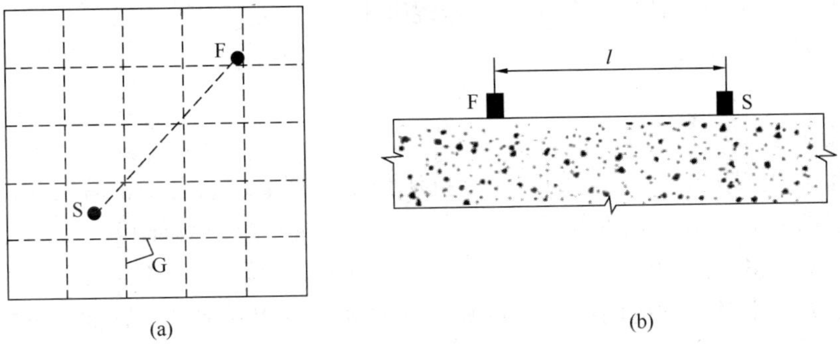

图 8-10　超声波平测示意

（a）平面图；（b）立面图

F—发射换能器；S—接收换能器；G—钢筋轴线

f. 平测声速可采用直线方程 $l=a+bt$，根据混凝土浇筑的顶面或底面平测数据求得，修正后混凝土中声速代表值应按式（8-29）计算：

$$v_a = \frac{\lambda\beta}{3}\sum_{i=1}^{3}\frac{l_i}{t_i - t_0} \tag{8-29}$$

式中　β——超声测试面的声速修正系数，顶面平测 $\beta=1.05$，底面平测 $\beta=0.95$。

（2）超声测试时，换能器发射面应通过耦合剂与混凝土测试面良好耦合。

（3）声时测量应精确至 0.1μs，超声测距测量应精确至 1.0mm，且测量误差不应超过 ±1%。声速计算应精确至 0.01km/s。

（4）当在混凝土浇筑方向的侧面对测时，测区混凝土中声速代表值应根据该测区中 3 个测点的混凝土声速值，按式（8-30）计算：

$$v = \frac{1}{3}\sum_{i=1}^{3}\frac{l_i}{t_i - t_0} \tag{8-30}$$

式中　v——测区混凝土中声速代表值（km/s）；

l_i——第 i 个测点的超声测距（mm）；

t_i——第 i 个测点的声时读数（μs）；

t_0——声时初读数（μs）。

（5）当在混凝土浇筑的顶面或底面测试时，测区声速代表值应按式（8-31）修正：

$$v_a = \beta \cdot v \tag{8-31}$$

式中　v_a——修正后的测区混凝土中声速代表值；

β——超声测试面的声速修正系数，在混凝土浇筑的顶面和底面对测或斜测时，$\beta=1.034$；在混凝土浇筑的顶面或底面平测时，测区混凝土中声速代表值应按相关规定进行修正。

3. 结构混凝土强度推定

（1）超声回弹法强度换算方法适用范围。

① 混凝土用水泥应符合现行国家标准《通用硅酸盐水泥》（GB 175—2007）的要求。

② 混凝土用砂、石集料应符合现行行业标准《普通混凝土用砂、石质量及检验方法标准》（JGJ 52—2006）的要求。

③ 可掺或不掺矿物掺合料、外加剂、粉煤灰、泵送剂。

④ 人工或一般机械搅拌的混凝土或泵送混凝土。

⑤ 自然养护。

⑥ 龄期 7～2000d。

⑦ 混凝土强度 10～70MPa。

（2）结构或构件中第 i 个测区的混凝土抗压强度换算值，求得修正后的测区回弹代表值 R_{ai} 和声速代表值后，优先采用专用测强曲线或地区测强曲线换算而得。专用测强曲线或地区测强曲线应按《超声回弹综合法检测混凝土强度技术规程》（CECS 02：2005）的规定制定，并经工程质量监督主管部门组织审定和批准实施。专用或地区测强曲线的抗压强度相对误差 e_r 应符合式（8-32）：

$$e_{\mathrm{r}}=\sqrt{\frac{\sum_{i=1}^{n}\left(\frac{f_{\mathrm{cu},i}^{0}}{f_{\mathrm{cu},i}^{\mathrm{c}}}-1\right)^{2}}{n}}\times 100\% \tag{8-32}$$

式中 e_{r}——相对误差；

$f_{\mathrm{cu},i}^{0}$——第 i 个立方体试件的抗压强度实测值（MPa）；

$f_{\mathrm{cu},i}^{\mathrm{c}}$——第 i 个立方体试件的抗压强度换算值（MPa）。

其中，专用测强曲线相对误差 ≤12%，地区测强曲线相对误差≤14%。

（3）当无专用和地区测强曲线时，按综合法测定混凝土强度曲线的验证方法［见《超声回弹综合法检测混凝土强度技术规程》（CECS 02：2005）］相关内容通过验证后，可按规程规定的全国统一测区混凝土抗压强度换算表换算，也可按全国统一测区混凝土抗压强度换算公式（8-33）、式（8-34）计算：

① 当粗集料为卵石时：$f_{\mathrm{cu},i}^{\mathrm{c}}=0.0056\, v_{ai}^{1.439}R_{ai}^{1.769}$ (8-33)

② 当粗集料为碎石时：$f_{\mathrm{cu},i}^{\mathrm{c}}=0.0162\, v_{ai}^{1.656}R_{ai}^{1.410}$ (8-34)

式中 $f_{\mathrm{cu},i}^{\mathrm{c}}$——结构或构件第 i 个测区混凝土抗压强度换算值，精确至 0.1MPa。

（4）当结构或构件中的测区数不少于 10 个时，各测区混凝土抗压强度换算值的平均值和标准差应按式（8-35）、式（8-36）计算：

$$m_{f_{\mathrm{cu}}^{\mathrm{c}}}=\frac{1}{n}\sum_{i=1}^{n} f_{\mathrm{cu},i}^{\mathrm{c}} \tag{8-35}$$

$$S_{f_{\mathrm{cu}}^{\mathrm{c}}}=\sqrt{\frac{\sum_{i=1}^{n}\left(f_{\mathrm{cu},i}^{\mathrm{c}}\right)^{2}-n\left(m_{f_{\mathrm{cu},i}^{\mathrm{c}}}\right)^{2}}{n-1}} \tag{8-36}$$

式中 $f_{\mathrm{cu},i}^{\mathrm{c}}$——结构或构件第 i 个测区的混凝土抗压强度换算值（MPa）；

$m_{f_{\mathrm{cu},i}^{\mathrm{c}}}$——结构或构件测区混凝土抗压强度换算值的平均值，精确至 0.01MPa；

$S_{f_{\mathrm{cu}}^{\mathrm{c}}}$——结构或构件测区混凝土抗压强度换算值的标准差，精确至 0.01MPa；

n——测区数，对单个检测的构件，取一个构件的测区数，对批量检测的构件，取被抽检构件测区数的总和。

（5）当结构或构件所采用的材料及其龄期与制定测强曲线所采用的材料及其龄期有较大差异时，应采用同条件立方体试件，试件数量不应少于 4 个，或对结构或构件测区中钻取的混凝土芯样试件的抗压强度进行修正，钻芯取样数量不应少于 6 个。此时计算测区混凝土抗压强度换算值应乘以下列修正系数。

① 采用同条件立方体试件修正时：$\eta = \frac{1}{n}\sum_{i=1}^{n} f_{cu,i}^{0} / f_{cu,i}^{c}$　　(8-37)

② 采用混凝土芯样试件修正时：$\eta = \frac{1}{n}\sum_{i=1}^{n} f_{cor,i}^{0} / f_{cu,i}^{c}$　　(8-38)

式中　η——修正系数，精确至小数点后两位；

$f_{cu,i}^{c}$——对应于第 i 个立方体试件或芯样试件的混凝土抗压强度换算值（MPa），精确至 0.1MPa；

$f_{cu,i}^{c}$——第 i 个混凝土立方体（边长 150mm）试件抗压强度实测值（MPa），精确至 0.1MPa；

$f_{cor,i}^{0}$——第 i 个混凝土芯样（100mm×100mm）试件的抗压强度实测值（MPa），精确至 0.1MPa。

n——试件数。

（6）结构或构件混凝土抗压强度推定值，应按下列规定确定：

① 当结构或构件的测区抗压强度换算值中出现小于 10.0MPa 的值时，该构件的混凝土抗压强度推定值取小于 10MPa。

② 当结构或构件中测区少于 10 个时：

$$f_{cu,e} = f_{cu,min}^{c} \tag{8-39}$$

③ 当结构或构件中测区不少于 10 个或按批量检测时：

$$f_{cu,e} = m_{f_{cu,min}^{c}} - 1.645\, S_{f_{cu}^{c}} \tag{8-40}$$

（7）对按批量检测的构件，当一批构件的测区混凝土抗压强度标准差出现下列情况之一时，该批构件应全部按单个构件进行强度推定：

① 一批构件的混凝土抗压强度平均值 $m_{f_{cu}^{c}} < 25.0$MPa，标准差 $S_{fcu} > 4.50$MPa；

② 一批构件的混凝土抗压强度平均值 $m_{f_{cu}} = 25.0 \sim 50.0$MPa，标准差 $S_{fcu} > 5.00$MPa；

③ 一批构件的混凝土抗压强度平均值 $m_{f_{cu}} > 50$MPa，标准差 $S_{f_{cu}} > 6.50$MPa。

8.3.4　钻芯法检测结构混凝土强度的方法

钻芯法检测混凝土强度是从混凝土结构物中钻取芯样来测定混凝土的抗压强度，是一种直观准确的方法。用钻芯法还可以检测混凝土的裂缝、接缝、分层、孔洞或离析等缺陷，具有直观、精度高等特点。

1. 适用情况

（1）对试块抗压强度的测试结果有怀疑时。

（2）因材料、施工或养护不良而发生混凝土质量问题时。

（3）混凝土遭受冻害、火灾、化学侵蚀或其他损害时。

（4）需检测经多年使用的建筑结构或构筑物中混凝土强度时。

2. 钻取芯样

（1）钻前准备资料。

① 工程名称（或代号）及设计、施工、建设单位名称。

② 结构或构件种类、外形尺寸及数量。

③ 设计采用的混凝土强度等级。

④ 成型日期、原材料（水泥品种、粗集料粒径等）和混凝土试块抗压强度试验报告。

⑤ 结构或构件质量状况和施工中存在问题的记录。

⑥ 有关的结构设计图和施工图等。

（2）钻取芯样部位。

① 结构或构件受力较小的部位。

② 混凝土强度质量具有代表性的部位。

③ 便于钻芯机安放与操作的部位。

④ 避开主筋、预埋件和管线的位置，并尽量避开其他钢筋。

3. 芯样要求

（1）芯样数量。芯样试件的数量应根据检测批的容量确定。标准芯样试件的最小样本量不宜少于 15 个，小直径芯样试件的最小样本量应适当增加。芯样应从检测批的结构构件中随机抽取，每个芯样应取自一个构件或结构的局部部位，且取芯位置应符合上文提到的要求。

（2）芯样直径。抗压试验的芯样试件宜使用标准芯样试件，其公称直径不宜小于集料最大粒径的 3 倍；也可采用小直径芯样试件，但其公称直径不应小于 70mm 且不得小于集料最大粒径的 2 倍。

（3）芯样高度。芯样抗压试件的高度和直径之比（H/d）宜为 1.00。

（4）芯样外观检查。每个芯样应详细描述有关裂缝、分层、麻面或离析等情况，并估计集料的最大粒径、形状种类及粗细集料的比例与级配，检查并记录存在气孔的位置、尺寸与分布情况，必要时应进行拍照。

（5）芯样测量。在试验前应按下列规定测量芯样试件的尺寸：

① 平均直径用游标卡尺在芯样试件中部相互垂直的两个位置上测量，取测量的算术平均值作为芯样试件的直径，精确至 0.5mm。

② 芯样试件高度用钢卷尺或钢板尺进行测量，精确至 1mm。

③ 垂直度用游标量角器测量芯样试件两个端面与母线的夹角，精确至 0.1°。

④ 平整度用钢板尺或角尺紧靠在芯样试件端面上，一面转动钢板尺，一面用塞尺测量钢板尺与芯样试件端面之间的缝隙，也可采用其他专用设备量测。

（6）芯样端面处理方法。锯切后的芯样应进行端面处理，宜采取在磨平机上磨平端面的处理方法。承受轴向压力芯样试件的端面，也可采取下列处理方法：

① 用环氧胶泥或聚合物水泥砂浆补平。

② 抗压强度低于 40MPa 的芯样试件，可采用水泥砂浆、水泥净浆或聚合物水泥砂浆补平，补平层厚度不宜大于 5mm；也可采用硫黄胶泥补平，补平层厚度不宜大于 1.5mm。

（7）芯样试件内不宜含有钢筋。当不能满足此项要求时，抗压试件应符合下列要求：

① 标准芯样试件，每个试件内最多只允许有 2 根直径小于 10mm 的钢筋。

② 公称直径小于 100mm 的芯样试件，每个试件内最多只允许有一根直径小于 10mm 的钢筋。

③ 芯样内的钢筋应与芯样试件的轴线基本垂直并离开端面 10mm 以上。

(8) 芯样试件尺寸偏差与外观质量超过下列数值时，相应的测试数据无效：

① 芯样试件的实际高径比（H/d）小于要求高径比的 0.95 或大于 1.05。

② 沿芯样试件高度的任一直径与平均直径相差大于 2mm。

③ 抗压芯样试件端面的不平整度在 100mm 长度内大于 0.1mm。

④ 芯样试件端面与轴线的不垂直度大于 1°。

⑤ 芯样有裂缝或有其他较大缺陷。

4. 抗压强度试验

(1) 芯样试件宜在与被检测结构或构件混凝土湿度基本一致的条件下进行抗压试验。如结构工作条件比较干燥，芯样试件应以自然干燥状态进行试验；如结构工作条件比较潮湿，芯样试件应以潮湿状态进行试验。

(2) 按自然干燥状态进行试验时，芯样试件受压前应在室内自然干燥 3d；按潮湿状态进行试验时，芯样试件应在 (20±5)℃的清水中浸泡 40～48h，从水中取出后应立即进行抗压试验。

5. 芯样强度计算

芯样试件的混凝土强度换算值，应按式（8-41）计算：

$$f_{cu,cor}=F_c/A \tag{8-41}$$

式中　$f_{cu,cor}$——芯样试件混凝土强度换算值（MPa）；

F_c——芯样试件抗压试验测得的最大压力（N）；

A——芯样试件抗压截面面积（mm^2）。

6. 钻芯确定混凝土强度推定值

(1) 检测批混凝土强度的推定值应按下列方法确定：

① 检测批的混凝土强度推定值应计算推定区间，推定区间的上限值和下限值按下列公式计算。

上限值：$f_{cu,e1}=f_{cu,cor,m}-k_1 s_{cor}$　(8-42)

下限值：$f_{cu,e2}=f_{cu,cor,m}-k_2 s_{cor}$　(8-43)

平均值：

$$f_{cu,cor,m}=\frac{\sum_{i=1}^{n}f_{cu,cor,i}}{n} \tag{8-44}$$

标准差：

$$s_{cor}=\sqrt{\frac{\sum_{i=1}^{n}(f_{cu,cor,i}-f_{cu,cor,m})^2}{n-1}} \tag{8-45}$$

式中　$f_{cu,cor,m}$——芯样试件的混凝土抗压强度平均值（MPa），精确至 0.1MPa；

$f_{cu,cor,i}$——单个芯样试件的混凝土抗压强度值（MPa），精确至 0.1MPa；

$f_{cu,e1}$——混凝土抗压强度推定上限值（MPa），精确至 0.1MPa；

$f_{cu,e2}$——混凝土抗压强度推定下限值（MPa），精确至 0.1MPa；

k_1、k_2——推定区间上限值系数和下限值系数，按相应规程查表得；

s_{cor}——芯样试件抗压强度样本的标准差（MPa），精确至 0.1MPa。

② $f_{cu,e1}$和$f_{cu,e2}$所构成推定区间置信度宜为 0.85，两者之间的差值不宜大于 5.0MPa 和 0.10$f_{cu,cor,m}$两者的较大值。

③ 宜以$f_{cu,e1}$作为检测批混凝土强度的推定值。

④ 钻芯确定检测批混凝土强度推定值时，可剔除芯样试件抗压强度样本中的异常值。剔除规则应按现行国家标准《数据的统计处理和解释正态样本异常值的判断和处理》（GB/T 4883—2008）的规定执行。当确有试验依据时，可对芯样试件抗压强度样本的标准差进行符合实际情况的修正或调整。

（2）检测单个构件混凝土强度的推定值应按下列方法确定：

① 钻芯确定单个构件的混凝土强度推定值时，有效芯样试件的数量不应少于 3 个。对于较小构件，有效芯样试件的数量不得少于 2 个。

② 单个构件的混凝土强度推定值不再进行数据的舍弃，而应按有效芯样试件混凝土抗压强度值中的最小值确定。

7. 钻芯修正方法

（1）对间接测强方法进行钻芯修正时，宜采用修正量的方法，也可采用其他形式的修正方法。

（2）当采用修正量的方法时，芯样试件的数量和取芯位置应符合下列要求：

① 标准芯样试件的数量不应少于 6 个，小直径芯样试件数量宜适当增加。

② 芯样应从采用间接检测方法的结构构件中随机抽取。

③ 当采用的间接检测法为无损检测方法时，钻芯位置应与间接检测方法相应的测区重合。

④ 当采用的间接检测方法对结构构件有损伤时，钻芯位置应布置在相应测区的附近。

（3）钻芯修正后的换算强度可按式（8-46）、式（8-47）计算：

$$f^c_{cu,i0} = f^c_{cu,i} + \Delta f \tag{8-46}$$

$$\Delta f = f_{cu,cor,m} - f^c_{cu,mi} \tag{8-47}$$

式中 $f^c_{cu,i0}$——修正后的换算强度；

$f^c_{cu,i}$——修正前的换算强度；

Δf——修正量；

$f^c_{cu,mi}$——所用间接检测方法对应芯样测区的换算强度的算术平均值。

（4）由钻芯修正方法确定检测批的混凝土强度推定值时，应采用修正后的样本算术平均值和标准差，并按前面规定的方法确定。

8.4 结构混凝土内部缺陷与表层损伤的超声法检测

结构混凝土内部缺陷与表层损伤的超声法检测方法涉及的检测内容主要包括：混凝土内部空洞和不密实区的位置与范围、裂缝深度、表层损伤厚度，以及不同时间浇筑的混凝土结合面的质量和钢管混凝土中的缺陷检测等。

8.4.1　超声法检测混凝土缺陷的基本依据与方法

1. 超声法检测混凝土缺陷判别的基本依据

（1）根据超声波在混凝土中传播时遇到缺陷的绕射现象，按声时和声程的变化来判别和计算缺陷的大小。

（2）依据超声波在缺陷界面上的反射，抵达接收探头时能量显著衰减的现象，来判别缺陷的存在和大小。

（3）依据超声波脉冲各频率成分在遇到缺陷时衰减的程度不同，从而造成接收频率明显降低，或接收波频谱与反射波频谱产生差异来判别内部缺陷。

（4）根据超声波在缺陷处波形转换和叠加，造成波形畸变现象来判别缺陷。

2. 超声法检测混凝土内部缺陷与表层损伤的方法

用超声法检测混凝土缺陷时，发射和接收换能器与测试面之间应具备良好的耦合状态，发射和接收换能器的连线必须离开钢筋一定距离或与钢筋轴线形成一定夹角，并力求混凝土处于自然干燥状态。

超声法检测混凝土内部缺陷与表层损伤的方法总体上可分为两类：第一类为用厚度振动式换能器进行平面测试；第二类为采用径向振动式换能器进行钻孔测试。

（1）平面测试方法。

① 对测法：一对发射和接收换能器分别置于被测结构相互平行的两个表面，且两个换能器的轴线位于同一直线上。

② 斜测法：一对发射和接收换能器分别置于被测结构的两个表面，但两个换能器的轴线不在同一直线上。

③ 单面平测法：一对发射和接收换能器置于被测结构物同一个表面上进行测试。

（2）钻孔测试方法。

① 孔中对测：一对换能器分别置于两个对应钻孔中位于同一高度进行测试。

② 孔中斜测：一对换能器分别置于两个对应的钻孔，但不在同一高度，而是在保持一定高程差的条件下进行测试。

③ 孔中平测：一对换能器置于同一钻孔中以一定高程差同步移动进行测试。

8.4.2　混凝土不密实区和空洞的检测

对混凝土内部形成蜂窝状不密实或空洞等隐蔽缺陷检测时，宜先根据现场施工记录和外观质量情况，初步判定混凝土内部缺陷的大致位置，或采用大范围的粗测定位方法（大面积扫测）确定隐蔽缺陷的大致位置，然后根据粗测情况对可疑区域进行细测。检测不密实区和空洞时，构件的被测部位应具有一对或两对相互平行的测试面，测试范围原则上应大于有怀疑的区域，同时应在同条件的正常混凝土区域进行对比测试。一般对比测点数不宜少于20个。

采用平面测试法和钻孔或预埋管测法时，需注意以下情况：

（1）当结构被测部位具有两对平行表面时，可采用一对换能器分别在两对互相平等的表面上进行对测。如图 8-11 所示，先在测区的两对平行表面上分别画出间距为 200～300mm 的网格，并逐点编号，定出对应测点的位置，然后将 T、R 换能器经耦合剂分别置于对应测点上，逐点读取相应的声时 t_i、波幅 A_i 和频率 f_i值，并量取测试距离。

(2) 当结构物的被测部位只有一对平行表面可供测试，或被测部位处于结构的特殊位置时，可采用对测和斜测相结合的方法，换能器在对测的基础上进行交叉斜测。测点布置如图 8-12 所示。

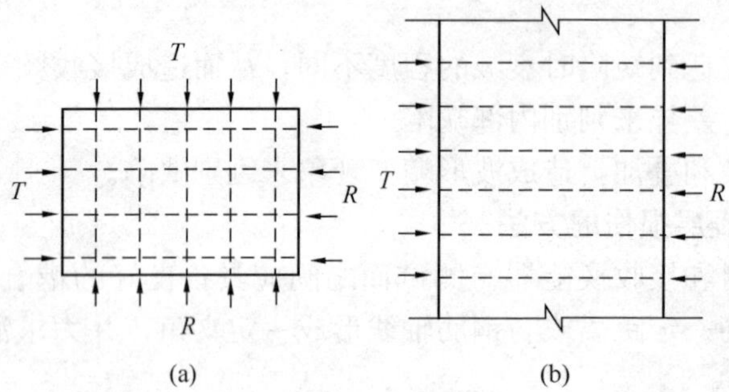

图 8-11　对测法换能器布置
(a) 平面图；(b) 立面图

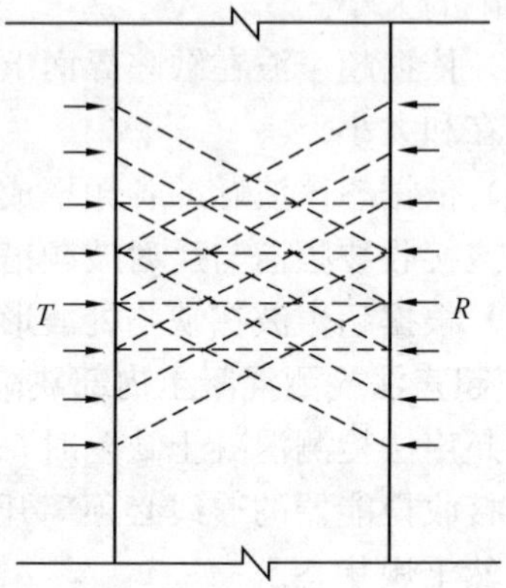

图 8-12　斜测法测缺陷

(3) 对于大体积混凝土结构，由于其断面尺寸较大，如直接进行平面对测，接收到的脉冲信号微弱，甚至无法识别首波的起始位置，不利于声学参数的读取和分析，可采用钻孔或预埋管测法。如图 8-13 所示，在测位预埋声测管或钻出竖向测试孔，预埋管内径或钻孔直径宜比换能器直径大 5～10mm，预埋管或钻孔间距宜为 2～3m，其深度可根据测试需要确定。

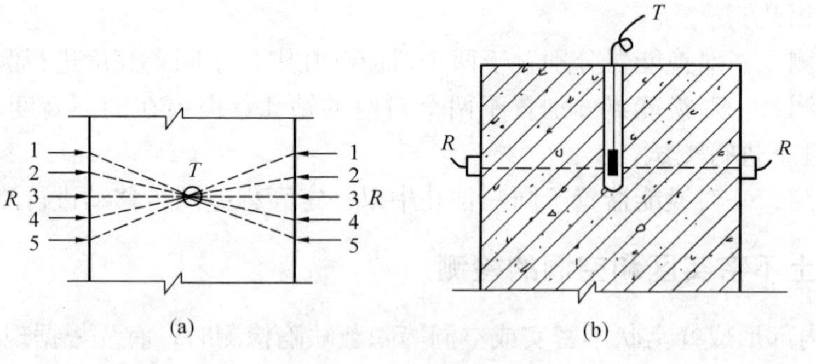

图 8-13　预埋管测法换能器布置
(a) 平面图；(b) 立面图

检测时可用两个径向振动式换能器分别置于两测孔中进行测试，或用一个径向振动式与一个厚度振动式换能器，分别置于测孔中和平行于测孔的侧面进行测试。根据需要，可以将两个换能器置于同一高度，也可以将二者保持一定的高度差，同步上下移动，逐点读取声时、波幅和频率值，并记下孔中换能器的位置。

(4) 每一测点的声时、波幅、主频和测距，应按相关规定所述方法进行测量。

(5) 一般宜采用统计方法进行不密实区和空洞的测定。

（6）测位混凝土声时（或声速）、波幅以及频率等声学参数的平均值m_x和标准差s_x可按下列公式计算：

$$m_x = \frac{1}{n}\sum_{i=1}^{n} x_i \tag{8-48}$$

$$s_x = \sqrt{\frac{\sum_{i=1}^{n} x_i^2 - n m_x^2}{n-1}} \tag{8-49}$$

式中　x_i——第 i 点某一声学参数的测量值；

n——参与统计的测点数。

（7）声学参数观测值中异常值的判别。当测位混凝土中某些测点的声学系数被判为异常值时，可结合异常测点的分布及波形状况，确定混凝土内部不密实区和空洞的位置和范围。

8.4.3　混凝土结合面质量的检测

用超声法检测两次浇筑的混凝土结合面的质量时，应先查明结合面的位置及走向，明确被测部位及范围。若构件的被测部位具有声波垂直或斜穿结合面的测试条件，可采用对测法与斜测法进行检测。混凝土结合面检测示意如图 8-14 所示。

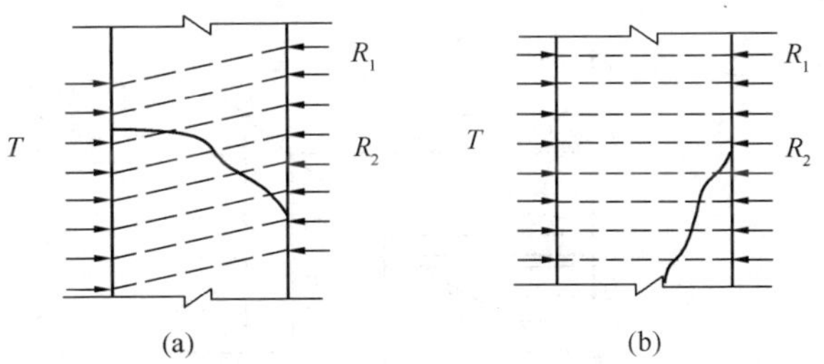

图 8-14　混凝土结合面检测示意

（a）斜测法；（b）对测法

1. 测点布置

（1）使测试范围覆盖全部结合面或有怀疑的部位。

（2）各对 $T-R_1$（声波传播不经过结合面）和 $T-R_2$（声波传播经过结合面）换能器连线的倾斜角测距应相等。

（3）测点间距应根据被测结构尺寸结合面的外观质量情况确定，一般为100～300mm，间距过大易造成缺陷漏检。

2. 声时、波幅和主频率测量

按布置好的测点分别测出各点的声时、波幅和主频率。

3. 数据处理及判定

（1）将同一测位各点声速、波幅和主频率分别进行统计计算。

（2）当测点数无法满足统计法判断时，可将 $T-R_2$的声速、波幅等声学参数与 $T-R_1$进行比较，若 $T-R_2$声学参数比 $T-R_1$显著低时，则该点可判为异常测点。

（3）当通过结合面的某些测点的数据被列为异常，并查明无其他因素影响时，可判定混凝土结合面在该部位结合不良。

8.4.4　混凝土表面损伤层的检测

检测表面损伤层厚度时，被测部位和测点的确定应满足下列要求：

（1）根据构件的损伤情况和外观质量选取有代表性的部位布置测位。

（2）构件被测部位表面应平整并处于自然干燥状态，且无接缝和饰面层。

（3）检测时，为保证检测结果的可靠性，宜做局部破损验证。

1. 测试方法

（1）超声法检测混凝土表面损伤层厚度的方法大致有两种：一是单面平测法；二是逐层穿透法。

① 单面平测法。此法可应用于仅有一个可测表面的结构，也可应用于损伤层位于两个对应面上的结构或构件。如图 8-15 所示，将发射换能器 T 置于测试面某一点保持不动，再将接收换能器 R 以测距为 30mm、60mm、90mm 等，依次置于各点，读取相应的声时值 t_i。每一测位的测点数不得少于 6 个，当损伤厚度较厚时，应适当增加测点数，当构件的损伤层厚度不均匀时，应适当增加测位数量。

② 逐层穿透法。在损伤结构的一对平行表面上，分别钻出一对不同深度的测试孔，孔径 50mm 左右，然后用直径小于 50mm 的平面式换能器，分别在不同深度的一对测孔中进行测试，读取声时值和测试距离，并计算其声速值；或者在结构同一位置先测一次声速，然后凿开一定深度的测孔，在孔中测一次声速，再将测孔增加一定深度，再测声速，直至两次测得的声速之差小于 2%或接近于最大值时为止，如图 8-16 所示。

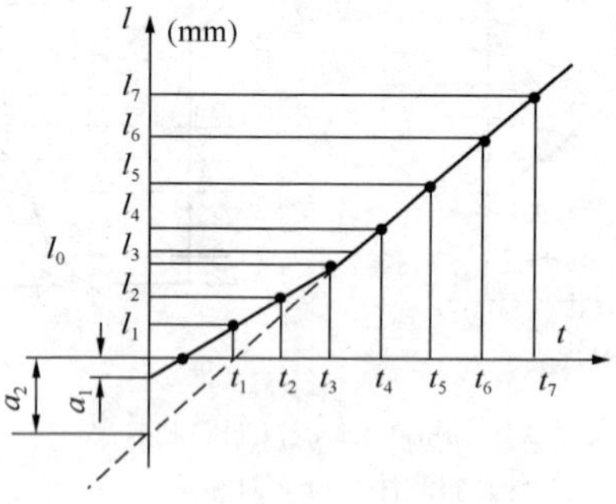

图 8-15 采用平测法检验损伤层厚度示意

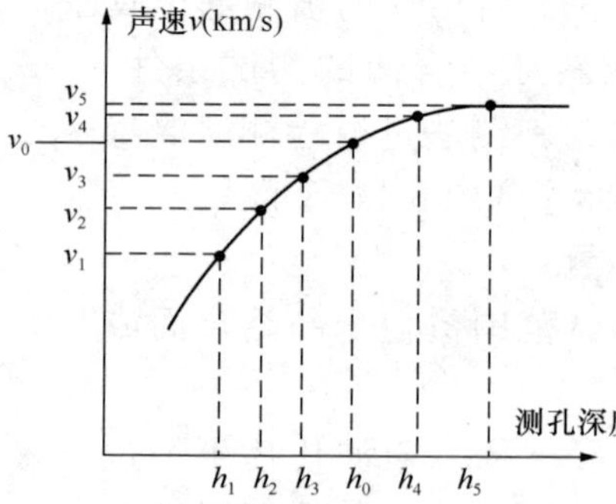

图 8-16 采用逐层穿透法检测损伤层厚度示意

（2）表层损伤层平测法检测时，宜选用 30～50kHz 低频厚度振动式换能器。

2. 数据处理及判断

（1）当采用单面平测时，将各测点的声时测值 t_i 和相应的测距值 l_i 绘制“时-距”坐标图。如图 8-15 所示，由图可求得声速改变所形成的转折点，该点前、后分别表示损伤和未损伤混凝土的 l 与 t 的相关直线，用回归分析方法分别求出损伤和未损伤混凝土的 l 与 t 的回归直线方程：

损伤混凝土：
$$l_f = a_1 + b_1 t_f \tag{8-50}$$

未损伤：
$$l_a = a_2 + b_2 t_a \tag{8-51}$$

式中 l_f——损伤前各测点的测距（mm），对应于图 8-15 中的 l_1、l_2、l_3；

t_f——对应于图 8-15 中的 l_1、l_2 和 l_3 的声时 t_1、t_2 和 t_3（μs）；

l_a——损伤后各测点的测距（mm），对应于图 8-15 中的 l_4、l_5、l_6、l_7；

t_a——对应于测距 l_4、l_5、l_6 和 l_7 的声时 t_4、t_5、t_6 和 t_7（μs）。

a_1、a_2、b_1、b_2——直线的回归系数，分别为图 8-15 中损伤和未损伤混凝土直线的截距和斜率。

（2）采用单面平测法检测的损伤层厚度 h（mm）可按下式进行计算：

$$l_0 = (a_1 b_2 - a_2 b_1)/(b_2 - b_1) \tag{8-52}$$

$$h_f = l_0 / 2(b_2 - b_1)/(b_2 + b_1) \tag{8-53}$$

（3）当采用逐层穿透法检测时，可将每次测量的声速值（v_i）和测孔深度值（h_i）绘制"v-h"曲线，如图 8-16 所示，当声速趋于基本稳定的测孔深度，便是混凝土损伤层的厚度 h_f。

8.4.5　混凝土裂缝深度的检测

超声法可用于检测混凝土裂缝的深度。检测时，裂缝中应没有积水和其他能够传声的夹杂物，且裂缝附近混凝土相当匀质。

开口垂直裂缝检测分为如下两种情况。

1. 构件断面不大且可对测情况

（1）在两个测面上等距布置测点，用对测法逐点测出声时值，如图 8-17（a）所示。

（2）绘制测点声时与距离的关系曲线，如图 8-17（b）所示。曲线 A 段的末端与 B 段的首端之距即为裂缝深度所在区域，对这一区域再采用加密测点的方法即可准确地确定裂缝深度 H_L。

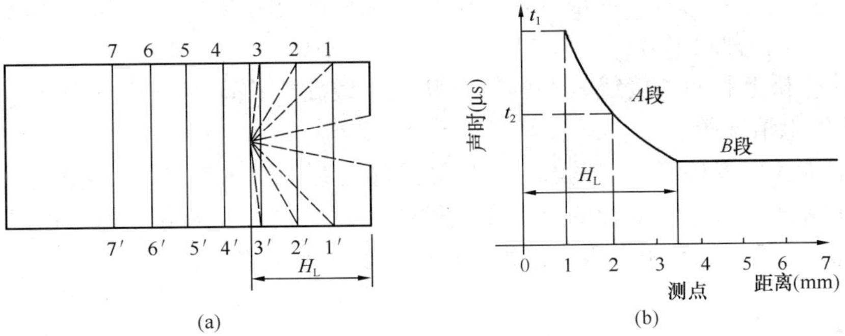

图 8-17　开口垂直裂缝的穿透法探测

（3）当两探头连线与裂缝平面相交时，随探头的移动，声时逐渐由长变短，未相交时声时不变。实际测量时只要有三个不变声时点，即认为声时稳定。

2. 构件断面很大不可对测情况

只有一个可测面，无法用对测法检测时，可用平测法检测裂缝的深度。

（1）当估计裂缝深度不大于 500mm 时，宜采用单面平测法进行检测。检测时应在裂缝的被测部位以不同的测距，按跨缝和不跨缝布置测点。测点布置应避开钢筋。

（2）对于裂缝深度超过 500mm，在被检测混凝土允许在裂缝两侧钻测试孔的情形下，可用钻孔对测法检测裂缝深度。

8.5　桥梁静载试验

8.5.1　资料收集

1. 书面资料

组织桥梁荷载试验时要向有关部门收集与试验有关的设计资料，仔细阅读与试验有关的文献资料，以便对试验对象有透彻的了解，并对试验进行必要的模拟分析计算。

荷载试验需要收集的资料一般有：

（1）结构的设计资料，如设计图纸、相关计算资料等，必要时还要设计的原始资料。

（2）结构的施工资料，如竣工图纸、材性试验报告、有关施工记录、隐蔽工程报告和重要质量差错报告等。

（3）对有些桥梁，需收集试验前结构尺寸变化的数据资料，如拱轴线的变形、墩台和拱顶的沉降观察资料等。

此外，在明确试验目的后，如果有类似的试验借鉴则通过阅读他人试验报告或情况介绍，弄清试验目的有何不同、哪些地方可以改进等。

2. 现场资料

收集书面资料的同时，应该对桥梁试验现场进行踏勘，收集有关资料。

（1）找负责设计、施工、监理或养护部门的工程师，了解与试验对象有关的设计、施工、监理和养护等问题，了解得越多越好。

（2）对实桥进行踏勘，了解结构物的现状、周围的环境条件和试验条件，包括：

① 对结构物进行详细的外观检查，查明结构物的实际技术状况，如结构的尺寸、行车道、支座情况以及各种缺陷等。

② 详细检查桥上和两端接线线路的技术状况、线路容许车速、桥下净空、水深和通航情况、桥址处供电情况等。

③ 实桥结构和周围环境的踏勘，详查拟订试验方案（如加载方式、量测手段等）。

④ 详细了解现场试验时主管单位可能提供的配合情况，如加载车辆的情况，试验时的交通、航运影响等，做到心中有数，以便在确定方案时全面考虑。

8.5.2 试验方案拟订

拟订试验方案是桥梁荷载试验前期准备工作中最重要的环节。试验方案是指导荷载试验的行动大纲。一个完整的桥梁荷载试验方案应包括以下内容。

1. 试验对象概况

主要叙述试验对象的结构、与设计和施工有关的技术资料、试验任务的性质等基本情况。

2. 试验目的和要求

试验目的是桥梁加载试验之纲，如新建桥梁的竣工验收、旧桥承载力评估或改建加固等的试验目的和要求既有相似之处，又各有侧重。

3. 试验内容

详细列出试验检测内容。实桥静力荷载试验一般应包括以下内容：

（1）结构控制断面的变形或挠度，或沿桥长轴线的挠度分布；

（2）结构控制截面最大应力（或应变），或结构构件的实际应变分布；

（3）受试验荷载影响的所有桥梁支座、墩台的位移或转角，塔柱和结构连接部分变形等；

（4）钢筋混凝土结构裂缝的出现或扩展，包括裂缝宽度、长度、间距、位置、方向和形状，以及卸载后的闭合情况；

（5）其他桥梁次结构构件的受力反应。

4. 试验环节

这部分内容要定得很细，包括荷载的考虑、测点布置、仪器选用以及具体的测试步骤等，并列出一张试验程序（工况）表。具体应考虑以下几点：

（1）荷载。必须依据设计荷载的大小并根据现场可能提供荷载的情况来拟订试验加载方案。为方便和实用，现场实桥试验荷载一般选用载重车辆，很少采用其他加载形式（有些无行车条件的桥梁也采用水箱、堆物等，不具体介绍）。方案需列清车辆的种类、吨位、数量以及要求车辆的轴重、总重等。

确定荷载大小和加载方式后，需编制加载细则，一般要求具体到每个工况。

（2）测点和测站布置。根据试验的目的要求，应用桥梁专业知识，考虑各种桥梁体系的受力特点，还要结合测试技术的可行性，不同桥型要分别确定主要和次要部位，确定被测桥梁的控制断面和测点布置。

（3）选用仪器设备。方案要列出试验选用仪器设备的型号、测量精度、数量等。

（4）试验程序（步骤）。一般可列一张工况流程表，列清楚试验的工况序号、加载方式（纵向、横向怎么布置，荷载如何分级）、测读内容、时间间隔等内容。

（5）参加试验的人员安排。对于规模较大的桥梁荷载试验，通常需要较多的测试人员，有时单靠某一个单位的专业测试人员不够，需要几个单位的测试人员合作；另外需不需要临时找辅助人员、具体怎样安排等，方案中均应提出。

（6）试验时间安排。方案要列出整个试验的进度计划。

（7）安全措施。包括试验期间人员、结构物、加载设备和测试仪器等的安全措施。

（8）其他。方案中须提出来有哪些未定因素、一些补充说明内容等。一些特别重要的桥梁荷载试验方案，还需要经过专家评审。

试验方案拟订以后，应分发给参加试验的有关单位和个人，并着手测试仪器设备的准备和试验人员的组织。

5. 试验计算

在拟订方案的同时或之前，应进行必要的与试验有关的计算，如计算试验荷载作用下主要测试断面的内力或变形控制值、静力加载效率等。所有相关计算结果是试验荷载大小、加载等级等的理论依据，也作为试验加载响应的期望值；另外，还可作为选用仪器量程和灵敏度等的依据，以及对现场试验数据进行校核，以便及早发现试验过程中可能出现的异常情况。

（1）试验控制荷载的确定。试验控制荷载根据与设计作用（或荷载）等级相应的活载效应控制值或有特殊要求的荷载效应值确定，以使控制截面产生最不利荷载效应（内力和变形）较大的荷载作为试验控制荷载。具体计算时，还应选择理论计算活载作用下能够产生最大截面应力和变形的控制位置或截面，某些特殊桥梁还需考虑其关键构件的加载。目前，试验控制荷载通常是根据桥梁设计图纸采用各种通用的有限元程序建立平面或空间有限元模型，简单结构也可以采用手算，结合规范及设计要求计算确定。

旧桥控制荷载的确定还需结合实际桥梁技术状态检测结果。

（2）试验荷载的确定。综合试验荷载效率、与设计荷载的等效性、车辆的机动性等选择加载车辆车型。静载试验效率的计算公式为

$$\eta = \frac{S_t}{S \times (1 + \mu)} \tag{8-54}$$

式中 η——静载试验荷载效率系数；

S——设计控制活载作用下，加载控制截面内力（应力）的最不利效应值；

S_t——静力试验荷载作用下，加载控制截面内力（应力）的计算效应值；

μ——按规范取用的冲击系数值。

静载试验荷载效率系数应满足 $0.80<\eta\leqslant 1.05$。

8.6 桥梁动载试验

桥梁是承受动荷载的结构物。面对日常运营过程中各种各样的桥梁动态问题，我们不仅要研究桥梁结构本身的动力特性，还要研究由车辆移动荷载引起的车致振动等问题。桥梁动载试验是能使上述关注或研究得以进行和不断深入的一个重要手段。桥梁动载试验涉及的问题，基本可以归为三个方面：桥梁外部振源、结构动力特性和动力反应。

本节主要介绍桥梁结构动力特性参数及其测定方法，叙述桥梁（在移动车辆荷载作用下）结构动态响应的测试内容和方法。

8.6.1 桥梁动力特性参数测定

测定桥梁动力特性参数是桥梁动载试验的基础内容，要研究桥梁结构的动态性能和能力，必须了解桥梁结构的动力特性。结构动力特性参数的内容主要包括结构的自振频率（自振周期）、阻尼比和振型等。它们都是由结构形式、建筑材料性能等结构所固有的特性所决定的，与外荷载无关。

1. 动力特性参数

（1）自振频率和自振周期。自振频率是动力特性参数中最重要的概念，物理上指单位时间内完成振动的次数，通常用 f 表示，单位为赫兹（Hz）；也可以用圆频率（$\omega=2\pi f$）表示，单位为 1/s。自振周期（T）物理上指物体振动波形重复出现的最小时间，单位为秒(s)，它和自振频率互成倒数关系：$T=\dfrac{1}{f}$。由于这种倒数关系，工程中一般并不专门区分频率和周期的表达。

（2）阻尼。阻尼是存在于结构中的消耗结构振动能量的一种物理作用，它对结构抵抗振动是有利的。结构工程上假定阻尼属黏滞阻尼，与结构振动速度成正比，并习惯以一个无量纲的系数（阻尼比）来表示阻尼的量值大小。

（3）振型。振型是结构上各点振幅值的连线，它不是结构的变形曲线。

结构动力学认为，对应每一个固有频率，结构都有并只有一个主振型。一般情况下，结构线性微幅振动时其可能的自由振动都是无数个主振型叠加的结果；特定条件下，结构（被外界激励源激出纯模态时）会按某一自振频率及其相应主振型振动。具体如对某一根梁来说，它的振型曲线是由沿梁长度方向的多点振动幅值的相对值决定的。

2. 动力特性参数测定

测定实桥结构动力特性参数的方法主要有自由振动衰减法、强迫振动法和环境随机振动法等，原则上任何一种方法都可以测得各种动力特性参数。

从桥梁测试技术的发展来说，自由振动衰减法和强迫振动法是用得比较早的方法，它们得到的数据结果往往简单直观，容易处理；环境随机振动法是一种建立在概率统计方法上的技术，它以现场测试简单和数据后续处理计算机化的优势进入桥梁振动测试领域。随着计算机技术的迅速发展以及随机振动试验数据分析设备和软件的广为普及，原则上自由振动衰减法和强迫振动法得到的试验数据结果也都可以用计算机技术去处理分析。因此，这三种方法的区别，实际上只剩下激振方法或有无激振的区别。

8.6.2　桥梁动载试验

桥梁结构动力反应测定的内容，主要是桥梁在特定动荷载（如车辆、地震力和台风等）作用下的动力参数（如动应力、动挠度、加速度等）。从测试技术的角度看，测定结构动力反应参数，就是在动力特性测试方法的基础上，进一步对所测信号的时程曲线及其峰值大小做出定量分析。如车辆动载试验中，可以实测桥梁结构的动应变、动挠度值并由此确定桥梁结构动态增量等；又比如在动力特性测试前，将所用仪器测试系统的灵敏度做必要的标定，那么由该系统所测的信号，就可以确定加速度或振幅大小。下面主要叙述实桥动载试验中最常见的移动车辆荷载作用下桥梁动力反应测试内容。

实桥动载试验一般采用移动车辆荷载进行加载，对应主要测试动荷载作用下结构的动态响应参数及其随时间的变化。动载试验所采用的测试方法和仪器设备均较静力加载试验复杂，测试要求相对也要高一些。

1. 动载试验内容

（1）试验荷载。如用类似于静力试验“加载效率”来定义动载试验“加载效率”：

$$\eta_{\mathrm{dyn}}=\frac{S_{\mathrm{dyn}}}{S} \tag{8-55}$$

式中　S_{dyn}——动力试验荷载作用下控制截面最大内力计算值；

S——设计控制截面最大内力计算值。

式（8-55）仅适用于那些一辆或两辆载重车控制设计荷载效应的中小桥。因为一般情况下，实桥上将规范的设计组合荷载模拟成试验动荷载（能使结构控制截面产生最大内力）并无可行性。实际桥梁动载试验时，即使是特大型桥梁，也都采用一辆或多辆载重车作为动载试验荷载。

（2）加载方式。

实桥动载试验加载基本方式有如下几种：

① 试验车辆以不同车速（10km/h、20km/h、……，下同）按指定车道匀速行驶过桥。

② 试验车辆以不同车速按指定车道行驶，并跨越指定断面上模拟桥面不平障碍物。

③ 试验车辆以一定车速按指定车道行驶，至指定断面紧急制动。

①～③ 的加载车辆可以是单辆，也可以是两辆或多辆，两辆或多辆加载时应要求车辆保持同速同步。动载试验前，应将加载车辆在控制断面（一般也是测试断面）按指定车道位置停放一遍，测量对应的静态响应，留作后续动载试验数据分析时参考比较。加载过程中，发现车辆明显偏位或车速明显不对或多辆车不同步等情况，应重新加载。

④ 实时在线车辆（如超载车、特殊交通量等）荷载作用。

2. 动载试验过程

（1）仪器调试。所有仪器设备在准备阶段应已调试完毕，要考虑好记录的具体方法。如使用动态电阻应变仪，必须根据估计应变的大小确定增益、标定值范围等，调整记录速度和记录幅值等。如采用计算机动态数据采集系统直接采样、记存，其增益、标定值等条件设置大同小异，只是更方便而已。

（2）车辆控制。要控制好车辆上下桥车速、位置和时间，要协助驾驶员准确控制好行车速度，注意每次上桥的行车路线，对一些大跨度桥梁，还要确定车辆行驶到各个断面时的位置信息。

（3）测试记录。

① 跑车。跑车测试的目的是判别不同车行速度下桥梁结构的动态响应（如位移或应力的动态增量和时程曲线），进而可以分析出动态响应与车速之间的关系。给车辆规定各挡车速，要求车辆在桥上保持匀速行进，记录动态响应的全过程。如果跑车速度相当慢，动测仪器记录的过程曲线就是对应测点位置的内力荷载影响线或挠度荷载影响线。

② 制动。车辆以一定速度行进，到规定位置突然紧急制动，记录此制动时的动态响应时程曲线。

③ 跳车（跨越障碍物）。在桥上特征断面位置设置一障碍物，模拟桥面不平整（以弓形木板较为理想）。当车辆以不同的车速碾过木板时，测定结构的动态响应时程曲线。

④ 实时在线车辆荷载作用。相当于桥梁日常或特殊运营情况下的实时监测，主要测试峰值交通量或特殊车辆作用下结构的动态时程曲线、响应峰值或动态增量等。

3. 动载试验数据整理

动载试验数据整理的主要对象是动应变和动挠度，通过动应变数据（曲线）可整理出对应结构构件的最大（正）应变和最小（负）应变以及动态增量，通过动挠度数据（曲线）可得到结构的最大动挠度和结构的动态增量。

（1）动应变。如图 8-18 所示，最大动应变是最大正应变，它的度量可按比例换算得到：

$$\varepsilon_{max} = \varepsilon_x \frac{H_{max}}{H_x} \tag{8-56}$$

式中 H_x、H_{max}——仪器的度量值；

ε_x——H_x对应的应变度量值。

最小负应变 ε_{min}的确定与此相同。如使用动态应变采集系统测试，这类换算直接由软件设置完成。

（2）动挠度。如图 8-19 所示，最大动挠度 y_{max}是叠加在相应静载挠度曲线上波峰总值。

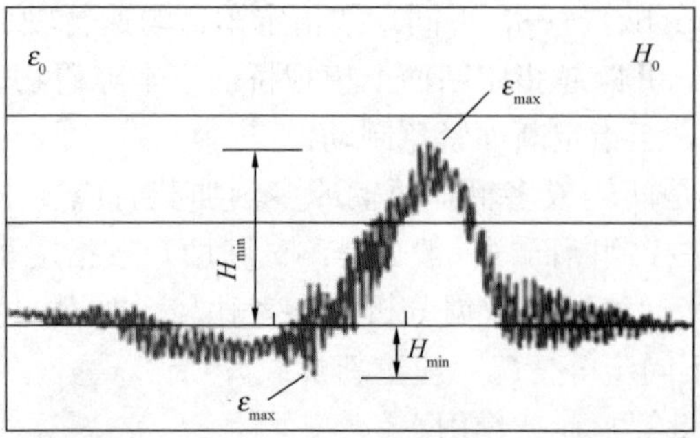

图 8-18 应变曲线

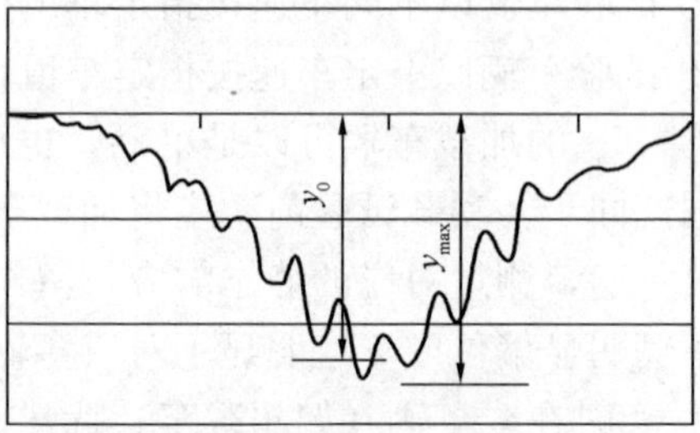

图 8-19 动挠度曲线

(3) 动态增量（动力增大系数）。动态增量既可定义为最大动应力与最大静应力之差比最大静应力的值，也可定义为最大动挠度与最大静挠度之差比最大静挠度的值。根据图8-18和图 8-19，可按下式确定动态增量。

应力动态增量：

$$\varphi_{\varepsilon}=\frac{\varepsilon_{max}-\varepsilon_0}{\varepsilon_0} \tag{8-57}$$

挠度动态增量：

$$\varphi_{y}=\frac{y_{max}-y_0}{y_0} \tag{8-58}$$

式中　ε_0、y_0——动荷载相应静荷载作用下测点的最大应变和挠度。

动态增量和冲击系数的关系：

$$\mu=1+\varphi \tag{8-59}$$

(4) 影响线荷载（车辆）缓慢匀速行驶过桥时，测量桥上动挠度曲线或某一断面测点的动应变，可得到该测量断面上变形或内力的“影响线”。图 8-20 中，上下两条曲线分别是实测的某吊桥四分点断面和跨中弦杆的内力影响线。

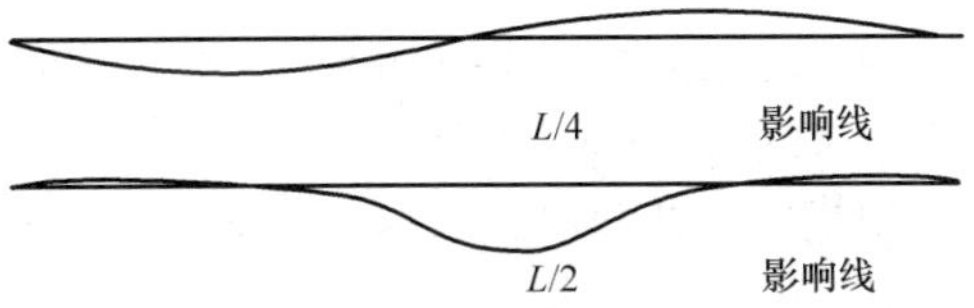

图 8-20　实测影响线

本章小结

本章主要介绍了地基检测和基桩的完整性及承载力检测。地基承载力检测介绍了规范中指定的两种常规方法，即平板载荷试验和动力触探试验；基桩检测介绍了成孔质量检测和成桩后的桩身结构完整性检测及基桩的承载和检测。成孔检测中包含了对成孔质量起着重要作用的泥浆性能检测。桩身结构完整性检测，使用反射波法对桩基工程质量进行普查，满足工程的急需，但该法对桩身缺陷性质及程度判断的准确性受多种因素影响，不容易判准。声波透射法对缺陷及其范围的判定较准确，但成本较高，检测效率低，而且要事先埋声测管。钻探取芯法对桩身缺陷性质及位置判断准确，但施工难度大、成本高，一般仅在对前两种桩身质量持有疑问时，作为验证采用。介绍了传统的静载荷试验，动力试桩法一般要求在有动、静试验对比的条件下使用。本章提到的各种基桩检测方法，各有其特点，如能合理搭配使用、取长补短，则可在满足对桩基工程的正确评价前提下，达到快速经济的效果。

思考题

1. 简述标准贯入试验确定地基承载力的试验步骤。
2. 简述超声波法检测桩基完整性原理。
3. 简述超声波法对预埋声测管的要求。
4. 简述超声波法检测桩基现场检测主要步骤。
5. 简述超声波法检测桩基时检测前应做哪些准备工作。
6. 曲型荷载板试验 P-S 曲线有何特点及确定地基承力的方法有哪几种？
7. 绘制三跨连续梁，说明荷载工况及主要测点布测位置。
8. 桥梁成桥荷载试验工作的主要内容是什么？

参 考 文 献

[1] 中华人民共和国交通运输部．公路路基路面现场测试规程：JTG E60—2008[S]．北京：人民交通出版社，2008.

[2] 中华人民共和国交通运输部．公路工程质量检验评定标准 第一册 土建工程：JTG F80/1—2017[S]．北京：人民交通出版社，2017.

[3] 中华人民共和国交通部．公路工程岩石试验规程：JTG E41—2005[S]．北京：人民交通出版社，2005.

[4] 中华人民共和国交通部．公路工程水泥及水泥混凝土试验规程：JTG E30—2005[S]．北京：人民交通出版社，2005.

[5] 中华人民共和国交通运输部．公路工程沥青及沥青混合料试验规程：JTG E20—2011[S]．北京：人民交通出版社，2011.

[6] 中华人民共和国交通部．公路工程集料试验规程：JTG E42—2005[S]．北京：人民交通出版社，2005.

[7] 中华人民共和国交通部．公路土工试验规程：JTG E40—2007[S]．北京：人民交通出版社，2007.

[8] 中华人民共和国交通运输部．公路水泥混凝土路面施工技术细则：JTG/T F30—2014[S]．北京：人民交通出版社，2014.

[9] 中华人民共和国交通部．公路沥青路面施工技术规范：JTG F40—2004[S]．北京：人民交通出版社，2004.

[10] 中华人民共和国交通部．公路桥涵养护规范：JTG H11—2004[S]．北京：人民交通出版社，2004.

[11] 中华人民共和国交通运输部．公路桥涵施工技术规范：JTG/T F50—2011[S]．北京：人民交通出版社，2011.

[12] 中华人民共和国交通部．公路工程基桩动测技术规程：JTG/T F81-01—2004[S]．北京：人民交通出版社，2004.

[13] 中华人民共和国交通部．公路桥涵地基与基础设计规范：JTG D63—2007[S]．北京：人民交通出版社，2007.

[14] 中国工程建设标准化委员会．超声回弹综合法检测混凝土强度技术规程：CECS 02：2005[S]．北京：中国建筑工业出版社，2005.

[15] 中华人民共和国住房和城乡建设部．回弹法检测混凝土抗压强度技术规程：JGJ/T 23—2011[S]．北京：中国建筑工业出版社，2011.

[16] 王建华，孙胜江．桥涵工程试验检测技术[M]．北京：人民交通出版社，2004.

[17] 罗骐先．桩基工程检测手册[M]．北京：人民交通出版社，2002.

[18] 马芹永，张新天．道路工程检测技术[M]．北京：人民交通出版社，2009.

[19] 张劲泉，王文涛．桥梁检测与加固手册：上[M]．北京：人民交通出版社，2007.

[20] 林维正．土木工程质量无损检测技术[M]．北京：中国电力出版社，2008.

[21] 张超，郑南翔，王建设．路基路面试验检测技术[M]．北京：人民交通出版社，2013.

[21] 金桃，张美珍．公路工程检测技术[M]．北京：人民交通出版社，2009.

[22] 钱进．土质与筑路材料[M]．北京：人民交通出版社，2012.

[23] 董祥. 道桥检测技术[M]. 北京：机械工业出版社，2011.
[24] 李新军. 公路工程试验检测技术[M]. 济南：山东大学出版社，2012.
[25] 杜建华. 公路与桥梁试验检测[M]. 北京：中国电力出版社，2009.
[26] 周烨. 道路工程检测技术[M]. 北京：北京师范大学出版社，2011.